银行业专业人员职业资格考试（初级）

机考题库与高频考点

银行业法律法规与综合能力

◆机考题库·真题试卷（一）
◆机考题库·真题试卷（二）
（含参考答案及解析）

《银行业法律法规与综合能力》机考题库·真题试卷

机考题库·真题试卷(一)

答题卡

本试卷采用虚拟答题卡技术，自动评分

考生扫描右侧二维码，将答题选项填入虚拟答题卡中，题库系统可自动统计答题得分，生成完整的答案及解析。题库系统根据考生答题数据，自动收集整理错题，记录考生薄弱知识点，方便考生在题库系统中查漏补缺。

一、单项选择题。以下各小题所给出的四个选项中，只有一项符合题目要求，请选择相应选项，不选、错选均不得分(共90题，每题0.5分，共45分)。

1. 金融市场价格信息有很多，以下不属于金融市场价格信息的是(　　)。
A. 利率　B. 汇率　C. 日用消费品价格　D. 股市行情

2. 风险管理的基本流程是(　　)。
A. 风险识别→风险计量→风险监测→风险控制
B. 风险识别→风险监测→风险控制→风险计量
C. 风险监测→风险识别→风险控制→风险计量
D. 风险监测→风险识别→风险计量→风险控制

3. 商业银行对本行发售的理财产品进行风险评级的依据因素不包括(　　)。
A. 理财产品的投资组合　B. 成本收益测算
C. 理财产品运营过程中存在的各类风险　D. 本行信贷产品业绩

4. 甲有字画一幅，乙、丙均欲购买。甲先与乙达成协议，以5万元的价格出售该字画，双方约定次日交货付款，丙知晓后，当晚即携款至甲处，欲以16万元的价格购买，甲欣然应允，并立即交货付款。对此，下列表述正确的是(　　)。
A. 甲与丙之间的买卖合同无效　B. 乙可请求甲承担违约责任
C. 甲与乙之间的买卖合同无效　D. 乙可请求丙交付该字画

5. 股份有限公司发行的具有收益分配和剩余财产分配优先权的股票称为(　　)。
A. 优先股　B. 法人股　C. 流通股　D. 普通股

6. 甲、乙两家企业均为某商业银行的客户，甲的信用评级低于乙。在其他条件相同的情况下，商业银行为甲设定的贷款利率高于为乙设定的贷款利率。这种风险管理的策略属于(　　)。
A. 风险补偿　B. 风险分散　C. 风险转移　D. 风险对冲

7. 某银行员工甲与员工乙共同负责业务印章及重要凭证的保管。甲保管保险箱钥匙、乙掌握密码，某日甲请假看病，下列行为中符合要求的是(　　)。
A. 考虑到时间不长，甲将保险箱的钥匙交于乙暂时保管
B. 甲办妥相关手续，移交钥匙后外出看病
C. 甲估计外出时间不长，不会用到业务印章和相关凭证，因此未做移交就外出看病
D. 甲自行将保险箱钥匙委托第三名员工保管

8. 下列金融市场中，属于货币市场的是(　　)。
A. 区域股权交易市场　B. 长期债券市场
C. 股票市场　D. 银行间债券回购市场

9. 不构成商业银行表内资产、表内负债，形成银行非利息收入的业务是(　　)。
A. 投资业务　B. 资产业务　C. 负债业务　D. 中间业务

10. 行业组织是指同一行业内企业的组织形态和企业间的关系，其内容不包括(　　)。
A. 市场结构　B. 市场行为　C. 市场供给　D. 市场绩效

11. 下列关于支票使用的表述,正确的是(　　)。
A. 变更账户银行一般见票无条件支付款项　B. 转账支票能够用于支取现金
C. 支票金额一般可以超过支票账户余额　D. 支票账户银行可以推迟支票支付
12. 有限责任公司的"有限责任"是指(　　)。
A. 股东以其全部资产对公司承担责任　B. 股东以其所持有的股份为限对公司承担责任
C. 股东仅以其出资额为限对公司承担责任　D. 公司以其注册资金对公司承担部分责任
13. 银行承兑汇票(非电子式)的最长付款期限为(　　)。
A. 12 个月　B. 3 个月　C. 1 个月　D. 6 个月
14. 下列机构中,不属于中国银行保险监督管理委员会负责监管的非银行金融机构是(　　)。
A. 信托投资公司　B. 期货公司
C. 金融租赁公司　D. 企业集团财务公司
15. 当一国利率低于外国利率时,下列对国际收支和汇率可能产生影响的表述,正确的是(　　)。
A. 外汇贬值　B. 本币升值　C. 资本流出　D. 资本流入
16. 某银行从业人员为了销售理财产品,向客户隐瞒了该理财产品的风险。该行为违反了银行业从业人员职业操守基本准则关于(　　)的规定。
A. 勤勉尽职　B. 专业胜任
C. 诚实守信　D. 保护商业与客户隐私
17. 陈某是一家银行的部门总经理,同时在当地金融学会兼任顾问,下列对其兼职行为表述正确的是(　　)。
A. 属于允许范围内的兼职活动,但应当向所在银行披露自己的兼职身份
B. 违反了有关法律法规和职业操守的规定,必须停止兼职活动
C. 属于允许范围内的兼职活动,可以把一半以上的工作时间用于此兼职工作
D. 与银行业务不直接相关,因此可以不披露自己的兼职工作
18. 下列选项中,不属于商业银行市场风险限额管理的是(　　)。
A. 客户限额　B. 止损限额　C. 风险限额　D. 交易限额
19. 下列行为中,违反银行业从业人员职业操守"监督规避"的是(　　)。
A. 暗示客户可以伪造合同获得贷款　B. 报告客户违反了法律禁止性规定
C. 按照法律规定办理业务　D. 正确理解法律禁止性规定
20. 以营利为目的,独立地从事商品生产和经营活动的法人是(　　)。
A. 企业法人　B. 事业单位法人　C. 社会团体法人　D. 机关法人
21. 在商业银行内负责监管合规政策的有效实施,以使合规缺陷得到及时有效解决的是(　　)。
A. 合规总监　B. 高级管理层
C. 合规管理部门　D. 董事会
22. 在衡量一国经济增长状况时,一般使用的宏观经济指标是(　　)。
A. 国民生产净值　B. 国民收入
C. 财政收入　D. 国内生产总值
23. 根据《商业银行资本管理办法(试行)》,下列选项中不属于银行二级资本的是(　　)。
A. 二级资本工具　B. 超额贷款损失准备
C. 少数股东资本可计入部分　D. 实收资本
24. 下列行为中,违反银行业从业人员职业操作中关于"岗位职责"规定的是(　　)。
A. 保管好自己的交易密码　B. 未经批准帮同事代班
C. 不打听与工作无关信息　D. 对反洗钱信息保密
25. 当一国存在较大规模国际收支顺差时,通常出现的现象是(　　)。
A. 会造成本国外汇收入比外汇支出少　B. 会造成外汇汇率上涨
C. 会造成本币对外贬值　D. 会造成对外汇的需求小于外汇供给
26. 商业银行市场风险包括(　　)。
A. 利率风险、汇率风险、股票价格风险、商品价格风险

B. 操作风险、声誉风险、社会风险、经济风险
C. 信用风险、利率风险、汇率风险、操作风险
D. 信用风险、利率风险、汇率风险、声誉风险

27. 商业银行开展同业业务，下列说法错误的是(　　)。
A. 将同业业务纳入全面风险管理
B. 应具备相关的同业业务治理体系
C. 实行专营部门制
D. 由法人总部对同业业务专营部门进行集中统一授权，同业业务专营部门进行转授权

28. 信托法律关系中受益人由(　　)指定。
A. 受托人　　B. 信托公司
C. 委托人　　D. 信托财产管理人

29.《商业银行合规风险管理指引》所称的法律、规则和准则不包括(　　)。
A. 银行业经营活动的法律、行政法规、部门规章及其他规范性文件
B. 商业银行企业文化及服务规范
C. 自律性组织的行业准则、行为守则和职业操守
D. 银行业经营规则

30. 下列行为中，违反银行业从业人员职业操守中的“忠于职守”规定的是(　　)。
A. 保守所在机构商业秘密、知识产权和专有技术秘密，维护所在机构利益
B. 向客户透露本行理财产品设计全过程
C. 当他人诋毁本行理财产品时坚决制止
D. 遵守银行个人理财业务的规章制度

31. 某公立中学为修缮教育设施向银行借款，银行要求该学校提供担保，学校以自有财产向银行设立抵押。下列财产中，可以抵押的是(　　)。
A. 该学校的办公楼　　B. 该学校的非教育用小汽车
C. 与临校存在权属争议的财产　　D. 该学校的操场

32. 下列行为中不属于中国人民银行直接检查监督范围的是(　　)。
A. 银行业金融机构增设分支机构的行为
B. 银行业金融机构执行有关外汇管理规定的行为
C. 银行业金融机构执行有关存款准备金管理规定的行为
D. 银行业金融机构执行有关反洗钱规定的行为

33. 下列关于客户利益保护的表述，错误的是(　　)。
A. 商业银行应建立适合创新服务需要的客户资料档案，做好客户对于创新产品和服务的适合度评估，引导客户理性投资与消费
B. 商业银行可以不区分银行资产和客户资产，但应当进行有效的风险隔离管理，对客户的资产进行充分保护
C. 商业银行开展金融创新活动，应遵守行业行为准则和银行员工操守守则
D. 商业银行应当向客户准确、公平、没有误导地进行信息披露

34. 根据《货币经纪公司试点管理办法》的规定，下列属于货币经纪公司可以从事的业务是(　　)。
A. 投资国债　　B. 投资金融债券
C. 向境内外金融机构提供经纪服务　　D. 向境内外金融机构提供资金拆借

35. 商业银行每只开放式公募理财产品的杠杆水平不得超过(　　)。
A. 140%　　B. 100%　　C. 120%　　D. 200%

36. 债券、股票等金融工具初次发行，供投资者认购投资的市场是(　　)。
A. 一级市场　　B. 二级市场　　C. 流通市场　　D. 直接融资市场

37. 我国货币政策的目标是(　　)。
A. 防范和化解金融风险
B. 维护金融稳定，促进经济发展

C. 制定和执行货币政策,加强宏观调控
D. 保持货币币值稳定,并以此促进经济增长

38. 下列关于同业拆借的表述,错误的是(　　)。
A. 同业拆借是除央行之外的金融机构之间进行短期资金借贷的行为
B. 借入资金的行为称为拆入,借出资金的行为称为拆出
C. 同业拆借的利率随资金供求的变化而变化
D. 同业拆借业务主要通过全国银行间债券市场进行

39. 下列不属于商业银行合规风险管理基本制度的是(　　)。
A. 公平竞争制度　　B. 合规问责制度
C. 诚信举报制度　　D. 合规绩效考核制度

40. 法定继承的第一顺序继承人不包括(　　)。
A. 配偶　　B. 子女　　C. 兄弟姐妹　　D. 父母

41.《中华人民共和国商业银行法》第64条规定:"商业银行已经或者可能发生信用危机,严重影响存款人的利益时,国务院银行业监督管理机构可以对该银行实行接管。"第67条规定,"接管期限最长不得超过(　　)"。
A. 1年　　B. 6个月　　C. 5年　　D. 2年

42. 我国主管利率的有权机关是(　　)。
A. 财政部　　B. 中国银行保险监督管理委员会
C. 国家发改委　　D. 中国人民银行

43. 在划分货币供应量层次中,M_1 一般是指(　　)。
A. 流通中现金　　B. 狭义货币　　C. 准货币　　D. 广义货币

44. 下列关于商业银行资本的表述,正确的是(　　)。
A. 经济资本是一种完全取决于银行盈利大小的资本
B. 银行资本等于会计资本、监管资本及经济资本之和
C. 会计资本也称为账面资本
D. 商业银行的会计资本应当等于经济资本

45. 法定的公司成立日期是(　　)。
A. 公司营业执照签发日期　　B. 股东大会召开日期
C. 公司发起人缴足资本的日期　　D. 符合公司设立条件的日期

46. 下列关于银行不良贷款拨备覆盖率计算公式的表述,正确的是(　　)。
A. 当年不良贷款新发生额与贷款余额的比值
B. 不良贷款余额与各项贷款余额的比值
C. 不良贷款损失准备与当年不良贷款新发生额的比值
D. 不良贷款损失准备与不良贷款余额的比值

47. 从银行管理者的角度看,经济资本主要用于衡量银行的(　　)。
A. 极端损失　　B. 非预期损失　　C. 平均损失　　D. 预期损失

48. 债务人未能履行合同义务给商业银行带来损失的可能性属于(　　)。
A. 信用风险　　B. 流动性风险　　C. 操作风险　　D. 市场风险

49. 现阶段,我国货币政策的操作目标是(　　),中介目标是(　　)。
A. 基础货币;流通中现金　　B. 基础货币;货币供应量
C. 基础货币;活期存款　　D. 货币供应量;基础货币

50. 商业银行应当按照规定向中国人民银行交存(　　),并留足(　　)。
A. 存款准备金;备付金　　B. 现金;存款准备金
C. 存款准备金;现金　　D. 备付金;现金

51. 根据《中华人民共和国票据法》,下列关于汇票背书的表述,错误的是(　　)。
A. 背书是指在票据背面或者粘单上记载有关事项并签章的票据行为
B. 以背书转让的汇票,后手应当对其所有前手背书的真实性负责

C. 以背书转让的汇票，背书应当连续
D. 背书人在汇票上记载“不得转让”字样，其后手再背书转让的，原背书人对后手的被背书人不承担保证责任

52. 某交行柜员在经办借记卡取现10万元时业务反方向操作，造成短款20万元，经与客户沟通解释，追回20万元。造成该事件风险的成因是(　　)。
A. 外部事件　B. 人员因素　C. 系统因素　D. 内部流程

53. 货币在执行价值尺度的职能时，可以(　　)。
A. 表现商品的价值　B. 实现商品的价值　C. 表现货币的价值　D. 完成商品的交换

54. 下列不属于刑罚的是(　　)。
A. 有期徒刑　B. 警告　C. 罚款　D. 拘留

55. 甲向乙借款5万元，由丙书面承诺在甲不能履行债务时，由丙承担一般保证责任。借款到期后，甲虽有钱但想赖账不还，乙找甲催款未果，遂要求丙履行保证责任还款。下列关于保证责任的表述，正确的是(　　)。
A. 丙目前可以拒绝承担保证责任
B. 丙应当履行保证责任，先代甲还款5万元后，再向甲追债
C. 丙应当履行保证责任，代甲还款5万元
D. 丙应当履行保证责任，与乙共同向甲追款，追款未果给乙还款5万元

56. 商业银行分支机构(　　)。
A. 具有独立的民事权利能力和有限的民事行为能力
B. 具有有限的民事权利能力和独立的民事行为能力
C. 具有独立的民事权利能力和民事行为能力
D. 具有授权范围内的民事权利能力和民事行为能力

57. 根据第三版巴塞尔资本协议的资本要求，商业银行一级资本充足率应不低于(　　)。
A. 6%　B. 4.5%　C. 2%　D. 3%

58. 王某趁经理不在办公室时，使用经理忘在办公桌上的钥匙偷走3张内容已经填写完毕的支票。下列说法正确的是(　　)。
A. 王某行为构成背书　B. 经理行为构成出票
C. 王某行为不构成出票　D. 王某行为构成出票

59. 采用国际新的财务报告准则(IFRS9)计量贷款拨备，(　　)是新准则模型的计量基础。
A. 信用评级、资产分类　B. 损失阶段、信用评级
C. 资产分类、迁徙矩阵　D. 损失阶段、资产分类

60. 商业银行开展金融创新活动时，应遵循(　　)，不能进行低价倾销。
A. 知识产权保护原则　B. 合法合规原则
C. 公平竞争原则　D. 成本可算原则

61. 由于存取业务量巨大，存款合同一般采用(　　)。
A. 存款机构制定的格式合同　B. 客户制定的格式合同
C. 存款机构制定的口头形式格式合同　D. 客户与存款机构协商的格式合同

62. 宏观经济政策目标中衡量充分就业的指标是(　　)。
A. 通货膨胀率　B. 国际收支　C. 失业率　D. 国内生产总值

63. 某商业银行在对某出口企业进行贷后检查时发现，受金融危机影响，国外进口商减少了对该企业的订单，导致该企业完全依靠其正常经营收入无法足额偿还贷款本息，即使执行担保，也可能会造成一定损失，该银行应将该企业贷款归为五级分类中的(　　)。
A. 可疑类　B. 次级类　C. 关注类　D. 正常类

64. 某银行的交易员在未经授权的情况下大量购买欧洲股指期货，造成49亿欧元损失，该事件最终归结为银行的(　　)。
A. 战略风险　B. 法律风险　C. 操作风险　D. 流动性风险

65. 商业银行根据客户的信用评级、借款金额、供求关系等因素综合确定贷款利率，该利率属

于( )。

A. 基准利率　B. 自定利率　C. 市场利率　D. 公定利率

66. “以最大限度保全资产、减少损失为主要经营目标,依法独立承担民事责任”的非银行金融机构是( )。

A. 金融租赁公司　B. 货币经纪公司
C. 信托投资公司　D. 金融资产管理公司

67. 下列关于合同无效的表述,正确的是( )。

A. 合同部分无效,不影响其他部分效力　B. 有过错一方不需承担缔约过失责任
C. 合同无效自判定无效起无效　D. 合同部分无效,整体无效

68. 下列关于商业银行理财业务的表述,错误的是( )。

A. 理财业务不是商业银行传统的资产业务
B. 理财业务本质上是投资人与商业银行之间的委托代理业务
C. 理财业务不是商业银行传统的资产负债业务
D. 理财业务是商业银行近年来创新的纳入银行资产负债管理的自营业务

69. 下列关于合同成立条件的表述,错误的是( )。

A. 双方当事人订立合同必须是依法进行的　B. 当事人必须就合同的主要条款协商一致
C. 合同的成立不必须具备要约和承诺阶段　D. 承诺生效时合同成立

70. 信用证项下的汇票需要附商业票据才可以结算的属于( )。

A. 跟单商业信用证　B. 光票信用证　C. 可撤销信用证　D. 不可撤销信用证

71. 票据发行便利是一种具有法律约束力的( )周转性票据发行融资的承诺。

A. 中期　B. 短期　C. 不定期　D. 长期

72. 投资或者购买与管理基础资产收益波动负相关的某种资产或金融衍生品的风险管理策略是( )。

A. 风险对冲　B. 风险分散　C. 风险规避　D. 风险转移

73. 由我国境内注册的公司发行、境外上市的N股是指在( )上市的股票。

A. 纽约　B. 伦敦　C. 东京　D. 香港

74. 在商业银行支付结算业务中,托收属于( )。

A. 政府信用　B. 个人信用　C. 银行信用　D. 商业信用

75. 银行监管机构为了促进商业银行审慎经营、维持金融体系稳定而规定的银行必须持有的资本称为( )。

A. 经济资本　B. 监管资本　C. 会计资本　D. 账面资本

76. 在单位存款业务中,存款人因借款或其他结算需要,在基本存款账户开户银行以外的银行营业机构开立的银行结算账户是( )。

A. 一般存款账户　B. 专用存款账户　C. 基本存款账户　D. 临时存款账户

77. 衡量物价稳定的宏观经济指标是( )。

A. 经济增长率　B. 商品供给率　C. 通货膨胀率　D. 城镇失业率

78. 商业银行因没有遵循法律、规则和准则可能遭受法律制裁、监管处罚、重大财务损失和声誉损失的风险是( )。

A. 信用风险　B. 市场风险　C. 合规风险　D. 国家风险

79. 下列关于现代商业票据的表述中,错误的是( )。

A. 现代商业票据大多已和商品交易脱离关系
B. 一般期限较短,只有发行市场,少有二级市场
C. 商业票据演变为一种专供在货币市场上融资的票据
D. 现代商业票据市场是短期有担保债券筹措资金的融资场所

80. 《中华人民共和国银行业监督管理法》的监管对象不包括中国境内设立的( )。

A. 商业银行　B. 政策性银行　C. 中央银行　D. 农村信用合作社

81. 当存在商品和劳务销售的完全竞争市场时，不可能产生的是(　　)。
A. 需求拉上型通货膨胀　　B. 结构型通货膨胀
C. 工资推进的通货膨胀　　D. 利润推进的通货膨胀
82. 下列不属于第二版巴塞尔资本协议监管“三大支柱”的是(　　)。
A. 市场约束　　B. 监督检查
C. 最低资本要求　　D. MAP 监管考核
83. (　　)是指国务院银行业监督管理机构在银行业金融机构已经或者可能发生信用危机，严重影响存款人利益的情况下，对该银行采取的预防性拯救措施。
A. 接管　　B. 破产　　C. 处置　　D. 撤销
84. 留置权是指债权人按照合同的约定占有债务人的(　　)，债务人未履行到期债务的，债权人有权依据法律规定，并有权就该财产优先受偿。
A. 不动产　　B. 权利凭证　　C. 不动产和动产　　D. 动产
85. 法律明文规定为犯罪行为的，依照法律定罪处刑；法律没有明文规定为犯罪行为的，不得定罪处刑。这属于刑法中的(　　)原则。
A. 无罪推定　　B. 罪刑法定　　C. 罪责刑相适应　　D. 刑法面前人人平等
86. 假设某企业于 3 月 31 日持面额为 20 万元的银行承兑汇票到银行办理贴现，汇票到期日为 4 月 30 日。若按 6% 的月贴现率计算，银行实付该企业的贴现金额为(　　)元。
A. 99400　　B. 188000　　C. 99380　　D. 12100
87.《中华人民共和国民法典》确立的两类质押是(　　)。
A. 财产质押和票据质押　　B. 动产质押和不动产质押
C. 动产质押和权利质押　　D. 权利质押和义务质押
88. 下列不会引发商业银行操作风险的是(　　)。
A. 市场利率下降　　B. 不完善的内部程序
C. 外部事件　　D. 系统缺陷
89. 在我国，适用刑罚的根本目的是(　　)。
A. 预防和减少犯罪　　B. 维护社会秩序
C. 保护公民的合法权益　　D. 建立法治国家
90. 根据第三版巴塞尔资本协议的要求，储备资本要求为(　　)。
A. 1%　　B. 2%　　C. 2.5%　　D. 3.5%

二、多项选择题。以下各小题所给出的五个选项中，有两项或两项以上符合题目的要求，请选择相应选项，多选、少选、错选均不得分(共 40 题，每题 1 分，共 40 分)。

91. 下列选项中，属于信用风险的有(　　)。
A. 某企业向银行申请股票质押贷款 5 亿元，因股票价格大幅下跌，质押股票价值已低于贷款余额
B. 某日银行营业结束，运钞车接款时受到一伙蒙面黑衣人抢劫，200 万元现金被抢
C. 某企业运用虚假良好信息蒙混过关，挪用银行贷款 5000 万元来炒房，后因亏损无法偿还银行贷款
D. 某企业向银行开立 500 万元信用证从事大豆贸易，因大豆价格大幅下降，企业现金流紧张，信用证出现垫款
E. 某银行由于美元持续贬值，致使所拥有的 1 亿美元资产下跌
92. 以下关于票据权利的表述，正确的有(　　)。
A. 票据权利的行使，应当在票据当事人的营业场所和营业时间内进行，票据当事人无营业场所的，应当在其住所进行
B. 票据权利，是指持票人向票据债务人请求支付票据金额的权利，包括付款请求权和追索权
C. 在票据权利中，追索权是第一顺序请求权，付款请求权是第二顺序请求权
D. 根据《中华人民共和国票据法》的规定，因税收、继承、赠与可以依法无偿取得票据的，不受给付对价的限制。但是，所享有的票据权利不得优于其前手的权利
E. 明知前手以欺诈、偷盗或者胁迫等手段取得票据，出于恶意取得票据的持票人不得享有票据权利

93. 下列关于行业分析表述,正确的有( )。
A. 行业分析包括对行业发展水平的分析
B. 通过行业分析,可以为宏观经济决策提供可靠的依据
C. 通过行业分析,可以了解影响行业发展的各种因素,预测各行业的发展趋势
D. 行业分析包括对行业发展状况的分析
E. 行业分析是对区域发展自然条件件的分析

94. 自然人的民事行为能力的判断依据有( )。
A. 智力状况　B. 年龄　C. 婚姻状况
D. 家庭状况　E. 精神状况

95. 商业银行合规的"规"是指适用于银行业经营活动的( )。
A. 自律性组织的行业准则　B. 自律性组织的行为守则和职业操守
C. 监管部门规章　D. 法律、行政法规
E. 监管部门规范性文件

96. 下列关于商业银行金融创新与客户利益保护的表述,错误的有( )。
A. 公平处理银行与客户之间、银行与第三方服务提供者之间的利益冲突
B. 为客户提供专业、客观和公平的意见
C. 商业银行应严格界定和区分银行资产和客户资产,但不必进行风险隔离管理
D. 应遵守行业行为准则和银行员工操守守则
E. 为了扩大市场份额,没有必要履行对客户的义务和责任

97. 下列国际收支内容记入国际收支平衡表经常账户的有( )。
A. 某跨国企业对国外的投资　B. 国外政府的捐赠款项
C. 某跨国企业从国外获得的银行借款　D. 某跨国企业出口货物收入
E. 从境外获得的旅游收入

98. 违约责任承担的形式有( )。
A. 补救措施　B. 定金责任　C. 继续履行
D. 支付违约金　E. 赔偿损失

99. 与货币市场相比,资本市场的特点包括( )。
A. 期限较长　B. 流动性较差　C. 风险相对较小
D. 期限较短　E. 风险相对较大

100. 下列业务中,可使用银行保函的有( )。
A. 借款　B. 延期付款　C. 工程履约
D. 融资租赁　E. 投标

101. 下列各项中,属于商业银行法律风险的有( )。
A. 因特定国家政治原因限制不能收回在该国的贷款造成的损失
B. 因流程管理未完善导致的损失
C. 因国家宏观调控政策调整受到的经营损失
D. 因监管措施支付的罚款所导致的风险
E. 因解决民商事争议支付的赔偿金所导致的风险

102. 银行为个人提供理财服务需要考虑的因素有( )。
A. 客户的经济状况　B. 投资工具的风险性、收益性和流动性
C. 客户的生命周期特点　D. 客户的风险偏好
E 客户的消费计划

103. 下列关于反洗钱的叙述,正确的有( )。
A. 对依法履行反洗钱职责或者义务获得的客户身份资料和交易信息,应当予以保密
B. 只有金融机构及其工作人员,有权向反洗钱行政主管部门或者公安机关举报,其他单位和个人无权举报
C. 金融机构应当依法履行建立健全客户身份识别制度的反洗钱义务

D. 各地银行协会负责各地的反洗钱监督管理工作
E. 单位和个人对洗钱活动有举报义务

104. 从特征上看，物权属于(　　)。
A. 对世权　B. 支配权　C. 相对权
D. 请求权　E. 绝对权

105. 在影响债券定价的因素中，属于外部因素的有(　　)。
A. 债券的面值　B. 市场利率　C. 通货膨胀水平
D. 债券期限　E. 市场汇率

106. 下列选项中，属于第三版巴塞尔资本协议提出的流动性风险量化监管指标的有(　　)。
A. 拨贷比　B. 流动性覆盖率
C. 存贷比　D. 流动性比例
E. 净稳定资金比例

107. 根据保险承担的责任次序划分，保险可以分为(　　)。
A. 原保险　B. 再保险　C. 财产保险
D. 人身保险　E. 社会保险

108.《中华人民共和国公司法》主要以股东承担责任的范围和形式，股东人数的多少，将公司分为(　　)。
A. 两合公司　B. 无限公司　C. 股份有限公司
D. 有限责任公司　E. 资合公司

109. 下列关于我国商业银行的外币存款和人民币存款业务的表述，正确的有(　　)。
A. 两种存款都可以分为个人存款和单位存款
B. 外汇储蓄账户可以用于转账
C. 个人外币存款的管理已经不再区分现钞账户和现汇账户
D. 外汇存款币种可以自由选择任何外币
E. 两种存款的具体管理方式相同

110.《中华人民共和国银行业监督管理法》所称的银行业金融机构包括(　　)。
A. 中国农业发展银行　B. 城市信用合作社
C. 农村信用合作社　D. 商业银行
E. 中国进出口银行

111. 下列属于贷款合同要素的有(　　)。
A. 金额和利率　B. 违约责任
C. 贷款种类　D. 还款期限和还款方式
E. 借款用途

112. 下列关于银行卡业务的表述，错误的有(　　)。
A. 准贷记卡要求交存一定金额的备用金，不具备透支功能
B. 信用卡具有无抵押担保的性质
C. 贷记卡可以先消费，后还款
D. 借记卡和贷记卡统称信用卡
E. 借记卡要求先存款后消费，不具备透支功能

113. 我国商业银行的会计资本包括(　　)。
A. 实收资本　B. 长期债券　C. 未分配利润
D. 盈余公积　E. 一般准备

114. 按照《汽车金融公司管理办法》，汽车金融公司可以从事的业务包括(　　)。
A. 同业拆借
B. 提供购车贷款业务
C. 经批准发行金融债券

银行业专业人员职业资格考试(初级)

高频考点

银行业法律法规与综合能力

(第2版)

银行业专业人员职业资格考试命题研究组　编著

目 录

第一章　经济基础知识

高频考点1　宏观经济发展的目标（1.1*）

总体目标		衡量指标	
经济增长	特定时期内一国（或地区）整体经济产出和居民收入的增长	国内生产总值（GDP）	（1）在一国的领土范围内，本国居民和外国居民在一定时期（通常为1年）内所生产的、以市场价格表示的产品和劳务总值。 （2）GDP是衡量一国（或地区）整体经济状况的主要指标；GDP增长率是反映一定时期经济发展水平变化程度的动态指标
充分就业	在某一工资水平之下，所有愿意接受工作的人，都获得了就业机会	失业率	即劳动力人口（年龄在16周岁以上具有劳动能力的人的全体）中失业人数所占的百分比。我国公布的失业率是城镇登记失业率
物价稳定	保持物价总水平的基本稳定，使一般物价水平在短期内不发生显著或急剧的波动，避免出现通货膨胀或通货紧缩	通货膨胀率	即一般物价水平在一段时间内持续、普遍上涨的经济现象。常用的衡量指标有消费者物价指数（CPI，使用得最多、最普遍）、生产者物价指数（PPI）、国内生产总值物价平减指数

* 1.1表示第一章第一节。所有考点均标明所属章节，可据此定位到教材对应知识点。

续　表

总体目标		衡量指标	
国际收支平衡	国际收支差额处于一个相对合理的范围内，既无巨额的国际收支赤字，又无巨额的国际收支盈余	国际收支	（1）一国居民在一定时期内与非本国居民在政治、经济、军事、文化及其他活动中所产生的全部交易的系统记录。 （2）国际收支平衡表的账户可分为经常账户、资本与金融账户、错误与遗漏账户

【真题示例·单选题】在衡量一国整体经济增长状况时，一般使用的宏观经济指标是（　　）。

A. 国民生产净值　　B. 国民收入

C. 财政收入　　D. 国内生产总值

【答案】D【解析】国内生产总值（GDP）是衡量一国（或地区）整体经济状况的主要指标。

高频考点2　区域发展分析（1.3）

（1）区域发展的分析应包括经济、社会和生态环境三个方面，并以三者综合效益作为分析判断的标准。

（2）在区域发展中，经济发展是核心。对区域发展的分析，应重点分析区域发展的优势、主导产业及其发展方向，经济增长的形式以及产业结构和地域结构的优化等问题。

第二章　金融基础知识

高频考点1　货币的本质与职能（2.1）

1. 本质

（1）货币是固定地充当一般等价物的特殊商品。其特殊性表现在两方面：货币是衡量一切商品价值的材料；具有同其他一切商品进行交换的能力。

（2）货币体现了一定的社会生产关系。

2. 职能

职能	内容
价值尺度	表现商品的价值并衡量商品价值量的大小。当货币执行这一职能时，可以是观念形态的货币
流通手段	（1）货币执行流通手段职能时，作为交换的媒介实现商品的价值。 （2）货币执行流通手段包括两个特点：①必须是现实的货币；②可以用符号代替
贮藏手段	（1）货币的贮藏手段职能即货币暂时退出流通而处于静止状态被当作独立的价值形态和社会财富而保存起来时执行的职能。 （2）货币执行贮藏手段时必须是现实的、足值的货币，如金条、银条，纸币不具备贮藏手段的职能
支付手段	偿还欠款、上缴税款、银行借贷、发放工资、捐款、赠与等
世界货币	货币超越国界，在世界市场上发挥一般等价物作用，从而在国际范围内发挥价值尺度、流通手段、贮藏手段、支付手段的职能，即世界货币职能

【真题示例·多选题】下列属于货币职能的有（　　）。

A. 保值手段　　B. 支付手段

C. 流通手段　　D. 价值尺度

E. 贮藏手段

【答案】BCDE【解析】货币职能包括价值尺度、流通手段、贮藏手段、支付手段以及世界货币。

高频考点2 货币供应层次划分（2.1）

供应层次	内容
M_0	流通中现金
M_1（狭义货币）	M_0 + 企业活期存款 + 农村存款 + 机关团体部队存款 + 个人持有的信用卡类存款
M_2（广义货币）	M_1 + 城乡居民储蓄存款 + 企业存款中具有定期性质的存款 + 外币存款 + 信托类存款
M_3	M_2 + 金融债券 + 商业票据 + 大额可转让定期存单

［总结］$M_2 - M_1$为准货币；M_1反映了经济中的现实购买力；M_2不仅反映了现实的购买力，还反映了潜在的购买力

【真题示例·多选题】下列选项中，属于现阶段我国广义货币供应量M_2包括的内容有（　　）。

A. 农村存款　　B. 企业活期存款

C. 流通中现金　　D. 城乡居民储蓄存款

E. 企业定期存款

【答案】ABCDE【解析】$M_2 = M_1$ + 城乡居民储蓄存款 + 企业存款中具有定期性质的存款 + 外币存款 + 信托类存款。其中：M_0 = 流通中现金；$M_1 = M_0$ + 企业活期存款 + 农村存款 + 机关团体部队存款 + 个人持有的信用卡类存款。

高频考点3 货币乘数（2.1）

影响货币乘数的因素包括法定存款准备金率、超额准备金率、现金漏损率、定期存款的存款准备金率。

因素	与货币乘数的关系	内容
法定存款准备金率（r_d）	负相关	r_d越高，创造存款货币的数量越少
现金漏损率（c）	负相关	c越高，银行的存款准备金越少，银行创造存款的能力下降
超额准备金率（e）	负相关	e越高，留有的超额准备金越多，用于贷款的部分就越少，银行创造存款的能力也就越弱
定期存款的存款准备金率（r_t）	负相关	r_t越高，银行手中保留的货币就越多，但是这种货币不能支持活期存款的进一步创造，会使活期存款创造规模下降

高频考点4 通货膨胀（2.1）

项目	内容
含义	在纸币流通情况下，货币供应量超过需求量，引起纸币贬值、物价持续上涨的经济现象
产生原因	（1）需求拉上型通货膨胀：即“过多的货币追求过少的商品”。 （2）成本推动型通货膨胀。 ①工资推进的通货膨胀：货币工资的增长超过劳动生产率的增长。 ②利润推进的通货膨胀：存在着商品和劳务销售的不完全竞争市场。

续　表

项目	内容
产生原因	（3）供求混合推动型通货膨胀：供给与需求两方面因素。 （4）结构型通货膨胀：经济结构因素的变化
影响	（1）对生产和流通环节产生的影响：①不利于生产正常发展；②打乱了正常的商品流通秩序，加剧了市场供需矛盾。 （2）对分配和消费环节产生的影响：①不利于固定薪金收入阶层的国民收入再分配；②有利于债务人的分配，但是会使债权人受到损失；③降低了整个市场的消费规模。 （3）对金融秩序和经济、社会稳定的影响。 ①使货币贬值，当名义利率低于通货膨胀率、实际利率为负值时，会使居民挤提存款，企业争相贷款，扰乱金融领域的正常秩序。 ②通货膨胀严重时，会使社会公众失去对本国纸币的信心，甚至会导致一国的货币制度走向崩溃。 ③流通领域存在过度的投机，扰乱经济秩序。 ④引起经济领域混乱，会直接波及整个社会，激化社会矛盾，导致政局不稳定
治理措施	（1）实行紧缩的货币政策，可通过减少货币供应量、提高利率等政策。具体措施包括在公开市场上出售有价证券、提高法定存款准备金率、提高再贴现率等。 （2）实行紧缩的财政政策，可通过增收（增加税赋）节支（压缩政府机构费用开支）、减少赤字等政策。 （3）实行紧缩的收入政策、积极的供给政策、货币改革等

【真题示例·多选题】 通货膨胀对金融秩序和经济、社会稳定的影响主要包括（　　）。

A. 会引起社会各阶层的利益分配不公而激化社会矛盾

B. 会引起过度的投机，导致经济紊乱

C. 会使社会公众失去对本国纸币的信心

D. 会导致政府威信下降，政局不稳定

E. 会引起居民挤提存款，用于抢购商品

【答案】ABCDE**【解析】**选项A、选项B、选项C、选项D、选项E均属于通货膨胀对金融秩序和经济、社会稳定的影响。

高频考点5 通货紧缩（2.1）

项目	内容
含义	指经济中货币供应量少于客观需要量，社会总需求小于总供给，导致单位货币升值、价格水平普遍和持续下降的经济现象
产生原因	（1）货币供给减少：政策时滞。 （2）有效需求不足。 ①实际利率较高时，消费和投资就会出现大幅下降，导致有效需求不足。 ②金融机构贷款意愿下降和提高利率时，会减少社会总需求。 ③制度变迁和转型等体制因素，导致居民储蓄倾向上升，消费倾向下降，引起有效需求不足。 （3）供需结构不合理：经济中存在不合理的扩张和投资。 （4）国际市场的冲击
影响	（1）导致社会总投资减少。 （2）导致消费规模减小，整体消费需求下降。 （3）影响社会收入再分配：使政府的收入向企业和个人转移
治理对策	（1）扩大有效需求，包括扩大投资需求和增加消费需求两大类。 （2）实行扩张的财政政策和货币政策。 （3）引导公众预期

【真题示例·单选题】下列属于通货紧缩现象的是（　　）。

A. 货币供应量多于客观需要量

B. 单位货币升值

C. 有效需求过多

D. 社会总需求大于总供给

【答案】B【解析】通货紧缩是指经济中货币供应量少于客观需要量，社会总需求小于总供给，导致单位货币升值、价格水平普遍和持续下降的经济现象。

高频考点6 货币政策目标（2.2）

目标	内容
最终目标	（1）经济增长、物价稳定、充分就业和国际收支平衡。 （2）我国现阶段的最终目标：保持货币币值稳定，并以此促进经济增长
操作目标	（1）基础货币和存款准备金。 （2）操作目标是中央银行运用货币政策工具能够直接影响或控制的目标变量
中介目标	（1）货币供应量和利率。 （2）我国现阶段货币政策的中介目标是货币供应量。 （3）作用：①表明货币政策实施的进度；②为中央银行提供一个追踪观测的指标；③便于中央银行调整政策工具的使用。 （4）中介目标和操作目标的选择标准：①可观测性；②可控性；③相关性

【真题示例·单选题】现阶段我国货币政策的操作目标是（　　）。

A. 现金　　B. 基准利率

C. 货币供应量　　D. 基础货币

【答案】D【解析】通常被采用的操作目标主要有基础货币、存款准备金。

高频考点7 货币政策工具（2.2）

工具	内容
一般性货币政策工具	法定存款准备金政策、再贴现政策及公开市场业务

续 表

工具	内容
选择性货币政策工具	证券市场信用控制、消费者信用控制、不动产信用控制、优惠利率、预缴进口保证金等
直接性货币政策工具	利率限制、信用配额、直接干预、流动性比例等
间接性货币政策工具	窗口指导、道义劝告、金融检查、公开宣传等

高频考点8 利息率的主要种类（2.3）

分类	内容
固定利率与浮动利率	（1）固定利率：由借贷双方商定的利率，在整个借贷合同期内，利率不因市场资金供求状况或其他因素而变化。 （2）浮动利率：由借贷双方共同商定并根据市场变化情况进行相应调整的利率
存款利率与贷款利率	（1）存款利率：其高低直接决定了存款人的利息收益和金融机构的融资成本。 （2）贷款利率：其高低直接决定着金融机构的利息收入和借款人的筹资成本
基准利率与市场利率	（1）基准利率：决定着一个国家的金融市场利率水平，表明中央银行对于当期金融市场货币供求关系的总体判断。 （2）市场利率：借贷双方在金融市场上通过竞争所形成的反映一定时期金融市场货币供求关系的利率
名义利率与实际利率	（1）名义利率：商业银行和其他金融机构对社会公布的挂牌利率。 （2）实际利率：名义利率扣除当期通货膨胀率之后的真实利率

续 表

分类	内容
官定利率与公定利率	(1) 官定利率：由政府金融管理部门或中央银行根据国家经济发展和金融市场需要所确定和调整的利率。 (2) 公定利率：由一个国家或地区银行公会（同业协会）等金融机构行业组织所确定的利率

高频考点9 汇率变动的影响因素（2.4）

(1) 国际收支。

①当一国处于国际收支顺差时，说明本国出口增加、外汇收入增加，而进口减少、外汇支付减少，此时，外汇供给大于支出，从而造成本币对外升值，外汇汇率下跌。

②当一国存在较大国际收支逆差时，说明本国外汇收入小于外汇支出，对外汇的需求大于外汇供给，会造成外汇汇率上涨，本币对外贬值。

(2) 利率水平。

当一国提高利率水平或本国利率高于外国利率时，会引起资本流入，由此对本国货币需求增大，使本币升值，外汇贬值；反之，会引起资本流出，对外汇需求增大，外汇升值，本币贬值。

(3) 通货膨胀。

当一国发生通货膨胀时，该国货币所代表的价值量就会减少，其实际购买力下降，对外币比价趋于下跌，即外币升值，本币贬值。

(4) 政府干预。

(5) 一国经济实力。

【真题示例·单选题】 当一国利率低于外国利率时，下列关于对国际收支和汇率可能产生影响的表述，正确的是（　　）。

A. 外汇贬值　　B. 本币升值　　C. 资本流出　　D. 资本流入

【答案】 C **【解析】** 当一国降低利率或本国利率低于外国利率时，会引起资本从本国流出，由此对外汇需求增大，外汇升值，本币贬值。

第三章　金融市场

高频考点1　货币市场的分类（3.2）

分类	内容
同业拆借市场	同业拆借市场是银行等金融机构间的短期资金借贷市场。 （1）资金融通的期限较短，主要用于金融机构临时性资金需要。 （2）在无担保条件下进行的资金与信用的直接交换，要求拆借主体具有较高的信用等级。 （3）同业拆借形成的资金价格信号，反映了整个金融体系的资金供求状况和流动性状况
回购市场	（1）回购市场是指对回购协议进行交易的短期融资市场。 （2）债券回购是金融机构之间以债券为抵押的短期资金的融通，以大宗交易为主。 （3）在回购交易中，交易双方是以期限在1年以内（含1年）的短期融资为目的。 （4）以回购方式进行的债券交易其实是一种有抵押的贷款。其中，债券回购的标的物一般是信用等级高的政府债券
票据市场	（1）现代的商业票据市场指由具有高信用等级的大企业和财务公司发行短期无担保债券筹措资金的短期融资场所。 （2）现代商业票据大多已和商品交易脱离关系。由于期限较短，所以一般只有发行市场，少有二级市场
大额可转让定期存单市场	（1）大额可转让定期存单（CDs），是由商业银行发行的、有固定面额和约定期限并可以在市场上转让流通的存款凭证。

续 表

分类	内容
大额可转让定期存单市场	（2）大额可转让定期存单与传统的定期存款相比具有以下不同的特点。 ①是否记名：不记名（大额可转让定期存单）；记名（传统的定期存款）。 ②是否可转让：可以转让，有专门的大额可转让定期存单二级市场（大额可转让定期存单）；不可转让，无特定的流通市场（传统的定期存款）。 ③金额是否固定：面额固定，且都比较大（大额可转让定期存单）；存款金额不固定，由存款人意愿决定（传统的定期存款）。 ④是否能提前支取：不可提前支取，但可以在二级市场上转让（大额可转让定期存单）；可以提前支取，但所得利息低于原固定利率计算的利息（传统的定期存款）

【真题示例·多选题】下列对回购市场的表述中，正确的有（　　）。

A. 回购市场属于短期融资的市场

B. 以回购方式融资其实是一种信用贷款

C. 债券回购以大宗交易为主

D. 在回购交易中，交易双方是以短期融资为目的，其期限通常在1年以上

E. 债券回购是金融机构之间的资金的融通

【答案】ACE**【解析】**以回购方式进行的债券交易其实是一种有抵押的贷款，故选项B说法错误。在回购交易中，交易双方是以短期融资为目的，其期限通常在1年以内（含1年），故选项D说法错误。其余选项说法均正确。

高频考点2 资本市场的分类（3.2）

1. 股票市场

划分标准	内容
按股票所代表的股东权利划分	（1）普通股（最普遍）：①经营决策的参与权。②公司盈余的分配权。③剩余财产索取权。④优先认股权。 （2）优先股（分配优先权）：①优先按约定方式领取股息。②优先清偿权。③限制参与经营决策。④享有固定的股息权益
按是否记载股东姓名划分	（1）记名股票：记载股东姓名。 （2）无记名股票：不记载股东姓名
按是否在股票面额上标明金额划分	（1）有面额股票：票面上记载一定金额。 （2）无面额股票：票面上不记载股票面额
按是否有实物载体划分	（1）实体股票：向股东发行纸质的票据。 （2）记账股票：不发行股票实体
按上市地点及股票投资者划分（我国）	（1）A股：以人民币标明面值、以人民币认购和进行交易、供国内投资者买卖的股票。 （2）B股（人民币特种股票）：以人民币标明面值、以外币认购和进行交易、专供外国和我国香港、澳门、台湾地区的投资者买卖的股票。 （3）H股：由中国境内注册的公司发行、直接在中国香港上市的股票。 （4）N股：由中国境内注册的公司发行、直接在美国纽约上市的股票

续 表

划分标准	内容
按投资主体的性质划分（我国）	（1）国家股：有权代表国家投资的部门或机构，以国有资产向公司投资形成的股份。 （2）法人股：企业法人或具有法人资格的事业单位和社会团体，以其依法可支配的资产投入公司形成的股份。 （3）社会公众股：社会公众（个人和机构）依法以其拥有的财产向可上市流通股权部分投资所形成的股份

【真题示例·多选题】我国的股票根据投资主体性质的不同，可以分为（　　）。

A. 社会公众股　　B. 国家股

C. 普通股　　D. 优先股

E. 法人股

【答案】ABE【解析】我国的股票根据投资主体的性质的不同，还可以分为国家股、法人股及社会公众股。

2. 长期债券市场

项目	内容
分类	（1）按发行主体划分：国家债券、地方政府债券、公司债券和金融债券。 （2）按利率是否固定划分：固定利率债券、浮动利率债券。 （3）按利息支付方式划分：普通债券、附息债券、贴现债券、零息债券。 （4）按有无担保分类划分：信用债券、担保债券。 （5）按是否可转换划分：可转换债券与不可转换债券。 （6）按募集方式划分：公募债券和私募债券

续 表

项目	内容
发行	（1）直接发行：发行人直接向投资者推销债券，不需要中介机构进行承销。采用直接发行可以节省中介机构的承销、包销费用，节约发行成本。 （2）间接发行：发行人不直接向投资者推销债券，而是委托中介机构进行承销。间接发行主要有承购包销、招标发行等方式。现代债券发行，特别是国债发行大部分采取间接发行的方式。 （3）影响债券定价的因素。 ①内部因素：债券的面值、债券的票面利息、债券的有效期、是否可提前赎回、是否可以转换、税收待遇、流通性、违约的可能性等。 ②外部因素：贴现率、基准利率、市场利率、通货膨胀水平、市场汇率等。 ③发行人发行成本：债券印刷费、发行手续费、宣传广告费、律师费、担保抵押费、信用评级和资产重估费用、其他发行费用等

高频考点3 银行业金融机构（3.3）

（1）开发性金融机构：国家开发银行。

（2）政策性银行：中国进出口银行、中国农业发展银行。

（3）商业银行：大型商业银行、股份制商业银行、城市商业银行、农村中小金融机构、中国邮政储蓄银行、外资银行等。

（4）其他银行业金融机构：金融资产管理公司、信托公司、企业集团财务公司、金融租赁公司、汽车金融公司、货币经纪公司、贷款公司和消费金融公司等。

第四章　银行体系

高频考点　非银行金融机构（4.2）

非银行金融机构	业务范围
金融资产管理公司	对不良资产进行管理、债权转股权、对外投资、买卖有价证券、破产管理、资产及项目评估、资产证券化业务等
企业集团财务公司	（1）资产、负债、中间业务（基础类业务）。 （2）发行财务公司债券、承销成员单位企业债、对金融机构的股权投资、有价证券投资、成员单位产品的消费信贷、买方信贷及融资租赁等业务（满足条件的财务公司办理的业务）
信托投资公司	以受托人身份承诺信托和处理信托事务
金融租赁公司	融资租赁业务；吸收非银行股东3个月（含）以上定期存款；接受承租人的租赁保证金；转让和受让融资租赁资产；固定收益类证券投资业务；同业拆借；向金融机构借款；境外借款；租赁物变卖及处理业务；经济咨询
汽车金融公司	接受境外股东及其所在集团在华全资子公司和境内股东3个月（含）以上定期存款；接受汽车经销商采购车辆贷款保证金和承租人汽车租赁保证金；经批准，发行金融债券；从事同业拆借；向金融机构借款；提供购车贷款业务；提供汽车经销商采购车辆贷款和营运设备贷款，包括展示厅建设贷款和零配件贷款以及维修设备贷款等；提供汽车融资租赁业务（售后回租业务除外）；向金融机构出售或回购汽车贷款应收款和汽车融资租赁应

续 表

非银行金融机构	业务范围
汽车金融公司	收款业务；办理租赁汽车残值变卖及处理业务；从事与购车融资活动相关的咨询、代理业务；经批准，从事与汽车金融业务相关的金融机构股权投资业务；其他业务
货币经纪公司	境内外外汇市场交易；境内外货币市场交易；境内外债券市场交易；境内外衍生产品交易等
消费金融公司	发放个人消费贷款；接受股东境内子公司及境内股东的存款；境内同业拆借；向境内金融机构借款；经批准发行金融债券；与消费金融相关的咨询、代理业务；代理销售与消费贷款相关的保险产品；固定收益类证券投资业务；国务院银行业监督管理机构批准的其他业务
贷款公司	办理各项贷款；办理票据贴现；办理资产转让；办理贷款项下的结算；经国务院银行业监督管理机构批准的其他资产业务

【真题示例·多选题】汽车金融公司可以从事的业务包括（　　）。

A. 同业拆借

B. 提供购车贷款业务

C. 经批准，发行金融债券

D. 经批准，从事与汽车金融业务相关的金融机构股权投资业务

E. 向金融机构借款

【答案】ABCDE**【解析】**选项A、选项B、选项C、选项D、选项E均属于汽车金融公司可以从事的业务。

第五章　存款业务

高频考点1　活期存款的计息方式（5.1）

（1）积数计息法：按实际天数每日累计账户余额，以累计积数乘以日利率计算利息，多用于计算活期存款利息。

计息公式：利息＝累计计息积数×日利率

其中，累计计息积数＝每日余额合计数。

（2）逐笔计息法：按预先确定的计息公式逐笔计算利息，多用于计算整存整取定期存款利息。

计息公式：

计息期为整年（月）的，利息＝本金×年（月）数×年（月）利率

计息期有整年（月）又有零头天数的，利息＝本金×年（月）数×年（月）利率＋本金×零头天数×日利率

（3）人民币存款计息。

计息公式：利息＝本金×实际天数×日利率

人民币存款利率的换算公式：日利率（‰）＝年利率（%）÷360；月利率（‰）＝年利率（%）÷12

高频考点2　定期存款的种类（5.1）

存款种类	存款方式	取款方式	起存金额	存取期类别	特点
整存整取（最常见）	整笔存入	到期一次支取本息	50元	3个月、6个月、1年、2年、3年、5年	长期闲置资金

续 表

存款种类	存款方式	取款方式	起存金额	存取期类别	特点
零存整取	每月存入固定金额	到期一次支取本息	5元	1年、3年、5年	利率低于整存整取定期存款，高于活期存款
整存零取	整笔存入	固定期限，分期支取	1000元	存款期分为1年、3年、5年；支取期分为1个月、3个月或半年一次	本金可全部提前支取，不可部分提前支取
存本取息	整笔存入	约定取息期到期一次支取本金、分期支取利息	5000元	存期分为1年、3年、5年；可以1个月或几个月取息一次	本金可全部提前支取，不可部分提前支取。取息日未到不得提前支取利息

高频考点3 单位活期存款的种类（5.2）

单位活期存款账户包括基本存款账户、一般存款账户、专用存款账户和临时存款账户。

（1）基本存款账户：企事业单位只能选择1家商业银行开立基本账户；同一存款客户只能在商业银行开立1个基本户。

（2）一般存款账户（一般户）：指存款人因借款或其他结算需要，在基本存款账户开户银行以外的银行营业机构开立的银行结算账户。可以办理现金缴存，但不得办理现金支取。

（3）专用存款账户：存放基本建设资金，期货交易保证金，信托基金，金融机构存放同业资金，政策性房地产开发资金，单位银行卡备用金，住房基金，社会保障基金，收入汇缴资金和业务支出资金，党、团、工会设在单位的组织机构经费等特定资金。

（4）临时存款账户：开立情形包括设立临时机构、异地临时经营活动、注册验资。

【真题示例·单选题】在单位存款业务中，存款人因借款或其他结算需要，在基本存款账户开户银行以外的银行营业机构开立的银行结算账户是（　　）。

A. 一般存款账户　　B. 专用存款账户

C. 基本存款账户　　D. 临时存款账户

【答案】A【解析】略。

高频考点4 外币存款业务的币种（5.3）

我国银行开办的外币存款业务币种主要有美元、欧元、日元、港元、英镑、澳大利亚元、加拿大元、瑞士法郎、新加坡元。其他可自由兑换的外币，需要存款人兑换成这9种货币中的一种，按存入日的外汇牌价折算存入。

高频考点5 外汇牌价（5.3）

现汇是指可自由兑换的汇票、支票等外币票据。现钞是具体的、实在的外国纸币、硬币。

（1）现汇买入价（汇买价）：银行买入外汇的价格。

（2）现钞买入价（钞买价）：银行买入外币现钞的价格。

（3）现汇卖出价（汇卖价）：银行卖出外汇的价格。

（4）现钞卖出价（钞卖价）：银行卖出外币现钞的价格。

（5）中间价（基准价）：中国人民银行授权外汇交易中心对外公布的当日外汇牌价。

第六章　贷款业务

高频考点1　个人贷款业务的种类（6.1）

个人贷款业务包括个人住房贷款（最主要）、个人消费贷款、个人经营贷款和个人信用卡透支。

（1）个人住房贷款：个人住房按揭贷款、二手房贷款、公积金个人住房贷款、个人住房组合贷款、个人住房最高额抵押贷款、直客式个人住房贷款、固定利率个人住房贷款、个人商用房贷款。

（2）个人消费贷款。

项目	内容
个人汽车贷款	银行向个人发放的用于购买汽车的人民币贷款。其贷款期限（含展期）不得超过5年
助学贷款	①国家助学贷款：银行向中华人民共和国境内的（不含香港特别行政区、澳门特别行政区和台湾地区）高等学校中经济确实困难的全日制普通本、专科生（含高职生）、研究生和第二学士学位学生发放的，用于支付学费、住宿费和生活费用的人民币贷款。 ②一般商业性助学贷款：银行向正在接受非义务教育学习的学生或其直系亲属、法定监护人发放的，只能用于学生的学杂费、生活费以及其他与学习有关的费用的商业性贷款
个人消费额度贷款	银行对个人客户发放的可在一定期限和额度内随时支用的人民币贷款
个人住房装修贷款	银行向个人客户发放的用于装修自用住房的人民币担保贷款

续 表

项目	内容
个人耐用消费品贷款	银行对个人客户发放的用于购买大件耐用消费品的人民币贷款
个人权利质押贷款	借款人以本人或其他自然人的未到期本外币定期储蓄存单、凭证式国债、电子记账类国债、个人寿险保险单以及银行认可的其他权利出质，由银行按权利凭证票面价值或记载价值的一定比例向借款人发放的人民币贷款

（3）个人经营贷款：银行对自然人发放的、用于合法生产、经营的贷款。

（4）个人信用卡透支：持卡人进行信用消费、取现或其他情况所产生的累积未还款金。

【真题示例·多选题】下列可以当作个人权利质押贷款质押物的有（　　）。

A. 凭证式国债　　B. 未到期本外币定期储蓄存单

C. 个人寿险保险单　　D. 已被冻结的存款

E. 身份证

【答案】ABC**【解析】**根据个人权利质押贷款的定义可知，选项A、选项B、选项C符合题意。

高频考点2 贸易融资的种类（6.2）

种类	内容
保理	指卖方申请银行购买其与买方商品赊购的应收账款。简单地说就是指销售商通过将其合法拥有的应收账款转让给银行，从而获得融资的行为，分为有追索与无追索两种
信用证	是一种银行开立的有条件的承诺付款的书面文件
福费廷	（1）含义：指包买商从出口商那里无追索地购买已经承兑的，并通常由进口商所在地银行担保的远期汇票或本票的业务。

续 表

种类	内容
福费廷	（2）特征。 ①出口商卖断票据，放弃了对所出售票据的一切权益 。 ②银行（包买人）买断票据，也必须放弃对出口商所贴现款项的追索权，可能承担票据拒付的风险。 ③福费廷业务运作的实质是远期票据贴现 。银行（包买人）承担了票据拒付的所有风险，带有长期固定利率融资的性质
打包放款	指出口商收到境外开来的信用证，出口商 在采购这笔信用证有关的出口商品或生产出口商品时，资金出现短缺，用该笔信用证作为抵押，向银行申请本、外币流动资金贷款，用于出口货物进行加工、包装及运输过程出现的资金缺口
出口押汇	指银行凭出口商 提供的信用证项下完备的货运单据做抵押，在收到开证行支付的货款之前，向出口商融通资金的业务
进口押汇	指信用证项下单据到，并经审核无误后，开证申请人 因资金周转关系，无法及时对外付款赎单，以该信用证项下代表货权的单据为质押 ，并同时提供必要的抵押/质押或其他担保 ，由银行先行代为对外付款

【真题示例·单选题】 下列关于银行福费廷业务特点的表述，错误的是（　　）。

A. 出口商卖断票据，放弃了对所出售票据的一切权益

B. 银行承担了票据拒付的所有风险，带有长期固定利率的融资性质

C. 福费廷业务是一种即期票据贴现

D. 银行对国际贸易延期付款方式中出口商持有的远期承兑汇票或本票无追索权的贴现

【答案】 C **【解析】** 从业务运作的实质来看，福费廷是远期票据贴现，故选项C表述错误。

高频考点3 银行保函业务（6.4）

1. 含义

银行保函是指银行应申请人的要求，向受益人做出的书面付款保证承诺，银行将凭受益人提交的与保函条款相符的书面索赔履行担保支付或赔偿责任。

2. 分类

分类	项目	内容
融资类保函	借款保函	担保借款人（申请人）向贷款人（受益人）按贷款合同的规定偿还贷款本息
	授信额度保函	担保申请授信额度和在授信额度项下偿还义务的履行
	有价证券保付保函	为企业债券本息的偿还或可转债提供的担保
	融资租赁保函	为融资租赁合同项下的租金支付提供的担保
	延期付款保函	为延期支付的货款及其利息提供的担保
非融资类保函	投标保函	多用于公开招标的工程承包和物资采购合同项下，根据标书要求的担保
	预付款保函	申请人一旦在基础交易项下违约，银行承担向受益人返还预付款的保证责任
	履约保函	对保函申请人诚信、善意、及时履行基础交易中约定义务的保证
	关税保函	为进出口物品缴纳关税提供的担保

续　表

分类	项目	内容
非融资类保函	即期付款保函	保证申请人因购买商品、技术、专利或劳动合同项下的付款责任而出具的类同信用证性质的保函
	经营租赁保函	对经营租赁合同项下的租金支付提供的担保

【真题示例·多选题】 商业银行保函业务中，融资类保函包括（　　）。

A. 投标保函　　B. 借款保函

C. 授信额度保函　　D. 融资租赁保函

E. 有价证券保付保函

【答案】 BCDE **【解析】** 融资类保函包括借款保函（选项B）、授信额度保函（选项C）、有价证券保付保函（选项E）、融资租赁保函（选项D）、延期付款保函。

高频考点4 贷款承诺业务的分类（6.4）

（1）项目贷款承诺。

（2）客户授信额度：主要用于解决客户短期的流动资金需要。

（3）票据发行便利：是一种具有法律约束力的中期周转性票据发行融资的承诺。

（4）开立信贷证明。

第七章　结算、代理及托管业务

高频考点1　票据结算业务（7.1）

项目	内容
银行汇票	银行汇票是由出票银行签发的，由其在见票时按照实际结算金额无条件支付给收款人或持票人的票据
商业汇票	商业汇票是出票人签发的，委托付款人在指定付款日期无条件支付确定金额给收款人或持票人的票据。付款期限最长不得超过6个月，提示付款期限自汇票到期日起10日
银行本票	银行本票是银行签发的，承诺自己在见票时无条件支付确定的金额给收款人或者持票人的票据。提示付款期限为2个月
支票	支票是出票人签发的、委托办理支票存款业务的银行在见票时无条件支付确定的金额给收款人或者持票人的票据。分为现金支票、转账支票和普通支票

高频考点2　票据和结算凭证的填写规定（7.1）

（1）中文大写金额数字应用正楷或行书填写，如壹、贰、叁、肆、伍、陆、柒、捌、玖、拾、佰、仟、万、亿、元（圆）、角、分、零、整（正）等字样。

（2）中文大写金额数字到“元”为止的，在“元”之后，应写“整”（或“正”）字，在“角”之后可以不写“整”（或“正”）字。大写金额数字有“分”的，“分”后面不写“整”（或“正”）字。

（3）中文大写金额数字前应标明“人民币”字样。大写金额数字应紧接“人民币”字样填写，不得留有空白。大写金额数字前未印“人民币”字样的，应加填“人民币”三字。

（4）票据的出票日期必须使用中文大写。为防止变造票据的出票日期，在填写月、日时，月为壹、贰和壹拾的，日为壹至玖和壹拾、贰拾和叁拾的，应在其前加“零”；日为拾壹至拾玖的，应在其前面加“壹”。如1月15日，应写成零壹月壹拾伍日。再如10月20日，应写成零壹拾月零贰拾日。

【真题示例·单选题】根据我国《支付结算办法》，以下不符合票据日期填写要求的是（　　）。

A. 零壹月壹拾伍日　　B. 叁月壹拾伍日

C. 壹拾月壹拾伍日　　D. 壹拾贰月壹拾伍日

【答案】C【解析】票据的出票日期必须使用中文大写。为防止变造票据的出票日期，在填写月、日时，月为壹、贰和壹拾的，日为壹至玖和壹拾、贰拾和叁拾的，应在其前加“零”；日为拾壹至拾玖的，应在其前加“壹”。

高频考点3 代理银行业务（7.2）

（1）代理政策性银行业务：代理资金结算、代理现金支付、代理专项资金管理、代理贷款项目管理等业务。

（2）代理中央银行业务：代理财政性存款、代理国库、代理金银等业务。

（3）代理商业银行业务：代理结算业务、代理外币清算业务、代理外币现钞业务等。

【真题示例·单选题】国内A商业银行为中国进出口银行代理了资金结算业务，对A银行来说，该项业务称为（　　）。

A. 代理中央银行业务

B. 代理商业银行业务

C. 代理政策性银行业务

D. 代理证券业务

【答案】C【解析】代理政策性银行业务主要包括代理资金结算、代理现金支付、代理专项资金管理、代理贷款项目管理等业务。

第八章　银行卡业务

高频考点1　信用卡与借记卡的区别（8.1）

项目	贷记卡	准贷记卡	借记卡（储蓄卡）
用款方式	先消费，后还款，可以透支	先消费，后还款，可以透支	存多少，用多少，不能透支
消费方法	凭密码或签名	凭密码或签名	凭密码
免息还款期	20～56天（具体以发卡银行规定为准）	20～56天（具体以发卡银行规定为准）	无
信用额度	有	有	无
预借现金	有	有	无
循环信用	有	有	无
存款利息	无	有	有

【真题示例·多选题】下列关于银行卡业务的表述，错误的有（　　）。

A. 准贷记卡要求交存一定金额的备用金，不具备透支功能

B. 信用卡具有无抵押担保的性质

C. 贷记卡可以先消费，后还款

D. 借记卡和贷记卡统称信用卡

E. 借记卡要求先存款后消费，不具备透支功能

【答案】AD【解析】准贷记卡可以透支，先消费，后还款，故选项A错误。准贷记卡和贷记卡统称信用卡，故选项D错误。

高频考点2 信用卡的特点（8.3）

（1）信用属性强。

①具有无抵押、无担保贷款性质，通常是短期、小额、无指定用途的信用类消费。所以，信用卡使用对个人资信有一定的要求。

②持卡人一般享受20～56天的免息期，其信用额度一般在10万元人民币以内。

③客户刷卡消费一般使用循环额度，在客户还款后额度可恢复。

④一般有最低还款额要求。

（2）功能丰富多样。

①基本功能：刷卡消费、预借现金。

②其他功能：存取现金、转账、支付结算、代收代付、通存通兑、网上购物等。

（3）具有支付和信贷双重属性。

第九章　理财与同业业务

高频考点1　理财业务的分类（9.1）

划分标准	分类
按照聚集方式划分	（1）公募理财产品：商业银行面向不特定社会公众公开发行的理财产品。 （2）私募理财产品：商业银行面向合格投资者非公开发行的理财产品
按照投资性质划分	（1）固定收益类理财产品：投资于存款、债券等债权类资产的比例不低于80%。 （2）权益类理财产品：投资于权益类资产的比例不低于80%。 （3）商品及金融衍生品类理财产品：投资于商品及金融衍生品的比例不低于80%。 （4）混合类理财产品：投资于债权类资产、权益类资产、商品及金融衍生品类资产且任一资产的投资比例未达到前三类理财产品标准
按照运作方式划分	（1）封闭式理财产品：有确定到期日，且自产品成立日至终止日期间，理财产品份额总额固定不变，投资者不得进行认购或者赎回的理财产品。 （2）开放式理财产品：自产品成立日至终止日期间，理财产品份额总额不固定，投资者可以按照协议约定的开放日和场所，进行认购或者赎回的理财产品

【真题示例·多选题】商业银行理财产品按照投资性质的不同，分为（　　）。

A. 浮动收益理财产品　　B. 固定收益类理财产品

C. 权益类理财产品　　D. 商品及金融衍生品类理财产品

E. 混合类理财产品

【答案】BCDE【解析】商业银行应当根据投资性质的不同，将理财产品分为固定收益类理财产品、权益类理财产品、商品及金融衍生品类理财产品和混合类理财产品。

高频考点2 理财业务的销售管理（9.1）

1. 销售业务管理

（1）商业银行发行理财产品，不得宣传理财产品预期收益率，在理财产品宣传销售文本中只能登载该理财产品或者本行同类理财产品的过往平均业绩和最好、最差业绩，并以醒目文字提醒投资者“理财产品过往业绩不代表其未来表现，不等于理财产品实际收益，投资须谨慎”。

（2）商业银行销售理财产品，应当加强投资者适当性管理，向投资者充分披露信息和揭示风险，不得宣传或承诺保本保收益，不得误导投资者购买与其风险承受能力不相匹配的理财产品，只能向投资者销售风险评级等于或低于其风险承受能力评级的理财产品，并在销售文件中明确提示产品适合销售的投资者范围，在销售系统中设置销售限制措施。

（3）商业银行应当设置适当的期限和销售起点金额。

①发行公募理财产品的，单一投资者销售起点金额不得低于1万元人民币。

②发行私募理财产品的，合格投资者投资于单只固定收益类理财产品的金额不得低于30万元人民币，投资于单只混合类理财产品的金额不得低于40万元人民币，投资于单只权益类理财产品、单只商品及金融衍生品类理财产品的金额不得低于100万元人民币。

（4）商业银行应当采用科学合理的方法，根据理财产品的投资组合、成本收益测算、同类产品过往业绩和风险水平等因素，对拟销售的理财产品进行风险评级。

2. 销售人员管理

（1）勤勉尽职原则：销售人员应当以对投资者高度负责的态度执业，认真履行各项职责。

（2）诚实守信原则：销售人员应当忠实于投资者，以诚实、公正的态度及合法的方式执业，如实告知投资者可能影响其利益的重要情况和理财产品风险评级情况。

（3）公平对待投资者原则：在理财产品销售活动中发生分歧或矛盾时，销售人员应当公平对待投资者，不得损害投资者合法权益。

（4）专业胜任原则：销售人员应当具备理财产品销售的专业资格和技能，胜任理财产品销售工作。

高频考点3 同业业务的分类（9.2）

（1）同业融资：同业拆借、同业存款、同业借款、同业代付、买入返售（卖出回购）等。

（2）同业投资：金融机构购买（或委托其他金融机构购买）同业金融资产或特定目的的载体的投资行为。

①“同业金融资产”包括但不限于金融债、次级债等在银行间市场或证券交易所市场交易的同业金融资产。

②“特定目的载体投资”包括但不限于商业银行理财产品、信托投资计划、证券投资基金、证券公司资产管理计划、基金管理公司及子公司资产管理计划、保险业资产管理机构资产管理产品等。

第十章　银行管理基础

高频考点1　商业银行组织架构的形式（10.1）

1. 按照企业法人角度划分

（1）统一法人制组织架构（相对集权）：总部与分支机构之间是直接的隶属关系，分支机构在法律上不具备独立的法人资格，经营上接受总部的管理和指导。其分支机构的经营自主权相对较小。

（2）多法人制组织架构（相对彻底分权）：集团总部下设立若干子公司，子公司在法律上具有法人地位，母公司和子公司之间主要是资本上的连接关系。其子公司拥有较大的经营自主权，母公司对子公司不能直接行使行政指挥权，管控力度相对较弱。

2. 按照内部管理模式划分

（1）以区域管理为主的总分行型组织架构。

①总行、分行、支行设立若干履行指定职责的职能部门，行使相应的经营决策权、业务管理权、资源调度权和绩效考核权。

②以分行为利润中心，总行向分行下达各项业务指标和利润指标，分行再分解到各辖属支行，并定期进行指标考核。

③总行、分行、支行等各级机构形成垂直管理体系，同一层级各职能部门之间的职责协调和信息沟通由相应层级的行长负责。

（2）以业务线管理为主的事业部制组织架构。

①全行所有业务划分为若干业务线，总行按业务线设立若干事业部，行使本业务线的经营决策权、业务管理权、资源调度权和绩效考核权。

②每个事业部都是一个利润中心，对本业务线各项业务指标和利润指标的实现负全责。

③事业部不仅集业务拓展、业务管理、业务处理三大功能于一身，而且可以支配本业务线的所有人力、财力、物力资源，独立性、自主性较强。

(3) 矩阵型组织架构。

①在总行和分支机构之间设立若干区域总部，负责全行战略规划在该区域的实施、管理和指导该区域的所有分支机构。

②总行与区域总部按相同序列设立若干事业部，区域总部的事业部接受区域总部领导人和总行相同事业部领导人的双重领导。

③总行最高管理层、区域总部管理层、总行各事业部、区域总部各事业部、所有分支机构共同构成一个“多维”的矩阵型结构。

高频考点2 银行管理的基本指标（10.2）

基本指标	衡量内容
规模指标	资产规模和市值。
结构指标	(1) 资产结构：生息资产占比 = 生息资产平均余额/资产总额 × 100%。 (2) 负债结构：定活比 = 定期存款/活期存款 × 100%。 (3) 贷款结构：零售贷款占比。 (4) 收入结构：非利息收入占营业收入比 = 非利息收入/营业收入 × 100%。其中，非利息收入主要包括收费收入、投资业务收入和其他中间业务收入。 (5) 客户结构：大客户与中小客户；高净值客户与普通客户
效率指标	(1) 成本收入比：成本收入比 = 营业费用/营业净收入 × 100%。 (2) 人均净利润：人均净利润 = 净利润/员工数量 × 100%
市场指标	(1) 市盈率：市盈率（P/E） = 股票价格（P）/每股收益（E）。 (2) 市净率：市净率（P/B） = 每股市价（P）/每股净资产（B）

续 表

基本指标	衡量内容
安全性指标	(1) 不良贷款率：不良贷款率=不良贷款余额/总贷款余额×100%。 (2) 不良贷款拨备覆盖率：不良贷款拨备覆盖率=不良贷款损失准备/不良贷款余额×100%。 (3) 拨贷比：拨贷比=不良贷款损失准备/各项贷款余额×100%=不良贷款拨备覆盖率×不良贷款率。 (4) 资本充足率：资本充足率=资本/风险加权资产×100%
流动性指标	(1) 流动性覆盖率：确保商业银行在设定的严重流动性压力情景下，能够保持充足的、无变现障碍的优质流动性资产，并通过变现这些资产来满足未来30日的流动性需求。其计算公式：流动性覆盖率=合格优质流动性资产/未来30天现金净流出量×100%。 (2) 净稳定资金比例：净稳定资金比例=可用的稳定资金/所需的稳定资金×100%。 (3) 流动性比例：流动性比例=流动性资产余额/流动性负债余额×100%。 (4) 流动性匹配率：流动性匹配率=加权资金来源/加权资金运用×100%。 (5) 优质流动性资产充足率：优质流动性资产充足率=优质流动性资产/短期现金净流出×100%
集中度指标	(1) 单一最大客户贷款比率：单一最大客户贷款比率=对同一借款客户贷款总额/资本净额×100%。 (2) 最大十家客户贷款比率：最大十家客户贷款比率=对最大十户借款客户贷款总额/资本净额×100%。 (3) 单一集团客户授信集中度：单一集团客户授信集中度=最大一家集团客户授信总额/资本净额×100%

续 表

基本指标	衡量内容
集中度指标	（4）大额风险暴露集中度：商业银行对单一客户或一组关联客户超过其一级资本净额 2.5%的风险暴露。 ①对非同业单一客户的贷款余额不得超过资本净额的 10%，对非同业单一客户的风险暴露不得超过一级资本净额的 15%。 ②对一组非同业关联客户的风险暴露不得超过一级资本净额的 20%。 ③对同业单一客户或集团客户的风险暴露不得超过一级资本净额的 25%。 ④全球系统重要性银行对另一家全球系统重要性银行的风险暴露不得超过一级资本净额的 15%
盈利性指标	（1）拨备前利润：拨备前利润 = 当期营业利润 + 当期提取拨备 = 运营收入 - 营业利润。 （2）平均总资产回报率：平均总资产回报率 = 净利润/总资产平均余额 ×100%。 （3）平均净资产回报率：平均净资产回报率 = 净利润/净资产平均余额 ×100%。 （4）每股收益：每股收益 = 本期净利润/期末总股本。 （5）净息差：净息差 = 生息资产平均收益率 - 付息负债平均付息率。 （6）净利息收益率：净利息收益率 = 净利息收入/期初期末平均生息资产 ×100%（年均概念），或净利息收入/日均生息资产 ×100%（日均概念）。 （7）风险调整后资本回报率：风险调整后资本回报率 =（总收入 - 资金成本 - 经营成本 - 风险成本 - 税项）/经济资本 ×100%

【真题示例·单选题】 下列选项中，通常不用于反映银行经营安全性指标的是（　　）。

A. 拨贷比　　B. 不良贷款率

C. 资产回报率　　D. 资本充足率

【答案】 C **【解析】** 银行是经营风险的企业，反映银行经营安全性指标的因素：①不良贷款率；②不良贷款拨备覆盖率；③拨贷比；④资本充足率（CAR）。不包含选项C。

第十一章　公司治理、内部控制与合规管理

高频考点1　公司治理的内容（11.1）

良好的银行公司治理应该包括健全的组织框架、清晰的职责边界、科学的发展战略、良好的价值准则与社会责任、有效的风险管理与内部控制、合理的激励约束机制及完善的信息披露制度。

高频考点2　内部控制的目标与原则（11.2）

1. **目标**

（1）保证国家有关法律法规及规章的贯彻执行。

（2）保证商业银行发展战略和经营目标的实现。

（3）保证商业银行风险管理的有效性。

（4）保证商业银行业务记录、会计信息、财务信息和其他管理信息的真实、准确、完整和及时。

2. **原则**

（1）全覆盖原则：内部控制应当贯穿决策、执行和监督全过程，覆盖各项业务流程和管理活动，覆盖所有的部门、岗位和人员。

（2）制衡性原则：内部控制应当在治理机构、机构设置及权责分配、业务流程等方面形成相互制约、相互监督的机制。

（3）审慎性原则：内部控制应当坚持风险为本、审慎经营的理念，设立机构或开办业务均应坚持内控优先。

（4）相匹配原则：内部控制应当与管理模式、业务规模、产品复杂程度、风险状况等相适应，并根据情况变化及时进行调整。

【真题示例·多选题】商业银行内部控制的目标包括（　　）。

A. 确保国家法律法规和商业银行内部规章制度的贯彻执行

B. 确保资产负债业务快速发展

C. 确保商业银行发展战略和经营目标的全面实施和充分实现

D. 确保业务记录、财务信息和其他管理信息的及时、真实和完整

E. 确保商业银行风险管理的有效性

【答案】ACDE【解析】由教材上述内容可知，选项 A、选项 C、选项 D、选项 E 均属于内部控制的目标。

高频考点3　合规与合规风险（11.3）

（1）合规是指使商业银行的经营活动与法律、规则和准则相一致。

【提示】此处的法律、规则和准则（即合规的“规”），指适用于银行业经营活动的法律、行政法规、部门规章及其他规范性文件、经营规则、自律性组织的行业准则、行为守则和职业操守。

（2）合规风险是指商业银行因没有遵循法律、规则和准则可能遭受法律制裁、监管处罚、重大财务损失和声誉损失的风险。

高频考点4　合规管理的重点工作（11.3）

重点工作	具体内容
建立强有力的合规文化	合规是商业银行所有员工的共同责任，并应从商业银行高层做起
建立有效的合规风险管理体系	（1）董事会应监督合规政策的有效实施，以使合规缺陷得到及时有效的解决。 （2）高级管理层应贯彻执行合规政策，建立合规管理部门的组织结构，并配备充分和适当的资源，确保发现违规事件时及时采取适当的纠正措施。

续 表

重点工作	具体内容
建立有效的合规风险管理体系	（3）合规管理部门应在合规负责人的管理下，协助高级管理层有效管理合规风险，制订并执行以风险为本的合规管理计划，实施合规风险识别和管理流程，开展员工的合规培训与教育
建立有利于合规风险管理的基本制度	（1）建立对管理人员合规绩效的考核制度。 （2）建立有效的合规问责制度。 （3）应建立诚信举报制度

【真题示例·单选题】在商业银行内负责监管合规政策的有效实施，以使合规缺陷得到及时有效的解决的是（　　）。

A. 合规总监　　B. 高级管理层

C. 合规管理部门　　D. 董事会

【答案】D**【解析】**董事会应监督合规政策的有效实施，以使合规缺陷得到及时有效的解决。

第十二章　商业银行资产负债管理

高频考点　资产负债管理的主要内容（12.2）

（1）资本管理：监管资本管理、经济资本管理和账面资本管理。

（2）资产负债组合管理：资产组合管理、负债组合管理和资产负债匹配管理。

（3）资产负债计划管理：资产负债总量计划和资产负债结构计划。

（4）其他：定价管理、银行账户利率风险管理、资金管理、流动性风险管理、投融资和票据转贴现业务管理、汇率风险管理。

【真题示例·多选题】下列选项中，属于银行资产负债管理主要内容的有（　　）。

A. 资本管理

B. 业务经营计划管理

C. 资金管理

D. 定价管理

E. 资产负债计划管理

【答案】ACDE**【解析】**银行资产负债管理的构成内容包括以下：①资本管理（选项A）；②资产负债组合管理；③资产负债计划管理（选项E）；④定价管理（选项D）；⑤银行账户利率风险管理；⑥资金管理（选项C）；⑦流动性风险管理；⑧投融资和票据转贴现业务管理；⑨汇率风险管理。

第十三章　资本管理

高频考点1　资本的种类（13.1）

种类	内容
账面资本	（1）含义：又称会计资本，出资人在商业银行资产中享有的经济利益。 （2）计算公式：账面资本金额 ＝资产－负债。 （3）内容：实收资本或普通股、资本公积、盈余公积、未分配利润等。 （4）作用：反映了银行实际拥有的资本水平，是银行资本金的静态反映
监管资本	（1）银行实际持有的符合监管规定的合格资本。 （2）银行按照监管要求应当持有的最低资本量或最低资本要求。 （3）可转换债券可计入监管资本当中
经济资本	经济资本本质上是一个风险概念，又称风险资本。 （1）含义：指在一定的置信度水平下（如99%），为了应对未来一定期限内资产的非预期损失而应该持有或需要的资本金。 （2）经济资本是虚拟资本，不是银行实实在在拥有的资本

【真题示例·多选题】我国商业银行的会计资本包括（　　）。

A. 实收资本

B. 长期债券

C. 未分配利润

D. 盈余公积

E. 一般准备

【答案】ACD【解析】会计资本包括实收资本或普通股、资本公积、盈余公积、未分配利润等。

高频考点2 资本的作用（13.1）

作用	内容
为银行提供融资	资本是银行维持日常运营的资金来源，同时也为银行发放贷款和其他投资提供资金
吸收并消化损失	（1）银行资本是承担风险和吸收损失的第一资金来源，银行一旦遭受损失，首先消耗的是银行的资本金。 （2）资本是保护存款人和债权人利益，使其免遭风险损失的“缓冲器”
限制业务过度扩张	银行要想扩大业务规模就必须有充足的资本，这使资本具有了约束银行盲目扩张、过度承担风险的功能
维持市场信心	有助于树立和增强公众对银行的信心，消除债权人对银行损失吸收能力的疑虑，从而帮助银行获得公众的青睐，获取更多的发展机会

高频考点3 巴塞尔资本协议（13.2）

1. 第一版巴塞尔资本协议

项目	内容
监管资本	（1）核心资本：实收资本（或普通股）、公开储备（资本公积、盈余公积、留存利润、股票发行溢价）。 （2）附属资本：非公开储备、重估储备、普通准备金、混合资本工具和长期次级债务等

续 表

项目	内容
风险加权资产计算	根据银行资产风险水平的大小分别赋予不同的风险权重，共分为5个档次：0、10%、20%、50%和100%
资本充足率监管要求	（1）资本充足率=资本/风险加权资产。 （2）商业银行资本充足率不得低于8%，核心资本充足率不得低于4%

2. 第二版巴塞尔资本协议

三大支柱	内容
第一支柱：最低资本要求	（1）商业银行总资本充足率不得低于8%，核心资本充足率不得低于4%。 （2）资本要全面覆盖信用风险、市场风险和操作风险
第二支柱：监督检查	（1）商业银行应建立内部资本充足评估程序，评估与其风险轮廓相适应的总体资本水平。 （2）监管当局应建立相应的监督检查程序，采取现场和非现场检查等方式进行检查和评价
第三支柱：市场纪律	第三支柱又称市场约束、信息披露，是对第一支柱和第二支柱的补充

【真题示例·单选题】下列不属于第二版巴塞尔资本协议监管“三大支柱”的是（　　）。

A. 市场约束　　B. 监督检查

C. 最低资本要求　　D. MAP监管考核

【答案】D【解析】第二版巴塞尔资本协议构建了“三大支柱”的监管框架，即最低资本要求、监督检查和市场纪律（又称市场约束、信息披露）。

3. 第三版巴塞尔资本协议

项目	内容
强化资本充足率监管的三个要素	（1）提升资本工具损失吸收能力。 （2）增强风险加权资产计量的审慎性。 （3）提高资本充足率监管标准。 ①明确了三个层次的最低资本要求：核心一级资本充足率为4.5%，一级资本充足率为6%，总资本充足率为8%，并规定商业银行资本充足率不得低于最低资本要求。 ②补充设置了2.5%的储备资本要求，0～2.5%的逆周期资本要求。 ③对于系统重要性银行，附加资本要求为1%～3.5%
引入杠杆率监管标准	杠杆率不能低于3%，要求银行自2015年开始披露杠杆率信息，2018年正式纳入第一支柱框架
建立流动性风险量化监管标准	提出了两个流动性风险量化监管指标：流动性覆盖率（LCR）和净稳定资金比例（NSFR）

【真题示例·单选题】根据第三版巴塞尔资本协议的资本要求，商业银行一级资本充足率应不低于（　　）。

A. 6%　　B. 4.5%

C. 2%　　D. 3%

【答案】A**【解析】**第三版巴塞尔资本协议明确了商业银行一级资本充足率最低为6%。

高频考点4 资本的分类（13.2）

分类	内容
核心一级资本	实收资本或普通股、资本公积、盈余公积、一般风险准备、未分配利润、少数股东资本可计入部分
其他一级资本	其他一级资本工具及其溢价、少数股东资本可计入部分
二级资本	二级资本工具及其溢价，超额贷款损失准备，少数股东资本可计入部分
资本扣除项	商誉、其他无形资产（土地使用权除外），由经营亏损引起的净递延税资产、贷款损失准备缺口等

第十四章　风险管理

高频考点1　风险的分类（14.1）

分类	内容
信用风险	（1）指借款人或交易对手不能按照事先达成的协议履行义务的可能性。信用风险是商业银行面临的主要风险。 （2）包括违约风险、当事人信用质量下降引发的资产价格下降风险及交易对手方信用风险。 （3）信用风险存在于银行的贷款业务以及其他表内和表外业务（如担保、承兑和证券投资等）中
市场风险	指因市场价格的不利变动而使银行表内和表外业务发生损失的风险。此处市场价格是指利率、汇率、股票价格和商品价格。目前我国商业银行市场风险主要表现为利率风险和汇率风险
操作风险	指由不完善或有问题的内部程序、人员和信息科技系统，以及外部事件所造成损失的风险
流动性风险	指商业银行无法及时获得或以合理成本获得充足资金，用于偿付到期债务、履行其他支付义务或满足正常业务开展需要的风险
声誉风险	指由商业银行经营、管理及其他行为或外部事件导致利益相关者对商业银行负面评价的风险
国家风险	指在与非本国国民进行国际经贸与金融往来中，由于他国（或地区）经济、政治、社会变化及事件而遭受损失的可能性
法律风险	指商业银行在日常经营活动中，由于无法满足或违反法律要求，导致不能履行合同、发生争议/诉讼或其他法律纠纷而可能给商业银行造成经济损失的风险

分类	内容
战略风险	(1) 含义：指商业银行在追求短期商业目的和长期发展目标的系统化管理过程中，不适当的发展规划和战略决策可能威胁商业银行未来发展的潜在风险。 (2) 风险来源。 ①商业银行战略目标缺乏整体兼容性。 ②为实现目标而制订的经营战略存在缺陷。 ③为实现目标所需要的资源匮乏。 ④整个战略实施过程中的质量难以保证

【真题示例·单选题】因交易对手未能履行合同所规定的义务而使银行面临的风险属于（　　）。

A. 法律风险　　B. 操作风险

C. 市场风险　　D. 信用风险

【答案】D【解析】信用风险是指借款人或交易对手不能按照事先达成的协议履行义务的可能性。

高频考点2 风险管理的主要流程（14.2）

主要流程	内容
风险识别	(1) 感知风险：通过系统化的方法发现商业银行所面临的风险种类、性质。 (2) 分析风险：深入理解各种风险内在的风险因素
风险计量	在风险识别的基础上，充分分析和评估风险发生的可能性、后果及严重程度，从而确定风险水平
风险监测	(1) 通过对一些关键的风险指标和环节进行监测，关注银行风险变化的程度，建立风险预警机制。

续 表

主要流程	内容
风险监测	（2）向内外部不同层级的主体报告对风险的定性、定量评估结果，以及所采取的风险管控措施及其质量和效果
风险控制	具体策略和措施包括分散、对冲、缓释和转移、规避、补偿等

【真题示例·单选题】在风险识别的基础上，对风险发生的可能性、后果及严重程度进行充分分析和评估，从而确定风险水平的过程是（　　）。

A. 风险报告　　B. 风险控制

C. 风险监测　　D. 风险计量

【答案】D【解析】风险计量是在风险识别的基础上，对风险发生的可能性、后果及严重程度进行充分分析和评估，从而确定风险水平的过程。

高频考点3 贷款的五级分类与归类（14.3）

五级分类	内容
正常类	借款人能履行合同，没有足够理由怀疑贷款本息不能按时足额偿还的贷款
关注类	尽管借款人目前有能力偿还贷款本息，但存在一些可能对偿还产生不利影响因素的贷款。以下至少归为关注类： ①本金和利息虽尚未逾期，但借款人有利用兼并、重组、分立等形式恶意逃废银行债务的嫌疑。 ②借新还旧，或者需通过其他融资方式偿还。 ③改变贷款用途。 ④本金或者利息逾期。 ⑤同一借款人对本行或其他银行的部分债务已经不良。 ⑥违反国家有关法律和法规发放的贷款

续 表

五级分类	内容
次级类	借款人的还款能力出现明显问题，完全依靠其正常经营收入无法足额偿还贷款本息，即使执行担保，也可能会造成一定损失的贷款。以下至少归为次级类： ①逾期（含展期后）超过一定期限、其应收利息不再计入当期损益。 ②借款人利用合并、分立等形式恶意逃废银行债务，本金或者利息已经逾期。 ③需要重组的贷款
可疑类	借款人无法足额偿还贷款本息，即使执行担保，也肯定要造成较大损失的贷款。 至少归为可疑类：重组后的贷款如果仍然逾期，或借款人仍然无力归还贷款
损失类	在采取所有可能的措施或一切必要的法律程序之后，本息仍然无法收回，或只能收回极少部分的贷款

［注意］其他归类：重组贷款的分类档次在至少6个月的观察期内不得调高，观察期结束后，应严格按照分类标准进行分类。

【真题示例·单选题】某商业银行在对某出口企业进行贷后检查时发现，受全融危机影响，国外进口商减少了对该企业的订单，导致该企业完全依靠其正常经营收入无法足额偿还贷款本息。即使执行担保，也可能会造成一定损失。该银行应将该企业贷款归为五级分类中的（　　）。

A. 可疑类　　B. 次级类

C. 关注类　　D. 正常类

【答案】B**【解析】**次级类贷款是指借款人的还款能力出现明显问题，完全依靠其正常经营收入无法足额偿还贷款本息，即使执行担保，也可能会造成一定损失的贷款。

高频考点4 市场风险的管控手段（14.4）

（1）限额管理。常用的市场风险限额包括交易限额、风险限额和止损限额。

（2）风险对冲。市场风险对冲是指通过投资或购买与管理基础资产收益波动负相关的某种资产或金融衍生产品来冲销风险的一种风险管理策略。

高频考点5 操作风险的分类（14.5）

划分标准	分类	内容
按照引发操作风险的原因划分	人员因素	指因银行内部员工发生内部欺诈、失职违规，或因员工的知识/技能匮乏、关键人员流失、违反用工法、劳动力中断等造成损失或者不良影响的风险
	系统因素	指由于IT系统开发不完善、系统（软硬件）失灵或瘫痪、系统功能漏洞等导致银行不能正常提供服务或业务中断，以及由于系统数据风险影响业务正常运行而导致损失的风险
	内部流程	指由于商业银行业务流程缺失、流程设计不合理，或者没有被严格执行而造成损失的风险，主要包括财务/会计错误、文件/合同缺陷、产品设计缺陷、结算/支付错误、错误监控/报告、交易/定价错误
	外部事件	指由于外部主观或客观的破坏性因素导致损失的风险。主要包括自然灾害、政治风险、外部欺诈、外部人员犯罪等
按照引发操作风险的事件类型划分	内部欺诈事件，外部欺诈事件，就业制度和工作场所安全事件，客户、产品和业务活动事件，实物资产的损坏事件，信息科技系统事件，执行、交割和流程管理事件	

【真题示例·单选题】 某交行柜员在经办借记卡取现10万元时业务操作反方向，造成短款20万元，经与客户沟通解释，追回20万元。造成该事件风险的成因是（　　）。

A. 外部事件　　B. 人员因素

C. 系统因素　　D. 内部流程

【答案】 B **【解析】** 上述案例中的风险是人员的失职违规等造成损失或者不良影响的风险。

第十五章　银行基本法律法规

高频考点1　中国人民银行的法定职责与直接检查监督权（15.1）

1．法定职责

项目	内容
主要职责	（1）发布与履行其职责有关的命令和规章。 （2）依法制定和执行货币政策。 （3）发行人民币，管理人民币流通。 （4）监督管理银行间同业拆借市场和银行间债券市场。 （5）实施外汇管理，监督管理银行间外汇市场。 （6）监督管理黄金市场。 （7）持有、管理、经营国家外汇储备、黄金储备。 （8）经理国库。 （9）维护支付、清算系统的正常运行。 （10）指导、部署金融业反洗钱工作，负责反洗钱的资金监测。 （11）负责金融业的统计、调查、分析和预测。 （12）作为国家的中央银行，从事有关的国际金融活动。 （13）国务院规定的其他职责
运用工具	（1）要求银行业金融机构按照规定的比例交存存款准备金。 （2）确定中央银行基准利率。 （3）为在中国人民银行开立账户的银行业金融机构办理再贴现。 （4）向商业银行提供贷款。 （5）在公开市场上买卖国债、其他政府债券和金融债券及外汇。 （6）国务院确定的其他货币政策工具

2. 直接检查监督权

（1）执行有关存款准备金管理规定的行为。

（2）与中国人民银行特种贷款有关的行为。

（3）执行有关人民币管理规定的行为。

（4）执行有关银行间同业拆借市场、银行间债券市场管理规定的行为。

（5）执行有关外汇管理规定的行为。

（6）执行有关黄金管理规定的行为。

（7）代理中国人民银行经理国库的行为。

（8）执行有关清算管理规定的行为。

（9）执行有关反洗钱规定的行为。

【真题示例·单选题】下列行为中不属于中国人民银行直接检查监督范围的是（　　）。

A. 银行业金融机构增设分支机构的行为

B. 银行业金融机构执行有关外汇管理规定的行为

C. 银行业金融机构执行有关存款准备金管理规定的行为

D. 银行业金融机构执行有关反洗钱规定的行为

【答案】A**【解析】**由教材上述内容可知，选项B、选项C、选项D均属于中国人民银行直接检查监督范围。

高频考点2 银行业监督管理机构的监督管理措施（15.2）

（1）非现场监管措施和现场检查措施。

（2）对违反审慎经营规则的监管措施。

（3）对问题银行业金融机构的接管、重组、撤销等监管措施。

①银行业金融机构已经或者可能发生信用危机，严重影响存款人和其他客户合法权益的，国务院银行业监督管理机构可以依法对该银行业金融机构实行接管或促成重组。

【提示】接管是国务院银行业监督管理机构依法保护银行业金融机

构经营安全、合法的一项预防性拯救措施。接管期限届满，国务院银行业监督管理机构可以决定延期，但接管期限最长不得超过2年。

②银行业金融机构有违法经营、经营管理不善等情形，不予撤销将严重危害金融秩序、损害公众利益的，国务院银行业监督管理机构有权予以撤销。

（4）其他：包括延伸调查、审慎性监督管理谈话、强制披露、查询涉嫌违法账户和申请司法机关冻结有关涉嫌违法资金。

高频考点3 贷款业务的规则（15.3）

1. 指标规则

（1）资本充足率不得低于8%。

（2）流动性资产余额与流动性负债余额的比例不得低于25%。

（3）对同一借款人的贷款余额与商业银行资本余额的比例不得超过10%。

（4）国务院银行业监督管理机构对资产负债比例管理的其他规定。

2. 风控规则

（1）商业银行贷款，应当对借款人的借款用途、偿还能力、还款方式等情况进行严格审查。商业银行贷款，应当实行审贷分离、分级审批的制度。

（2）商业银行贷款，借款人应当提供担保。商业银行应当对保证人的偿还能力，抵押物、质物的权属和价值以及实现抵押权、质权的可行性进行严格审查。经商业银行审查、评估，确认借款人资信良好，确能偿还贷款的，可以不提供担保。

（3）商业银行贷款，应当与借款人订立书面合同。合同应当约定贷款种类、借款用途、金额、利率、还款期限、还款方式、违约责任和双方认为需要约定的其他事项。

（4）商业银行不得向关系人发放信用贷款；向关系人发放担保贷款

的条件不得优于其他借款人同类贷款的条件。

（5）商业银行办理票据承兑、汇兑、委托收款等结算业务，应当按照规定的期限兑现，收付入账，不得压单、压票或者违反规定退票。有关兑现、收付入账期限的规定应当公布。

（6）同业拆借应当遵守中国人民银行的规定。禁止利用拆入资金发放固定资产贷款或者用于投资。拆出资金限于交足存款准备金、留足备付金和归还中国人民银行到期贷款之后的闲置资金。拆入资金用于弥补票据结算、联行汇差头寸的不足和解决临时性周转资金的需要。

（7）商业银行在中华人民共和国境内不得从事信托投资和证券经营业务，不得向非自用不动产投资或者向非银行金融机构和企业投资，但国家另有规定的除外。

3. 保障规则

（1）任何单位和个人不得强令商业银行发放贷款或者提供担保。商业银行有权拒绝任何单位和个人强令要求其发放贷款或者提供担保。

（2）借款人应当按期归还贷款的本金和利息。借款人到期不归还担保贷款的，商业银行依法享有要求保证人归还贷款本金和利息或者就该担保物优先受偿的权利。商业银行因行使抵押权、质权而取得的不动产或者股权，应当自取得之日起2年内予以处分。借款人到期不归还信用贷款的，应当按照合同约定承担责任。

【真题示例·多选题】下列属于贷款合同要素的有（　　）。

A. 金额和利率　　B. 违约责任

C. 贷款种类　　D. 还款期限和还款方式

E. 借款用途

【答案】ABCDE**【解析】**商业银行贷款应当与借款人订立书面合同。合同应当约定贷款种类、借款用途、金额、利率、还款期限、还款方式、违约责任和双方认为需要约定的其他事项。

高频考点4 洗钱的方式（15.4）

（1）借用金融机构：匿名存储；利用银行贷款掩饰犯罪收益；控制银行和其他金融机构。

（2）藏身保密天堂。

保密天堂的特征：①有严格的银行保密法；②有宽松的金融规则；③有自由的公司法和严格的公司保密法。

举例：比较典型的国家和地区有瑞士、开曼、巴拿马、巴哈马以及加勒比海和南太平洋的一些岛国等。

（3）使用空壳公司。

（4）利用现金密集行业。

（5）伪造商业票据。

（6）走私。

（7）购置动产和不动产。

（8）通过证券业和保险业洗钱。

第十六章　民事法律制度

高频考点1　民事行为能力（16.1）

分类	内容
完全民事行为能力人	18周岁以上具有完全民事行为能力的公民和16周岁以上不满18周岁以自己的劳动收入为主要生活来源的公民
限制民事行为能力人	8周岁以上的未成年人和不能完全辨认自己行为的成年人
无民事行为能力人	不满8周岁的未成年人、不能辨认自己行为的成年人以及不能辨认自己行为的8周岁以上的未成年人

高频考点2　代理（16.1）

1. 法律特征

（1）代理行为是指能够引起民事法律后果的民事法律行为。

（2）代理人一般应以被代理人的名义从事代理活动。

（3）代理人在代理权限范围内独立意思表示。

（4）代理行为的法律后果直接归属于被代理人。

2. 无权代理与表见代理

种类	内容
无权代理	（1）无权代理是指行为人没有代理权，但以他人的名义与第三人进行代理行为。 （2）构成要件：①行为人的行为不违法；②第三人须为善

续 表

种类	内容
无权代理	意且无过失；③行为人以本人的名义与他人所为的民事行为；④行为人与第三人具有相应的民事行为能力；⑤行为人既没有代理权，也没有令人相信其有代理权的事实或理由。 （3）行为人没有代理权、超越代理权或者代理权终止后，仍然实施代理行为，未经被代理人追认的，对被代理人不发生效力。行为人实施的行为被追认前，善意相对人有撤销的权利。行为人实施的行为未被追认的，善意相对人有权请求行为人履行债务或者就其受到的损害请求行为人赔偿
表见代理	（1）表见代理是指无权代理人的代理行为客观上存在使相对人相信其有代理权的情况，且相对人主观上为善意，因而可以向被代理人主张代理的效力。 （2）构成要件：①代理人无代理权；②相对人主观上为善意；③客观上有使相对人相信无权代理人具有代理权的情形；④相对人基于这个客观情形而与无权代理人成立民事行为。 （3）行为人没有代理权、超越代理权或者代理权终止后，仍然实施代理行为，相对人有理由相信行为人有代理权的，代理行为有效

【真题示例·单选题】行为人不具有代理权，但以他人的名义与第三人进行的代理行为，称为（　　）。

A. 无权代理

B. 有权代理

C. 授权代理

D. 法定代理

【答案】A **【解析】**无权代理是指行为人不具有代理权，但以他人的名义与第三人进行代理行为。

高频考点3 保证、抵押、质押、留置、定金（16.2）

种类	内容
保证	（1）机关法人不得为保证人，但是经国务院批准为使用外国政府或者国际经济组织贷款进行转贷的除外。以公益为目的的非营利法人、非法人组织不得为保证人。 （2）一般保证的保证人在主合同纠纷未经审判或者仲裁，并就债务人财产依法强制执行仍不能履行债务前，有权拒绝向债权人承担保证责任，但是有下列情形之一的除外：①债务人下落不明，且无财产可供执行；②人民法院已经受理债务人破产案件；③债权人有证据证明债务人的财产不足以履行全部债务或者丧失履行债务能力；④保证人书面表示放弃规定的权利。 （3）债权人与保证人可以约定保证期间，但是约定的保证期间早于主债务履行期限或者与主债务履行期限同时届满的，视为没有约定；没有约定或者约定不明确的，保证期间为主债务履行期限届满之日起6个月。 （4）债权人与债务人对主债务履行期限没有约定或者约定不明确的，保证期间自债权人请求债务人履行债务的宽限期届满之日起计算。 （5）当事人在保证合同中对保证方式没有约定或者约定不明确的，按照一般保证承担保证责任
抵押	（1）债务人或者第三人有权处分的下列财产可以抵押：①建筑物和其他土地附着物；②建设用地使用权；③海域使用权；④生产设备、原材料、半成品、产品；⑤正在建造的建筑物、船舶、航空器；⑥交通运输工具；⑦法律、行政法规未禁止抵押的其他财产。抵押人可以将前述所列财产一并抵押。

续 表

种类	内容
抵押	（2）不得抵押的财产：①土地所有权；②宅基地、自留地、自留山等集体所有土地的使用权，但是法律规定可以抵押的除外；③学校、幼儿园、医疗机构等为公益目的成立的非营利法人的教育设施、医疗卫生设施和其他公益设施；④所有权、使用权不明或者有争议的财产；⑤依法被查封、扣押、监管的财产；⑥法律、行政法规规定不得抵押的其他财产
质押	（1）债务人或者第三人有权处分的下列权利可以出质：①汇票、本票、支票；②债券、存款单；③仓单、提单；④可以转让的基金份额、股权；⑤可以转让的注册商标专用权、专利权、著作权等知识产权中的财产权；⑥现有的以及将有的应收账款；⑦法律、行政法规规定可以出质的其他财产权利。 （2）以汇票、本票、支票、债券、存款单、仓单、提单出质的，质权自权利凭证交付质权人时设立；没有权利凭证的，质权自办理出质登记时设立。以基金份额、股权出质的，质权自办理出质登记时设立。以注册商标专用权、专利权、著作权等知识产权中的财产权出质的，质权自办理出质登记时设立。 （3）我国法律规定，在质押合同的内容中不得约定：质权人在债务履行期届满前，不得与出质人约定债务人不履行到期债务时质押财产归债权人所有，只能依法就质押财产优先受偿
留置	留置权是指债务人不履行到期债务，债权人可以留置已经合法占有的债务人的动产，并有权就该动产优先受偿
定金	定金是指为确保合同履行，当事人一方在合同履行之前向对方交付的一定数额的金钱

【真题示例·单选题】某公立中学为修缮教育设施向银行借款，银行要求该学校提供担保，学校以自有财产向银行设立抵押，下列财产中，可以抵押的是（　　）。

A. 该学校的办公楼

B. 该学校的非教育用小汽车

C. 与临校存在权属争议的财产

D. 该学校的操场

【答案】B【解析】选项B属于可以抵押财产中的交通运输工具，符合题意。

高频考点4 夫妻共同财产和一方个人财产的界定（16.4）

项目	内容
夫妻共同财产	工资、奖金、劳务报酬；生产、经营、投资的收益；知识产权的收益；继承或者受赠的财产，但是《中华人民共和国民法典》（以下简称民法典）第1063条第3项规定的除外；其他应当归共同所有的财产
夫妻一方个人财产	一方的婚前财产；一方因受到人身损害获得的赔偿或者补偿；遗嘱或者赠与合同中确定只归一方的财产；一方专用的生活用品；其他应当归一方的财产

【真题示例·多选题】根据民法典的规定，夫妻在婚姻关系存续期间所得财产归夫妻共同所有的是（　　）。

A. 工资、奖金

B. 生产的收益

C. 知识产权的收益

D. 一方因身体受到伤害获得的医疗费

E. 经营的收益

【答案】ABCE【解析】一方因身体受到伤害获得的医疗费属于一方个人财产。

高频考点5 法定继承和遗嘱继承（16.4）

项目	内容
法定继承	民法典第1127条规定，遗产按照下列顺序继承。 （1）第一顺序：配偶、子女、父母； （2）第二顺序：兄弟姐妹、祖父母、外祖父母。 丧偶儿媳对公、婆，丧偶女婿对岳父、岳母，尽了主要赡养义务的，作为第一顺序继承人
遗嘱继承	（1）遗嘱继承的效力优于法定继承。 （2）遗嘱的形式：自书遗嘱、代书遗嘱、打印遗嘱、录音录像遗嘱、口头遗嘱、公证遗嘱等

第十七章　商事法律制度

高频考点1　内幕知情人与内幕信息（17.2）

1. 内幕知情人

《中华人民共和国证券法》（以下简称证券法）第51条规定，证券交易内幕信息的知情人包括：

（1）发行人及其董事、监事、高级管理人员。

（2）持有公司5%以上股份的股东及其董事、监事、高级管理人员，公司的实际控制人及其董事、监事、高级管理人员。

（3）发行人控股或者实际控制的公司及其董事、监事、高级管理人员。

（4）由于所任公司职务或者因与公司业务往来可以获取公司有关内幕信息的人员。

（5）上市公司收购人或者重大资产交易方及其控股股东、实际控制人、董事、监事和高级管理人员。

（6）因职务、工作可以获取内幕信息的证券交易场所、证券公司、证券登记结算机构、证券服务机构的有关人员。

（7）因职责、工作可以获取内幕信息的证券监督管理机构工作人员。

（8）因法定职责对证券的发行、交易或者对上市公司及其收购、重大资产交易进行管理可以获取内幕信息的有关主管部门、监管机构的工作人员。

（9）国务院证券监督管理机构规定的可以获取内幕信息的其他人员。

2. 内幕信息

证券交易活动中，涉及公司的经营、财务或者对该公司证券的市场价格有重大影响的尚未公开的信息，为内幕信息。证券法第80条第2款、第81条第2款所列重大事件属于内幕信息。

其中，证券法第80条第2款所列重大事件：公司的经营方针和经营范围的重大变化；公司的重大投资行为，公司在一年内购买、出售重大资产超过公司资产总额30%，或者公司营业用主要资产的抵押、质押、出售或者报废一次超过该资产的30%；公司订立重要合同、提供重大担保或者从事关联交易，可能对公司的资产、负债、权益和经营成果产生重要影响；公司发生重大债务和未能清偿到期重大债务的违约情况；公司发生重大亏损或者重大损失；公司生产经营的外部条件发生的重大变化；公司的董事、1/3以上监事或者经理发生变动，董事长或者经理无法履行职责；持有公司5%以上股份的股东或者实际控制人持有股份或者控制公司的情况发生较大变化，公司的实际控制人及其控制的其他企业从事与公司相同或者相似业务的情况发生较大变化；公司分配股利、增资的计划，公司股权结构的重要变化，公司减资、合并、分立、解散及申请破产的决定，或者依法进入破产程序、被责令关闭；涉及公司的重大诉讼、仲裁，股东大会、董事会决议被依法撤销或者宣告无效；公司涉嫌犯罪被依法立案调查，公司的控股股东、实际控制人、董事、监事、高级管理人员涉嫌犯罪被依法采取强制措施；国务院证券监督管理机构规定的其他事项。

高频考点2 信托法律关系的主体与客体（17.3）

项目	内容
主体	一般包括委托人、受托人和受益人。 （1）委托人是信托关系的创设者，应当是具有完全民事行为能力的自然人、法人或依法成立的其他组织。委托人提供信托财产，确定谁是受益人以及受益人享有的受益权；指定受托人，并有权监督受托人实施信托。 （2）受托人承担着管理、处分信托财产的责任，应当是具有完全民事行为能力的自然人或法人。 （3）受益人是在信托中享有信托受益权的人，有权获取信托所产生的收益，且没有行为能力限制

续 表

项目	内容
客体	即信托财产，是指受托人承诺信托而取得的财产。 （1）信托财产与委托人未设立信托的其他财产相区别。 （2）信托财产与受托人固有财产相区别。 （3）受托人因信托财产的管理运用、处分或其他情形而取得的财产，也归入信托财产。 （4）除法律规定的情况外，对信托财产不得强制执行

高频考点3 票据权利（17.3）

（1）票据权利包括付款请求权和追索权。

（2）两项限制：以欺诈、偷盗或者胁迫等手段取得票据的，或者明知有前列情形，出于恶意取得票据的，不得享有票据权利；以无偿或者不以相当对价取得票据的，不得享有优于其前手的票据权利。

（3）不行使而消灭的时间：持票人对票据的出票人和承兑人的权利，自票据到期日起 2 年；见票即付的汇票、本票，自出票日起 2 年；持票人对支票出票人的权利，自出票日起 6 个月；持票人对前手的追索权，自被拒绝承兑或者被拒绝付款之日起 6 个月；持票人对前手的再追索权，自清偿日或者被提起诉讼之日起 3 个月。

第十八章　刑事法律制度

高频考点1　破坏金融管理秩序罪（18.2）

1. 危害货币管理罪

（1）金融机构工作人员购买假币、以假币换取货币罪：银行或者其他金融机构的工作人员购买伪造的货币，或者利用职务上的便利，以伪造的货币换取货币的行为。

（2）持有、使用假币罪：违反货币管理法规，明知是伪造的货币而持有、使用，数额较大的行为。

2. 破坏银行和其他金融机构管理类犯罪

罪名	犯罪主体	主观表现
非法吸收公众存款罪	一般主体	故意
高利转贷罪	一般主体	故意
违法发放贷款罪	特殊主体，即银行或者其他金融机构及其工作人员	故意
吸收客户资金不入账罪	特殊主体，即银行或者其他金融机构及其工作人员	故意
伪造、变造金融票证罪	一般主体	故意
违规出具金融票证罪	特殊主体，即银行或者其他金融机构及其工作人员	故意
对违法票据承兑、付款、保证罪	特殊主体，即银行或者其他金融机构及其工作人员	故意或过失
骗取贷款、票据承兑、金融票证罪	一般主体	故意

续 表

罪名	犯罪主体	主观表现
背信运用受托财产罪	特殊主体，即为商业银行、证券交易所、期货交易所、证券公司、期货经纪公司、保险公司或者其他金融机构。个人不能构成背信运用受托财产罪的主体	故意
洗钱罪	一般主体	故意

高频考点2 银行业相关职务犯罪（18.2）

项目	内容
职务侵占罪	指非国有的公司、企业或者其他单位的非国家工作人员利用职务上的便利，将本单位财物非法占为己有，数额较大的行为
贪污罪	指国家工作人员或者受国有单位委派管理、经营国有财产的人员利用职务上的便利，侵吞、窃取、骗取或者以其他手段非法占有公共财物的行为
挪用资金罪	指非国有的公司、企业或者其他单位的工作人员，利用职务上的便利，挪用本单位资金归个人使用或者借贷给他人，数额较大、超过3个月未还的，或者虽未超过3个月，但数额较大、进行营利活动的，或者进行非法活动的行为
非国家工作人员受贿罪	指非国有的公司、企业或者其他单位的非国家工作人员利用职务上的便利，索取他人财物或非法收受他人财物，为他人谋取利益，数额较大（5000元以上）的行为
签订、履行合同失职被骗罪	指国有公司、企业、事业单位直接负责的主管人员在签订、履行合同过程中，因严重不负责任被诈骗，致使国家利益遭受重大损失的行为，属于渎职犯罪

【提示】职务侵占罪与贪污罪的区别。

①犯罪主体：非国有的公司、企业或者其他单位的非国有工作人员（职务侵占罪）；国家工作人员或者受国有单位委派管理、经营国有财产的人员（贪污罪）。

②犯罪对象：非国有单位（如私营企业、合作企业、合资企业、股份制企业等）的财物（职务侵占罪）；国有财产在内的公共财产（贪污罪）。

③刑法处罚幅度：刑罚最高为5年以上有期徒刑（职务侵占罪）；情节特别严重的可判处死刑（贪污罪）。

第十九章　银行监管体制

高频考点1　银行监管的属性（19.1）

属性	内容
银行监督	（1）监管部门对银行市场的运行情况进行系统、及时地信息收集和处理，以维护市场秩序、防范市场风险。 （2）监管部门对银行机构实施全面、经常性的检查和督促，以促进银行机构依法稳健经营，完全可靠和健康地发展
银行管理	监管部门依法对辖内银行机构和市场进行管理，对银行机构及其经营活动实行领导、组织、协调和控制等

高频考点2　银行监管层次（19.2）

种类	内容
外部监管	由国务院授权成立的中国银行业监督管理委员会（2018年，原银监会和保监会合并为中国银行保险监督管理委员会）统一监督管理银行、金融资产管理公司、信托投资公司以及其他存款类金融机构，维护银行业的合法、稳健运行
银行自我监管	通过内部治理、内部控制与内部审计三种方式实现
行业自律	（1）对会员每年进行一次例行检查。 （2）对会员的日常业务活动进行监管
市场约束	具体表现形式之一是强化信息的披露

【真题示例·多选题】我国银行监管的层次包括（　　）。

A. 银行自我监管　　B. 市场约束

C. 审慎监管　　D. 外部监管

E. 行业自律

【答案】ABDE【解析】我国银行监管包括4个层次，分别是银行自我监管、外部监管、行业自律和市场约束。

第二十章　银行自律与市场约束

高频考点1　中国银行业协会（20.1）

中国银行业协会（CBA）是我国的银行业自律组织，于2000年成立，是全国性非营利社会团体。

（1）宗旨：促进会员单位实现共同利益。

（2）目标：维护银行业合法权益及市场秩序，提高银行业从业人员素质，提高为会员服务的水平，促进银行业的健康发展。

（3）职能：自律、维权、协调、职务。

（4）主管单位：国务院银行业监督管理机构（中国银保监会）。

高频考点2　行为规范（20.2）

（1）行为守法：严禁违法犯罪行为；严禁非法催收；严禁组织、参与非法民间融资；严禁信用卡犯罪行为；严禁信息领域违法犯罪行为；严禁内幕交易行为；严禁挪用资金行为；严禁骗取信贷行为。

（2）业务合规：遵守岗位管理规范；遵守信贷业务规定；遵守销售业务规定；遵守公平竞争原则；遵守财务管理规定；遵守出访管理规范；遵守外事接待规范；遵守离职交接规定。

（3）履职遵纪：贯彻“八项规定”、反“四风”；如实反馈信息；按照纪律要求处理利益冲突；严禁非法利益输送交易；实施履职回避；严禁违规兼职谋利；抵制贿赂及不当便利行为；厉行勤俭节约；塑造职业形象；营造风清气正的职场环境和氛围。

第二十一章　清廉金融

高频考点　从业禁令（21.3）

项目	内容
柜台业务方面	柜员卡和密码管理；现金、印章和重要空白凭证管理；账户管理；业务授权和核查；办理具体柜台业务
授信业务方面	贷款业务；票据业务
职业操守方面	（1）严禁参加非法集资或高利贷活动，为高利贷公司、担保公司、小额贷款公司以及客户之间等充当任何形式的资金掮客，牵线搭桥帮助借款人筹措资金归还银行贷款并从中牟利。 （2）严禁未经批准在其他经济组织兼职，自办或参与经营典当行、小额贷款公司、担保公司等机构。 （3）严禁利用职务上的便利与亲属及其他利益关系人投资入股或实际控制的担保机构进行业务合作，或利用职权指令与某一特定担保机构合作。 （4）严禁利用职务上的便利索要、收受贿赂，或违反国家规定收受各种名义的回扣、手续费等。 （5）严禁允许非本行员工以各种方式进入本机构办公或营业场所开展民间借贷、违规担保和非法集资活动

第二十二章　银行业消费者权益保护

高频考点1　银行业消费者的主要权利（22.1）

（1）安全权（首要权利）：生命健康和财产不受威胁、侵害的权利，包括人身安全权和财产安全权两个方面。

（2）隐私权：不被银行非相关业务人员知悉，不被非法定机构和任何单位和个人查询或传播的权利，除有关国家机关依法查询、冻结和扣划外，银行应拒绝其他任何单位或个人查询、冻结和扣划。

（3）知情权：知悉其购买、使用产品或接受服务的真实情况的权利。

（4）自主选择权：自主选择银行和银行产品并决定是否与其进行交易，不受任何单位和个人的不合理干预。

（5）公平交易权：公正、平等、诚实、信用；不得强行要求消费者购买、使用其产品或接受其服务，在格式合同中不得加重金融消费者责任、限制或者排除金融消费者合法权利，不得限制金融消费者寻求法律救济途径，不得减轻、免除本机构损害金融消费者合法权益应当承担的民事责任。

（6）依法求偿权：除购买银行已有风险提示类的产品而造成的损失外，其他非因自己故意或者过失而遭受人身、财产损害时，有向银行提出请求赔偿的权利。

（7）受教育权：银行消费知识的教育权和消费者权益保护知识的教育权。

（8）受尊重权：人格尊严、民族风俗习惯等受到尊重的权利。

（9）监督权：对银行产品和服务进行监督和批评的权利；对有关部门进行的银行业消费者权益保护监管等工作享有监督、批评的权利。

高频考点2　银行业消费者权益保护的实施（22.1）

（1）金融机构应当完善规章制度，落实法律法规和相关监管规定中关于金融消费者权益保护的相关要求。金融机构应当将金融消费者权益保护纳入公司治理、企业文化建设和经营发展战略，应当制定本机构金融消费者权益保护工作的总体战略和具体工作措施。

（2）金融机构应当建立健全金融消费者权益保护工作机制，建立金融消费者权益保护工作专职部门或者指定牵头部门，明确部门及人员职责，确保其能够独立开展工作。

（3）金融机构应当建立健全金融消费者权益保护的各项内控制度。

（4）金融机构应当开展金融消费者权益保护员工教育和培训，提高员工的金融消费者权益保护意识和能力。金融机构应当每年至少开展一次金融消费者权益保护专题教育和培训，培训对象应当全面覆盖中高级管理人员及基层业务人员。

（5）金融机构应当建立健全涉及金融消费者权益保护工作的事前协调、事中管控和事后监督机制，确保在金融产品和服务的设计开发、营销推介及售后管理等各个业务环节有效落实金融消费者权益保护工作的相关规定和要求。

（6）金融机构应当根据金融产品和服务的特性评估其对金融消费者的适合度，合理划分金融产品和服务风险等级以及金融消费者风险承受等级，将合适的金融产品和服务提供给适当的金融消费者。金融机构不得向低风险承受等级的金融消费者推荐高风险金融产品。

（7）金融机构应当依法保障金融消费者在购买、使用金融产品和服务时的财产安全，不得非法挪用、占用金融消费者资金及其他金融资产。

（8）金融机构应当按照相关监管规定披露与金融消费者权益保护相关的经营信息、金融产品和服务信息以及其他信息。金融机构推出金融科技创新产品前，应当开展外部安全评估，并及时向金融消费者准确披露金融产品的特点和风险。

（9）金融机构应当依据金融产品和服务的特性，向金融消费者披露金融产品和服务的重要内容。金融机构应当提示金融消费者不得利用金融产品和服务从事违法活动。

（10）金融机构对金融产品和服务进行信息披露时，应当使用有利于金融消费者接收、理解的方式。

（11）金融机构应当尊重金融消费者购买金融产品和服务的真实意愿，不得擅自代理金融消费者办理业务，不得擅自修改金融消费者的业务指令。

（12）金融机构向金融消费者说明重要内容和披露风险时，应当依照相关法律法规、监管要求留存相关资料，留存时间不少于3年，法律、行政法规、规章另有规定的，从其规定。

（13）金融机构进行营销活动时应当遵循诚信原则，金融机构实际承担的义务不得低于在营销活动中通过广告、资料或者说明等形式对金融消费者所承诺的标准。

（14）金融机构在进行营销活动时，不得有虚假宣传、损害同业信誉、冒用他人注册商标等行为。

（15）金融机构向金融消费者追讨债务，不得采取违反法律法规、违背社会公德、损害社会公共利益和第三人合法权益的方式。

（16）金融机构的格式合同条款及服务协议文本，不得存在误导、欺诈等侵犯金融消费者合法权益的内容；不得含有减轻、免除己方责任，加重金融消费者责任，限制或者排除金融消费者合法权利的格式条款，以及借助技术手段强制交易等不合理条款。金融机构应当对金融消费者投诉较为集中或者存在侵害金融消费者合法权益隐患的格式合同条款、服务协议文本进行及时清理。

（17）金融机构应当做好计算机处理系统维护工作，建立灾难备份和数据恢复机制，确保系统平稳、顺畅运行。

（18）出现侵犯金融消费者合法权益重大事件，可能引发区域性、系统性风险的，金融机构应当根据重大事项报告相关规定及时向中国人民银行及其分支机构报告。

（19）金融机构应当制订年度金融知识普及与金融消费者教育工作计划，结合自身特点开展日常性金融知识普及与金融消费者教育活动。

金融机构不得以营销个别金融产品和服务替代金融知识普及与金融消费者教育。

(20) 金融机构应当重视金融消费者需求的多元性与差异性，积极支持欠发达地区和低收入群体等获得必要、及时的基本金融产品和服务。

(21) 金融机构应依法收集个人金融信息，采取有效措施确保个人金融信息安全，至少每半年排查一次个人金融信息安全隐患。金融机构要建立和完善金融消费投诉处理机制，畅通投诉受理和处理渠道，及时有效解决金融消费争议。

高频考点3 经济责任（22.2）

(1) 银行业金融机构应在法律规定下积极提高经营效益，努力创造优良的经济利益。

(2) 银行业金融机构应积极参与保障金融安全、维护平等竞争的金融秩序，加强防范金融风险。

(3) 积极支持政府经济政策，促进经济稳定、可持续发展，为国民经济提供优良的专业性服务。

(4) 银行业金融机构应加强合规管理，规范经营行为，遵守银行业从业人员行为准则、反不正当竞争公约、反商业贿赂公约等行业规则，开展公平竞争，维护银行业良好的市场竞争秩序，促进银行业健康发展。

(5) 完善公司治理结构，安全稳健经营，严格关联交易管理，履行信息披露义务，确保股东、特别是中小股东享有的法律法规和公司章程规定的各项权益，为股东创造价值。

(6) 遵循按劳分配、同工同酬原则，构建合理的激励约束机制，保障员工各项权益，促进员工全面发展，为员工创造价值。

(7) 重视消费者的权益保障，有效提示风险，恰当披露信息，公平对待消费者，加强客户投诉管理，完善客户信息保密制度，提升服务质量，为客户创造价值。

【真题示例·单选题】某银行十分重视消费者的权益保障，这是尽到了银行的（　　）。

A. 环境责任　　B. 社会责任

C. 经济责任　　D. 政治责任

【答案】C【解析】重视消费者的权益保障，有效提示风险，恰当披露信息，公平对待消费者，加强客户投诉管理，完善客户信息保密制度，提升服务质量，为客户创造价值是银行业金融机构的经济责任之一。

D. 经批准从事与汽车金融业务相关的金融机构股权投资业务
E. 向金融机构借款

115. 下列关于以区域管理为主的总分行型组织架构的表述,正确的有(　　)。
A. 以分行为利润中心,总行向分行下达各项业务指标和利润指标,分行再分解到各辖属支行
B. 这种组织架构的优点是各职能部门对外部环境变化反应比较灵敏
C. 总行、分行、支行等各级机构形成垂直管理体系
D. 这种组织架构的缺点是各层级职能部门自成体系,横向信息沟通难度较大
E. 总行、分行、支行设立若干履行指定职责的职能部门,行使相应的经营决策权、业务管理权、资源调度权和绩效考核权

116. 从支出角度来看,国内生产总值由(　　)构成。
A. 出口　B. 投资　C. 消费
D. 净出口　E. 进口

117. 大额可转让定期存单不同于传统定期存款的特点有(　　)。
A. 记名　B. 面额固定
C. 不可提前支取　D. 可以在二级市场流通转让
E. 利率固定

118. 通货膨胀对金融秩序和经济、社会稳定的影响主要包括(　　)。
A. 会引起居民挤提存款,用于抢购商品
B. 会引起社会各阶层的利益分配不公而激化社会矛盾
C. 会导致政府威信下降,政局不稳定
D. 会使社会公众失去对本国纸币的信心
E. 会引起过度的投机,导致经济紊乱

119. 目前,我国银行开办的外币存款业务的币种有(　　)。
A. 新加坡元　B. 英镑　C. 卢布
D. 欧元　E. 瑞士法郎

120. 我国的股票根据投资主体性质的不同,可以分为(　　)。
A. 社会公众股　B. 国家股　C. 普通股
D. 优先股　E. 法人股

121. 货币乘数也称货币扩张系数,其影响因素包括(　　)。
A. 法定存款准备金率　B. 超额准备金率
C. 定期存款的存款准备金率　D. 现金漏损率
E. 原始存款

122. 法定继承的第一顺序继承人有(　　)。
A. 兄弟姐妹
B. 丧偶儿媳对公、婆,丧偶女婿对岳父、岳母,尽了主要赡养义务的
C. 子女
D. 配偶
E. 父母

123. 关于信托财产,以下说法正确的有(　　)。
A. 信托财产与受托人固有财产相区别
B. 除法律规定的情况外,对信托财产不得强制执行
C. 信托财产与委托人未建立信托的其他财产相区别
D. 受托人因管理、运用、处分该财产而取得的信托利益,也属于信托财产
E. 信托财产由受托人管理

124. 下列可以当作个人权利质押贷款质押物的有(　　)。
A. 凭证式国债　B. 未到期本外币定期储蓄存单

C. 个人寿险保险单　　D. 已被冻结的存款
E. 身份证

125. 经济全球化对银行业的影响有(　　)。
A. 推动银行的全球化　　B. 金融管制逐步放松
C. 加深了各国金融市场的联系　　D. 促进了跨国银行兼并
E. 资本流动更为自由

126. 信托终止的情形包括(　　)。
A. 信托文件规定的终止事由发生　　B. 信托目的不能实现
C. 信托当事人协商同意　　D. 信托被撤销
E. 信托被解除

127. 根据《中华人民共和国民法典》的规定,夫妻在婚姻关系存续期间所得财产归夫妻共同所有的是(　　)。
A. 工资、奖金　　B. 生产的收益
C. 知识产权的收益　　D. 一方因身体受到伤害获得的医疗费
E. 经营的收益

128. 按照保险对象的不同,保险可以分为(　　)。
A. 社会保险　　B. 普通保险　　C. 人身保险
D. 财产保险　　E. 商业保险

129. 以行业变动与宏观经济周期变动为基础进行行业分析时,可把行业分为(　　)。
A. 周期型行业　　B. 防守型行业　　C. 增长型行业
D. 朝阳型行业　　E. 夕阳型行业

130. 银行业监管机构规范的现场检查包括(　　)。
A. 检查回访　　B. 检查准备　　C. 检查处理
D. 检查预案　　E. 检查报告

三、判断题。请对以下各项描述做出判断,正确的为A,错误的为B(共15题,每题1分,共15分)。

131. 商业秘密是指不为公众所知悉、具有商业价值并经权利人采取相应保密措施的技术信息、经营信息。(　　)

132. 审贷分离原则是指贷款业务的客户营销、贷款调查的职能与贷款审批职能应当分离。(　　)

133. 风险监测需要监测各种可量化的关键风险指标,以及不可量化的风险因素的变化和发展趋势。(　　)

134. 银行代销开放式基金时,应向基金投资者收取基金代销费用。(　　)

135. 商业银行办理银行承兑汇票的贴现是一种融资行为,应纳入银行统一授信管理。(　　)

136. 现汇是指可以自由兑换的汇票、支票等外币票据和外国纸币、硬币。(　　)

137. 中央银行的窗口指导具有法律强制力。(　　)

138. 商业银行的特点之一是银行自有资本金在其全部资金来源中所占比重很低,属于高负债经营。(　　)

139. 物权的种类和内容,由法律、行政法规规定。(　　)

140. 商业银行的经营管理尤其是设立新的机构或开办新的业务,均应当体现"内控优先"的要求。(　　)

141. 分期付款业务实质上是银行向客户提供的一种"定制化还款"金融服务。(　　)

142. 中国人民银行可以对某商业银行的业务范围进行审批。(　　)

143. 目前,针对单位内部纪律处分的法律救济手段尚无明确规定,通常的做法是参照行政处分的相关救济性规定。受到行政处分的国家工作人员可以通过提起行政复议或行政诉讼等途径解决。(　　)

144. 备用信用证与其他信用证相比,只有借款人发生意外才会发生资金的垫付。(　　)

145. 贷款是商业银行最主要的资产,是商业银行最主要的资金运用。(　　)

机考题库·真题试卷(二)

答题卡

本试卷采用虚拟答题卡技术，自动评分

考生扫描右侧二维码，将答题选项填入虚拟答题卡中，题库系统可自动统计答题得分，生成完整的答案及解析。题库系统根据考生答题数据，自动收集整理错题，记录考生薄弱知识点，方便考生在题库系统中查漏补缺。

一、单项选择题。以下各小题所给出的四个选项中，只有一项符合题目要求，请选择相应选项，不选、错选均不得分(共 90 题，每题 0.5 分，共 45 分)。

1. 盗窃信用卡并使用的，定(　　)。

A. 盗窃罪　　B. 金融凭证诈骗罪

C. 信用证诈骗罪　　D. 信用卡诈骗罪

2. 中央银行在运用货币政策进行金融宏观调控时，主要是通过调控(　　)来影响社会经济活动。

A. 货币需求总量　　B. 国民生产总值　　C. 国内生产总值　　D. 货币供应总量

3. 小李在 2020 年 3 月 3 日存入银行一笔 30000 元的 1 年期整存整取定期存款。假设 1 年期定期存款年利率 1.98%，活期存款利率 0.36%。存满 1 个月后，小李取出了 10000 元。按照积数计息法，小李支取 10000 元的利息是(　　)元。

A. 3.10　　B. 5.30　　C. 16.50　　D. 12.40

4. 中国某公司生产的轻工产品年销售额中约一半为应收账款，国内某银行对其应收账款进行了无追索权“购买”，为其注入现金，加速了资金周转，促进了该公司经营规模的扩张，然后由银行去向买方要求付款。这属于银行的(　　)。

A. 保理业务　　B. 负债业务　　C. 代理业务　　D. 贷款业务

5. 同业拆借活动都是在金融机构之间进行，对参与者要求严格，因此，其拆借活动基本上都是(　　)拆借。

A. 质押　　B. 抵押　　C. 担保　　D. 信用

6. 在存期内遇有利率调整，定期存款按存单(　　)挂牌公告的相应定期储蓄存款利率计付利息。

A. 清户日　　B. 开户日　　C. 结息日　　D. 支取日

7. 下列个人贷款业务中，商业银行没有实物或第三方保障还款来源的是(　　)。

A. 个人住房贷款　　B. 个人汽车贷款

C. 个人信用卡透支　　D. 个人房产抵押贷款

8. 关于 CDs 与 CDs 市场，下列说法正确的是(　　)。

A. 是可转让大额定期存单转让而非发行的市场

B. 到期时，CDs 持有人只能向银行提取利息，不能提取本金

C. CDs 面额一般较小

D. CDs 一般不能提前支取

9. 采用虚构事实或隐瞒真相的方法，非法占有本单位财物，该行为属于(　　)。

A. 侵吞　　B. 窃取　　C. 骗取　　D. 夺取

10. 货币经纪公司的服务对象是(　　)。

A. 地方政府　　B. 事业单位　　C. 上市公司　　D. 金融机构

11. 中国人民银行根据执行货币政策和维护金融稳定的需要，可以建议国务院银行业监督管理机构对银行业金融机构进行检查监督。国务院银行业监督管理机构应当自收到建议之日起(　　)日内予以回复。

A. 3　　B. 7　　C. 15　　D. 30

12. 下列资金清算业务中,必须通过中国人民银行办理的是(　　)。
A. 全国联行往来　B. 支行辖内往来
C. 跨系统联行往来　D. 分行辖内往来
13. 根据《商业银行大额风险暴露管理办法》,大额风险暴露是指商业银行对单一客户或一组关联客户超过其一级资本净额(　　)的风险暴露。
A. 2.5%　B. 1%　C. 2%　D. 0.5%
14. 根据《中华人民共和国证券法》的规定,证券内幕信息的知情人包括持有公司(　　)以上股份的股东及其董事、监事、高级管理人员。
A. 20%　B. 10%　C. 15%　D. 5%
15. 行为人不具有代理权,但以他人的名义与第三人进行的代理行为,称为(　　)。
A. 无权代理　B. 有权代理　C. 授权代理　D. 法定代理
16. 合规是商业银行所有员工的共同责任,并应从商业银行(　　)做起。
A. 全体员工　B. 高层领导　C. 基层员工　D. 中层干部
17. 根据《中华人民共和国民法典》的规定,对于当事人在保证合同中对保证方式没有约定或者约定不明确的,下列说法正确的是(　　)。
A. 由保证人选择使用何种保证方式　B. 按照一般保证承担保证责任
C. 保证合同无效　D. 由债权人选择使用何种保证方式
18. 在风险识别的基础上,对风险发生的可能性、后果及严重程度进行充分分析和评估,从而确定风险水平的过程是(　　)。
A. 风险报告　B. 风险控制　C. 风险监测　D. 风险计量
19. 国内 A 商业银行为中国进出口银行代理了资金结算业务,对 A 银行来说,该项业务称为(　　)。
A. 代理中央银行业务　B. 代理商业银行业务
C. 代理政策性银行业务　D. 代理证券业务
20. 在第三版巴塞尔资本协议中,用来反映压力状态下商业银行短期流动性水平的指标是(　　)。
A. 净稳定资金比例　B. 核心负债比率
C. 流动性覆盖率　D. 流动性缺口比率
21. (　　)是商业银行面临的最主要的风险。
A. 市场风险　B. 操作风险
C. 信用风险　D. 法律风险
22. 公开募集基金的基金份额持有人按(　　)享受收益和承担风险,非公开募集基金的基金份额持有人按(　　)享受收益和承担风险。
A. 基金合同的约定;基金合同的约定　B. 基金合同的约定;所持基金份额
C. 所持基金份额;基金合同的约定　D. 所持基金份额;所持基金份额
23. 在下列中央银行可以运用的货币政策工具中,主动性和灵活准确性较强的是(　　)。
A. 利率　B. 再贴现率
C. 存款准备金率　D. 公开市场业务
24. 一个市场中许多生产者生产同种但不同质产品,每个厂商都在市场上具有一定的垄断能力,但它们之间又存在着激烈的竞争。这种行业是指(　　)。
A. 寡头垄断的行业　B. 完全垄断的行业
C. 垄断竞争的行业　D. 完全竞争的行业
25. 通货膨胀的主要标志是(　　)。
A. 货币需要量增加　B. 物价总水平持续上涨
C. 货币发行量增加　D. 货币供应量增加
26. 银行以各种理由和借口限制、误导银行业消费者进行自主决策,侵犯了消费者的(　　)。
A. 自主选择权　B. 隐私权　C. 安全权　D. 知情权

27. 持票人对支票出票人的权利期限是自出票日起(　　)个月。
A. 1　B. 24　C. 6　D. 3
28. 洗钱的过程通常被分为三个阶段,即(　　)。
A. 获取阶段、培植阶段、处置阶段　B. 获取阶段、处置阶段、融合阶段
C. 处置阶段、融合阶段、培植阶段　D. 处置阶段、培植阶段、融合阶段
29. 仅附金融票据,不附带发票、运输单据的托收方式为(　　)。
A. 跟单托收　B. 出口托收　C. 光票托收　D. 进口托收
30. 商业银行已经或者可能发生信用危机,严重影响存款人利益时,可以对该银行实行接管的机构是(　　)。
A. 中国人民银行　B. 财政部
C. 政策性银行　D. 国务院银行业监督管理机构
31. (　　)是风险管理的最高决策机构,承担商业银行风险管理的最终责任。
A. 董事会　B. 风险管理委员会　C. 行长联席会议　D. 股东大会
32. 中国银行业协会的宗旨是(　　)。
A. 审查批准银行业金融机构的设立、变更和终止
B. 审慎监管
C. 促进会员单位实现共同利益
D. 对银行业自律组织的活动进行指导和监督
33. 目前我国常用的衡量经济增长的宏观经济指标是(　　)。
A. 失业率　B. 国际收支顺差　C. 国内生产总值　D. 通货膨胀率
34. 商业银行负责审议批准本行的合规政策,并监督合规政策实施的是(　　)。
A. 合规管理部门　B. 合规总监　C. 董事会　D. 高级管理层
35. 商业银行发行私募理财产品的,合格投资者投资于单只固定收益类理财产品的金额不低于(　　)万元人民币。
A. 100　B. 30　C. 40　D. 20
36. 公司应以其(　　)对公司债务承担责任。
A. 认购的股份　B. 全部现金　C. 全部资产　D. 出资额
37. 以人民币标明面值、以人民币认购和进行交易、供国内投资者买卖的股票是(　　)。
A. B 股　B. H 股　C. N 股　D. A 股
38. 下列关于商业银行贷款合同形式的要求,正确的是(　　)。
A. 只能采取书面合同的形式
B. 可以采取口头合同的形式
C. 除口头形式和书面形式外,还可以采取双方认可的其他形式
D. 可以采取口头合同的形式,也可以采取书面合同的形式
39. 下列不属于中国人民银行法定职责的是(　　)。
A. 实施外汇管理,监督管理银行间外汇市场
B. 对银行业金融机构实行并表监督管理
C. 发行人民币,管理人民币流通
D. 依法制定和执行货币政策
40. 中国银行业协会的最高权力机构是(　　)。
A. 常务理事会　B. 中国银行保险监督管理委员会
C. 理事会　D. 会员大会
41. 下列选项中,不属于商业银行风险管理"三道防线"的是(　　)。
A. 高级管理层　B. 前台业务部门
C. 风险管理部门　D. 内部审计部门

42. 下列选项中,通常不用于反映银行经营安全性指标的是(　　)。
A. 拨贷比　B. 不良贷款率　C. 资产回报率　D. 资本充足率

43. 下列关于信用卡透支操作的表述,正确的是(　　)。
A. 信用额度一般不能循环使用
B. 消费透支有免息期
C. 所有透支都是免息的
D. 取现透支有免息期

44. 商业银行可以直接利用的资本是(　　)。
A. 经济资本　B. 监管资本　C. 会计资本　D. 风险资本

45. 银行本票的提示付款期限为(　　)。
A. 2 个月　B. 3 个月　C. 10 天　D. 1 个月

46. (　　)是证券发行和交易机制的核心,投资者可以获取与证券有关的信息,供投资决策时参考。
A. 公平原则
B. 公开原则
C. 公信原则
D. 公正原则

47. 下列不属于内部控制保障体系要素的是(　　)。
A. 授权管理
B. 信息系统控制
C. 报告机制
D. 人员管理

48. 下列关于商业银行存款利率的表述,错误的是(　　)。
A. 存款利率越高,银行的融资成本越高
B. 存款利率的高低直接决定了存款人的利息收益
C. 存款利率越高,银行的利润越高
D. 存款利率的高低直接决定了金融机构的融资成本

49. 小李在甲银行研究部门工作,但他准备辞职。辞职后可能到乙银行类似部门工作,则下列说法正确的是(　　)。
A. 部门内同事可以与小李分享部分成果,但工作中应当处处提防小李,不能再使其利用团队资源增长工作经验
B. 小李有权分享团队的研究成果,并可以将该成果带到新的工作岗位
C. 部门内同事可以与小李分享研究成果,因为他目前仍是团队一员
D. 部门内同事不应当与小李共享研究成果

50. 因交易对手未能履行合同所规定的义务而使银行面临的风险属于(　　)。
A. 法律风险　B. 操作风险　C. 市场风险　D. 信用风险

51. 商业银行拨付各分支机构营运资金额的总和,不得超过总行资本金总额的(　　)。
A. 60%　B. 20%　C. 80%　D. 40%

52. 金融市场的交易组织、交易规则和信用制度,可以降低金融活动的(　　)。
A. 沉没成本　B. 重置成本　C. 交易成本　D. 历史成本

53. 下列选项中,不属于衡量银行客户集中度指标的是(　　)。
A. 房地产行业授信集中度
B. 最大十家客户贷款比率
C. 单一最大客户贷款比率
D. 单一集团客户授信集中度

54. 信托成立的前提是(　　)。
A. 委托人具有良好的信誉
B. 委托人要将自有财产委托给受托人
C. 委托人有权了解其信托财产的管理运用
D. 受托人要为受益人的最大利益管理信托事务

55. 债务履行期届满抵押权人未受清偿的,可以以(　　)方式实现抵押权。
A. 可与抵押人协议、以抵押物折价受偿或者以拍卖、变卖该抵押物所得的价款受偿
B. 无须与抵押人协商,直接以抵押物折价受偿或者以拍卖、变卖该证券物所得的价款受偿

C. 非经抵押人同意不得实现抵押权

D. 直接向人民法院申请实现抵押权

56. 按照《中华人民共和国银行业监督管理法》的规定,对发生风险的银行业金融机构进行处置的主要方式不包括(　　)。

A. 接管　　B. 出售　　C. 撤销　　D. 重组

57. 对我国境内大部分商业银行而言,最大、最明显的信用风险来源于(　　)。

A. 存款　　B. 负债　　C. 投资　　D. 贷款

58. 根据商业银行所承担的风险自行计算的、需要持有的最低资本量是指(　　)。

A. 资产规模　　B. 监管资本　　C. 经济资本　　D. 会计资本

59. 下列关于银行监管及金融监管的表述,正确的是(　　)。

A. 虽然世界各国的历史原因、经济发达程度和法律体系的影响是不同的,但各国的银行监管制度是相同的

B. 国际上主要金融监管的体制包括统一监管型、多头监管型、"骆驼"监管型

C. 银行监管制度是指银行机构监管的模式、目标、原则、内容和方式等的总称

D. 银行监管包含了银行监督和银行自律双重属性

60. 现阶段我国货币政策的操作目标是(　　)。

A. 现金　　B. 基准利率

C. 货币供应量　　D. 基础货币

61. 贷款人应通过贷款人受托支付或借款人自主支付的方式对(　　)进行管理与控制。

A. 还款准备金账户　　B. 派生存款

C. 借款人交易对手账户　　D. 贷款资金的支付

62. 企业所处下列情形中,不可以开立临时存款账户的是(　　)。

A. 日常转账结算　　B. 注册验资

C. 设立临时机构　　D. 异地临时经营活动

63. 乙未经甲授权,却以甲代理人的名义与善意第三人丙签订了买卖合同,甲知道乙的该行为后予以追认,那么,乙以甲代理人签名(　　)。

A. 效力待定　　B. 无效

C. 有效　　D. 经过乙催告甲后生效

64. 关于商业银行根据业务需要设立分支机构的表述,正确的是(　　)。

A. 可以自行设立　　B. 必须经国务院银行业监督管理机构审查批准

C. 必须经中国人民银行审查批准　　D. 必须经财政部审查批准

65. 在行业的市场结构分析中,少量生产者在某种产品的生产中占据很大市场份额的情形是指(　　)。

A. 寡头垄断的行业　　B. 完全垄断的行业

C. 垄断竞争的行业　　D. 完全竞争的行业

66. 下列关于银行福费廷业务特点的表述,错误的是(　　)。

A. 出口商卖断票据,放弃了对所出售票据的一切权益

B. 银行承担了票据拒付的所有风险,带有长期固定利率的融资性质

C. 福费廷业务是一种即期票据贴现

D. 福费廷业务是银行对国际贸易延期付款方式中出口商持有的远期承兑汇票或本票无追索权的贴现

67. 下列不属于商业银行合规管理部门职责的是(　　)。

A. 审批贷款　　B. 制订合规管理计划

C. 关注法律法规的最新发展　　D. 对员工进行合规培训

68. 下列关于商业银行合规风险管理的说法,错误的是(　　)。

A. 商业银行合规风险管理的基本制度包括合规绩效考核制度、公平竞争制度和诚信举报制度

B. 合规风险，是指商业银行因没有遵循法律、规则和准则可能遭受法律制裁、监管处罚、重大财务损失和声誉损失的风险

C. 董事会对于银行的风险管理负有最终责任

D. 商业银行的经营管理，尤其是设立新的机构或开办新的业务，均应当体现“内控优先”的要求

69. 按照《中华人民共和国反洗钱法》的规定，客户身份资料在业务关系结束后、客户交易信息在交易结束后，金融机构应当（　　）。

A. 至少保存5年　　B. 退还给客户

C. 立即销毁　　D. 至少保存10年

70. 下列关于各类风险的说法，正确的是（　　）。

A. 战略风险管理实施效果能够在较短的时间内显现出来

B. 声誉风险被视为一种单一风险，与其他风险的关系不大

C. 我国商业银行资产业务面临的最主要的风险是信用风险

D. 操作风险具有营利性，能为商业银行带来利润

71. 中央银行增加货币供应量时，可以采取的货币政策工具是（　　）。

A. 降低法定存款准备金率　　B. 通过窗口指导减少商业贷款发放

C. 在公开市场上卖出有价证券　　D. 提高再贴现率

72. 下列关于银行章程的表述，不正确的是（　　）。

A. 无须对股东大会的组成作出制度安排

B. 对董、监、高的组成作出制度安排

C. 是银行公司治理的基本文件

D. 载明有关法律法规要求的其他事项

73. 在我国公布的货币供应量统计监测指标中，M_1是指（　　）。

A. 流通中现金＋企业活期存款＋农村存款＋机关团体部队存款＋个人持有信用卡类存款＋城乡居民储蓄存款＋企业定期存款＋证券公司保证金存款＋其他存款

B. 流通中现金

C. 流通中现金＋银行在中央银行的存款

D. 流通中现金＋企业活期存款＋农村存款＋机关团体部队存款＋个人持有信用卡类存款

74. 某客户欲购买银行代售的一种理财产品，便邀请为其办理业务的一名银行工作人员下班后单独为其解释该产品风险。该工作人员恰当的做法是（　　）。

A. 认为该客户的要求属于工作人员的职责之一，必须满足其要求

B. 认为若是解释业务，应尽量在上班时间在工作场所进行

C. 认为这是不合理的邀请，一口回绝

D. 让保安人员立即驱逐该客户

75.（　　）具有追溯力，适用于一日、一周或一个月内等一段时间内的累计损失。

A. 总头寸限额　　B. 止损限额　　C. 交易限额　　D. 风险限额

76. 金融机构下列行为符合《中华人民共和国反洗钱法》规定的是（　　）。

A. 严格执行存款实名制　　B. 提供虚假客户材料

C. 泄露客户身份资料　　D. 为客户开立匿名账户

77. 下列行为中，商业银行没有尽到依法保护存款人合法权益的义务的是（　　）。

A. 商业银行拒绝向客户透露同类存款客户的存款信息

B. 商业银行向最高人民法院提供其依法查询的存款人存款状况

C. 商业银行因资金周转困难，延期支付存款人存款利息

D. 商业银行依法按照公安机关的合法要求冻结存款人的存款

78. 根据《金融租赁公司管理办法》的规定，金融租赁公司以（　　）业务为主。

A. 转租赁　　B. 融资租赁　　C. 商品租赁　　D. 经营租赁

79. 股票的市场价格与其每股税后利润之比为(　　)。
A. 换手率　　B. 成交额　　C. 买手与卖手　　D. 市盈率

80. 商业银行开展理财业务,应当确保每只理财产品与所投资资产相对应,做到每只理财产品实现风险隔离,其中不包括(　　)。
A. 单独管理　　B. 单独建账　　C. 单独核算　　D. 单独销售

81. 下列关于资本的说法,不正确的是(　　)。
A. 会计资本也就是账面资本
B. 监管资本是银行按照监管要求应当持有的最低资本量或最低资本要求
C. 经济资本是根据银行资产的风险程度计算出来的、银行需要保有的最低资本量
D. 监管资本又称为风险资本

82. 下列有关民事行为能力的表述,错误的是(　　)。
A. 18 周岁以上的公民,具有完全民事行为能力
B. 16 周岁以上的未成年人,以自己的劳动收入为主要生活来源的,只具有限制民事行为能力
C. 不能完全辨认自己行为的精神病人,具有限制民事行为能力
D. 8 周岁以上的未成年人,具有限制民事行为能力

83. 借记卡与信用卡功能上最显著的区别是(　　)。
A. 信用卡的卡号是凸印的,而借记卡的卡号有可能是平面印刷的
B. 信用卡有"有效期",而借记卡不一定有
C. 信用卡有激光防伪标志,借记卡不一定有
D. 信用卡可以透支,而借记卡不可以

84. 单笔金额超过项目总投资(　　)或超过(　　)万元人民币的固定资产贷款资金支付,应采用贷款人受托支付方式。
A. 5%;300　　B. 10%;500　　C. 5%;500　　D. 3%;300

85. 下列选项中,不属于商业银行内部控制目标的是(　　)。
A. 确保国家法律法规的贯彻执行　　B. 确保商业银行盈利水平持续提高
C. 确保商业银行发展战略的实施　　D. 确保商业银行风险管理的有效性

86. 我国负责制定和执行货币政策,防范和化解金融风险,维护金融稳定的机构是(　　)。
A. 中国人民银行　　B. 国家发展和改革委员会
C. 中国证券监督管理委员会　　D. 中国银行保险监督管理委员会

87. 在行业的市场结构中,(　　)是由许多企业生产同质产品的市场情形,是竞争充分而不受任何阻碍和干扰的一种市场结构。
A. 完全垄断的行业　　B. 垄断竞争的行业
C. 完全竞争的行业　　D. 寡头垄断的行业

88. 下列不属于公司董事会职责的是(　　)。
A. 对公司增加或者减少注册资本作出决议　　B. 聘任或者解聘公司经理
C. 制定公司基本管理制度　　D. 执行股东大会决议,负责公司日常经营决策

89. 某银行积极加强防范金融风险,这是尽到了银行的(　　)。
A. 环境责任　　B. 经济责任
C. 社会责任　　D. 政治责任

90. 在商业银行的外汇交易中,间接标价法是以一定单位的本国货币为标准来计算应付出多少单位的外国货币的标价方法。下列说法错误的是(　　)。
A. 政府在必要的时候会对汇率进行干预
B. 我国人民币汇率采用间接标价法
C. 我国的汇率制度参考一篮子货币,不片面地关注人民币与某个单一货币的双边汇率
D. 我国实行浮动汇率制度

二、多项选择题。以下各小题所给出的五个选项中，有两项或两项以上符合题目的要求，请选择相应选项，多选、少选、错选均不得分(共 40 题，每题 1 分，共 40 分)。

91. 下列银行业从业人员的行为中，正确的有(　　)。
A. 与其所在机构的同事闲暇时谈及客户的财产情况
B. 在有关国家机关依法调查时，可以配合提供有关客户信息
C. 保守客户隐私，不擅自向所在机构以外的机构和个人透露客户的交易信息
D. 从银行离职后可以与朋友交流以前客户的交易信息
E. 保守所在机构的商业秘密

92. 商业银行风险识别包括(　　)环节。
A. 感知风险　B. 计量风险　C. 分析风险
D. 检测风险　E. 控制风险

93. 下列权利属于票据权利的有(　　)。
A. 付款请求权　B. 票据转让权　C. 追索权
D. 质押票据权　E. 票据设质权

94. 下列选项中，属于银行资产负债管理主要内容的有(　　)。
A. 资本管理　B. 业务经营计划管理
C. 资金管理　D. 定价管理
E. 资产负债计划管理

95. 我国银行监管的层次包括(　　)。
A. 银行自我监管　B. 市场约束　C. 审慎监管
D. 外部监管　E. 行业自律

96. 根据债券发行人的不同，债券可以分为(　　)。
A. 混合债券　B. 公司债券　C. 企业债券
D. 金融债券　E. 国家债券

97. 以下关于中国银保监会监督管理职责和措施的表述，错误的有(　　)。
A. 银保监会可以对发生信用危机的银行进行重组，若重组失败，银保监会可以决定终止重组，转由人民法院依法宣告其破产
B. 中国银保监会有权对经其批准在境外设立的金融机构及其境外的业务活动实施监督监管
C. 审慎性监管谈话只有在银行业金融机构存在经营问题时采用
D. 在华外资银行可以不必接受中国银行保险监督管理委员会的监管
E. 商业银行已经或者可能发生信用危机，严重影响存款人的利益时，中国银保监会可以对该银行实行接管，且接管期限最长不得超过两年

98. 代收代付业务是商业银行利用自身的结算便利，接受客户委托代为办理指定款项收付事宜的业务，目前主要是(　　)和(　　)。
A. 代理证券　B. 代理银行　C. 代理国库
D. 托收承付　E. 委托收款

99. 下列选项中，属于现阶段我国广义货币供应量 M_2 包括的内容有(　　)。
A. 农村存款　B. 企业活期存款
C. 流通中现金　D. 城乡居民储蓄存款
E. 企业定期存款

100. 下列选项中，属于商业银行常用的流动性风险管控手段的有(　　)。
A. 融资管理　B. 压力测试
C. 现金流量管理　D. 资产分类
E. 限额管理

101. 下列关于商业银行理财业务特点的表述,正确的有(　　)。
A. 理财业务风险小于商业银行的传统业务
B. 理财业务的主要风险,如信用风险、市场风险等主要由商业银行承担
C. 理财业务不是商业银行的自营业务
D. 理财业务是商业银行的表外业务
E. 理财业务形成的资产不在银行负债表内反映

102. 下列属于信用卡特点的有(　　)。
A. 一般有最低还款额要求
B. 通常是短期、小额、无指定用途的信用类消费
C. 具有无抵押、无担保贷款性质
D. 任何人均可使用信用卡消费
E. 信用卡具有支付结算、额度提现等功能

103. 合同生效的要件有(　　)。
A. 当事人意思表示真实
B. 合同标的须确定和可能
C. 合同须以书面形式订立
D. 当事人必须具有完全民事行为能力
E. 合同标的合法

104. 下列关于商业银行发放贷款的表述,错误的有(　　)。
A. 商业银行不可以向关系人发放贷款,也不可以向关系人发放担保贷款
B.《中华人民共和国商业银行法》规定的关系人,包括商业银行信贷人员近亲属及其投资或担任高级管理职务的公司
C. 商业银行可以向本行信贷人员发放信用贷款
D. 商业银行可以向关系人发放信用贷款,但向关系人发放贷款的条件下不得优于其他借款人同类贷款的条件
E. 商业银行董事是本行的优质客户,可以根据情形给予其一定额度的授信额度,在授信额度内向其发放信用贷款

105. 下列对回购市场的表述中,正确的有(　　)。
A. 回购市场属于短期融资的市场
B. 以回购方式融资其实是一种信用贷款
C. 债券回购以大宗交易为主
D. 在回购交易中,交易双方是以短期融资为目的,其期限通常在1年以上
E. 债券回购是金融机构之间的资金融通

106. 商业银行保函业务中,融资类保函包括(　　)。
A. 投标保函
B. 借款保函
C. 授信额度保函
D. 融资租赁保函
E. 有价证券保付保函

107. 第二版巴塞尔资本协议第一支柱覆盖的风险包括(　　)。
A. 国别风险　　B. 信用风险　　C. 操作风险
D. 战略风险　　E. 市场风险

108. 经济波动周期对商业银行经营状况的影响主要有(　　)。
A. 在衰退和萧条阶段,银行信用投放能力减少
B. 在经济复苏阶段,商业银行的资产业务规模和利润有明显扩大
C. 一般来说,经济处于繁荣时期,银行业整体的经营状况会比较好
D. 在衰退阶段,企业资金需求上升,信贷规模扩大
E. 在经济高涨阶段,商业银行资产规模和利润量也会扩大

109. 下列属于内幕信息的有(　　)。
A. 涉及公司的重大诉讼
B. 公司经营范围发生重大变化

C. 公司裁减员工数达到员工总数5%，但不会对公司的经营、财务或股票价格造成重大影响
D. 对上市公司股票交易价格产生较大影响的重大事件
E. 公司分配股利或者增资的计划

110. 下列属于货币职能的有(　　)。
A. 保值手段　B. 支付手段　C. 流通手段
D. 价值尺度　E. 贮藏手段

111. 下列关于国际收支平衡的表述，正确的有(　　)。
A. 实现国际收支平衡目标就是保证国际收支差额刚好为零
B. 宏观经济发展的总体目标是经济增长、充分就业、物价稳定和国际收支平衡
C. 国际收支平衡表中，资本与金融账户是对资产所有权在国际间流动行为进行记录的账户
D. 国际收支平衡是指国际收支差额处于一个相对合理的范围内，不存在巨额的国际收支赤字或国际收支盈余
E. 国际收支平衡表中，经常账户反映一国与国外资金往来的情况

112. 被称为保密天堂的国家和地区一般具有的特征有(　　)。
A. 有宽松的金融规则　B. 不允许建立空壳公司
C. 有严格的公司法　D. 有严格的公司保密法
E. 有严格的银行保密法

113. 商业银行理财产品按照投资性质的不同，分为(　　)。
A. 浮动收益理财产品　B. 固定收益类理财产品
C. 权益类理财产品　D. 商品及金融衍生品类理财产品
E. 混合类理财产品

114. 中国银行业协会的主要职能包括(　　)。
A. 审批　B. 维权　C. 协调
D. 自律　E. 服务

115. 成本推动型通货膨胀的主要原因包括(　　)。
A. 总需求大于总供给　B. 货币工资的增长超过劳动生产率的增长
C. 总需求小于总供给　D. 过多的货币追求过少的商品
E. 垄断企业为了追求超额利润而提高垄断产品价格

116. 中央银行利用的选择性货币政策工具包括(　　)。
A. 消费者信用控制　B. 不动产信用控制
C. 证券市场信用控制　D. 信用配额管理
E. 流动性比例管理

117. 关于各类定期存款，下列说法正确的有(　　)。
A. 整存整取的起存金额为100元
B. 零存整取每月存入一定金额，到期一次支取本息
C. 整存零取是指整笔存入固定期限分期支取
D. 存本取息的起存金额为10000元
E. 存本取息的起存金额为5000元

118. 下列关于货币产生问题的表述，正确的有(　　)。
A. 货币是价值形式发展的必然结果
B. 货币是商品经济内在矛盾的产物
C. 货币是商品生产和商品交换发展的产物
D. 货币是固定充当一般等价物的特殊商品
E. 货币是随着商品交换的发展从商品世界分离出来的

119. 以下关于商业银行信用风险的表述,正确的有(　　)。
A. 债务人未能履行合同所规定的义务而给银行带来损失的可能性属于信用风险
B. 信用风险与流动性风险互无关系
C. 当债务人或交易对手的履约能力不足或信用质量下降时,银行也会面临信用风险
D. 信用风险仅存在于传统的贷款、债券投资等表内业务中
E. 对于大部分商业银行而言,贷款是最主要的信用风险来源

120. 代理的法律特征有(　　)。
A. 代理人与被代理人的关系纯粹是一种伙伴合作关系
B. 代理人一般应以被代理人的名义从事代理活动
C. 代理行为的法律后果直接归属于被代理人
D. 代理行为是指能够引起民事法律后果的民事法律行为
E. 代理人在代理权限范围内独立意思表示

121. 有效的公司治理是商业银行健康、可持续发展的基石。下列选项中,属于良好银行公司治理内容的有(　　)。
A. 有效的风险管理与内部控制　　B. 清晰的职责边界
C. 合理的激励约束机制　　D. 健全的组织架构
E. 合理的盈利目标

122. 下列机构中,受中国银行保险监督管理委员会监管的对象有(　　)。
A. 在中华人民共和国境内设立的城市信用合作社、农村信用合作社
B. 在中华人民共和国境内设立的金融资产管理公司
C. 在中华人民共和国境内设立的商业银行
D. 在中华人民共和国境内设立的金融租赁公司
E. 在中华人民共和国境内设立的基金公司

123. 商业银行的贷款承诺业务包括(　　)。
A. 票据贴现　　B. 履约保函
C. 项目贷款承诺　　D. 开立信贷证明
E. 客户资信证明

124. 传统的票据市场中实现资金融通的工具主要包括(　　)。
A. 本票　　B. 公债券　　C. 支票
D. 国库券　　E. 汇票

125. 下列关于信托法律特征的说法,正确的有(　　)。
A. 受托人要为受益人的最大利益管理信托事务
B. 信托依法成立后,信托财产即从委托人、受托人以及受益人的自有财产中分离出来,成为独立运作的财产
C. 信托成立的前提是委托人要将自有财产委托给受托人
D. 信托是以信任为基础,受托人应具有良好的信誉
E. 信托不因委托人或者受托人的死亡、丧失民事行为能力、依法解散、被依法撤销或者被宣告破产而终止,也不因受托人的辞任而终止

126. 下列关于信用证的表述,正确的有(　　)。
A. 由银行向申请人开立的　　B. 付款人向收款人开立的
C. 一种有条件的银行支付承诺　　D. 由银行向受益人开立的
E. 一种书面的付款保证文件

127. 保险合同的当事人有(　　)。
A. 被保险人　　B. 受益人

C. 投保人　　　　D. 保险人
E. 保险经纪人

128. 通货膨胀对生产的不利影响表现在(　　)。
A. 成本、收入、利润等无法准确核算
B. 会导致生产部门的资金进行金融投机
C. 会导致生产部门的资金转向商业部门
D. 会导致社会生产资本总量扩张
E. 不利于生产正常发展

129. 下列关于货币政策的表述,正确的有(　　)。
A. 货币政策实施后可以立即发挥最佳作用
B. 货币政策最终目标同时实现是很困难的
C. 货币政策最终目标有所侧重
D. 货币政策即国家发行货币的政策
E. 货币政策最终目标由多个目标组成

130. 银行监管包括银行监督和银行管理双重属性,其中银行监督的主要内容包括(　　)。
A. 对银行市场运行状况进行系统地信息收集和处理,以维护金融市场秩序
B. 对银行机构和市场进行管理
C. 对银行市场运行状况进行系统的信息收集和处理,以防范金融风险
D. 对银行机构实施全面、经常性的检查和督促,促进银行依法经营,健康发展
E. 对银行机构及其经营活动实行领导、组织、协调和控制

三、判断题。请对以下各项描述做出判断,正确的为 A,错误的为 B(共 15 题,每题 1 分,共 15 分)。

131. 银行承兑汇票的承兑银行负有承兑汇票到期无条件付款的义务。(　　)

132. 银行应建立清晰的信贷准入和退出的政策,明确对客户开办某项信贷业务或产品的最低要求,收回对超出其风险容忍度的贷款。(　　)

133. 证券投资基金通常由基金托管人负责管理,并为基金份额持有人的利益进行证券投资活动。(　　)

134. 按照《中华人民共和国票据法》的规定,票据包括汇票、本票、支票和传票。(　　)

135. 中国人民银行和银保监会同时拥有对银行业机构的检查监督权,但各有分工和侧重,不会导致对银行业金融机构的双重检查和双重处罚。(　　)

136. 按照我国的产业结构划分,银行业属于国民经济第二产业。(　　)

137. 个人保险代理人在代为办理人寿保险业务时,不得同时接受两个以上保险人的委托。(　　)

138. 从消费投资结构来看,私人购买住房的支出,属于私人消费。(　　)

139. 公司章程是公司内部的行为规范,其效力仅及于公司和相关当事人,不具有普遍的效力。(　　)

140. 借记卡是银行发行的一种要求先存款后消费的信用卡。(　　)

141. 通货紧缩是货币供求失衡、物价不稳定的一种表现,对国民经济增长具有不利影响。(　　)

142. 与一般金融机构所从事的证券买卖不同,中央银行买卖证券不以营利为目的。(　　)

143. 商业银行董事是本行的优质客户,可以根据情形给予其一定额度的授信额度,在授信额度内向其发放信用贷款。(　　)

144. 流动性风险如不能有效控制,将有可能损害商业银行的清偿能力。(　　)

145. 中国人民银行有权对金融机构以及其他单位执行有关外汇管理规定的行为进行检查监督,但却无权对个人的该类行为进行检查监督。(　　)

机考题库·真题试卷参考答案及解析

机考题库·真题试卷(一)

一、单项选择题

1.C 【解析】通过金融交易中买卖双方相互作用过程所形成的价格,使金融市场具有决定和发现利率、汇率、证券价格等金融资产价格的功能,为金融资产交易提供价格依据,并通过调节价格引导资源配置。

2.A 【解析】商业银行的风险管理流程可以概括为风险识别、风险计量、风险监测和风险控制4个主要环节。

3.D 【解析】从产品评级方面,商业银行应当采用科学合理的方法,根据理财产品的投资组合、成本收益测算、同类产品过往业绩和风险水平等因素,对拟销售的理财产品进行风险评级。

4.B 【解析】甲与乙已经达成口头协议,属于口头合同,甲违约将字画售给丙,乙可以主张违约责任。但是动产以交付为公示方式,甲已经将字画交付给丙,字画已归丙所有。

5.A 【解析】优先股是相对于普通股股票而言的,是股东权利受到一定限制,但在公司盈余和剩余资产分配上享有优先权的股票。

6.A 【解析】风险补偿是指商业银行在所从事的业务活动造成实质性损失之前,对所承担的风险进行价格补偿的策略性选择。对于那些无法通过风险分散、风险对冲、风险转移或风险规避进行有效管理的风险,商业银行可以采取在交易价格上附加更高的风险溢价,即通过提高风险回报的方式获得承担风险的补偿价格。

7.B 【解析】遵守岗位管理规范要求银行业从业人员应当遵守业务操作指引,遵循银行岗位职责划分和风险隔离的操作规程,确保客户交易的安全。不得打听与自身工作无关的信息,或是违反规定委托他人履行保管物品、信息或其他岗位职责。

8.D 【解析】货币市场是指以短期金融工具为媒介进行的、期限在1年以内(含1年)的短期资金融通市场,主要包括同业拆借市场、回购市场、票据市场、大额可转让定期存单市场等。

9.D 【解析】非利息收入主要包括收费收入、投资业务收入和其他中间业务收入等,故中间业务形成非利息收入。

10.C 【解析】行业组织是指同一行业内企业的组织形态和企业间的关系,包括市场结构、市场行为、市场绩效三个方面的内容。

11.A 【解析】支票是出票人签发的、委托办理支票存款业务的银行在见票时无条件支付确定的金额给收款人或者持票人的票据。

12.C 【解析】公司以其全部资产对公司的债务承担责任。股东对公司承担的责任是有限的,以其出资额为限。

13.D 【解析】银行承兑汇票(非电子式)的付款期限自出票之日起最长不得超过6个月。

14.B 【解析】非银行金融机构是金融体系的重要组成部分。属于国务院银行业监督管理机构监管的非银行业金融机构包括金融资产管理公司、企业集团财务公司、信托投资公司、金融租赁公司、汽车金融公司、货币经纪公司、消费金融公司、贷款公司等。

15.C 【解析】当一国提高利率水平或本国利率高于外国利率时,会引起资本流入,由此对本国货币需求增大,使本币升值,外汇贬值;反之,当一国降低利率或本国利率低于外国利率时,会引起资本从本国流出,由此对外汇需求增大,外汇升值,本币贬值。

16.C 【解析】诚实守信原则要求销售人员应当忠实于投资者,以诚实、公正的态度及合法的方式执业,如实告知投资者可能影响其利益的重要情况和理财产品风险评级情况。

17.A 【解析】银行业从业人员应当遵守法纪规定以及所在机构有关规定从事兼职活动,主动报告兼职意向并履行相关审批程序,应当妥善处理兼职岗位与本职工作之间的关系,不得利用兼职岗位谋取不当利益,不得违规经商办企业。

18.A 【解析】常用的市场风险限额包括交易限额、风险限额和止损限额。

19.A 【解析】根据规定,银行业从业人员在业务活动中,应当树立依法合规意识,不得向客户明示或暗示规避金融、外汇监管规定。故选项A正确。

20.A 【解析】企业法人是以营利为目的,独立地从事商品生产和经营活动的法人。

21.D 【解析】董事会应监督合规政策的有效实施,以使合规缺陷得到及时有效的解决。高级管理层应贯彻执行合规政策,建立合规管理部门的组织结构，并配备充分和适当的资源，确保发现违规事件时及时采取适当的纠正措施。合规管理部门应在合规负责人的管理下，协助高级管理层有效管理合规风险，制订并执行以风险为本的合规管理计划，实施合规风险识别和管理流程，开展员工的合规培训与教育。

22. D 【解析】国内生产总值（GDP）是衡量一国（或地区）整体经济状况的主要指标。

23. D 【解析】二级资本目标是在破产清算情况下吸收损失，承担风险与吸收损失的能力相对较差，主要包括二级资本工具及其溢价、超额贷款损失准备、少数股东资本可计入部分。在银行实践中，二级资本工具主要包括符合条件的次级债、可转债及符合条件的超额贷款损失准备金等。

24. B 【解析】遵守岗位管理规范要求银行业从业人员应当遵守业务操作指引，遵循银行岗位职责划分和风险隔离的操作规程，确保客户交易的安全。不得打听与自身工作无关的信息，或是违反规定委托他人履行保管物品、信息或其他岗位职责。

25. D 【解析】长期、巨额的国际收支顺差，既使大量的外汇储备闲置，造成资源浪费，又常常因为购买大量的外汇而增加本国货币投放，导致国内通货膨胀压力增加。

26. A 【解析】市场风险可以分为利率风险、汇率风险（包括黄金）、股票价格风险和商品价格风险。

27. D 【解析】商业银行应建立健全同业业务授权管理体系，由法人总部对同业业务专营部门进行集中统一授权，同业业务专营部门不得进行转授权，不得办理未经授权或超授权的同业业务。

28. C 【解析】委托人是信托关系的创设者，应当是具有完全民事行为能力的自然人、法人或依法成立的其他组织。委托人提供信托财产，确定谁是受益人以及受益人享有的受益权；指定受托人，并有权监督受托人实施信托。

29. B 【解析】我国高度重视银行业金融机构企业文化的建立和职业操守的践行，《商业银行合规风险管理指引》第三条规定：本指引所称法律、规则和准则是指适用于银行业经营活动的法律、行政法规、部门规章及其他规范性文件、经营规则、自律性组织的行业准则、行为守则和职业操守。这些法律、规则和准则将违反银行业职业操守的行为视为违规行为，从而在监管当局政策指引层面为遵守银行业从业人员职业操守确立了保障。

30. B 【解析】银行业从业人员应当自觉遵守法律法规、行业自律规范和所在机构的各种规章制度，保护所在机构的商业秘密、知识产权和专有技术，自觉维护所在机构的形象和声誉。所在机构的形象和声誉也是其至关重要的无形资产。银行业从业人员应当维护所在机构的形象和声誉，不在公共场所发表与身份不符的、有损所在机构的言论。同时，在他人损害自己所在机构形象和声誉时，也应坚决制止，重大情况应当及时报告所在机构，以对相关事实予以澄清。

31. B 【解析】债务人或者第三人有权处分的下列财产可以抵押：①建筑物和其他土地附着物；②建设用地使用权；③海域使用权；④生产设备、原材料、半成品、产品；⑤正在建造的建筑物、船舶、航空器；⑥交通运输工具；⑦法律、行政法规未禁止抵押的其他财产。抵押人可以将前款所列财产一并抵押。

32. A 【解析】《中华人民共和国中国人民银行法》规定中国人民银行有权对金融机构以及其他单位和个人的下列行为进行检查监督：①执行有关存款准备金管理规定的行为；②与中国人民银行特种贷款有关的行为；③执行有关人民币管理规定的行为；④执行有关银行间同业拆借市场、银行间债券市场管理规定的行为；⑤执行有关外汇管理规定的行为；⑥执行有关黄金管理规定的行为；⑦代理中国人民银行经理国库的行为；⑧执行有关清算管理规定的行为；⑨执行有关反洗钱规定的行为。

33. B 【解析】商业银行应严格界定和区分银行资产和客户资产，进行有效的风险隔离管理，对客户的资产进行充分保护。故选项 B 表述错误。

34. C 【解析】货币经纪公司是指经批准在中国境内设立的，通过电子技术或其他手段，专门从事促进金融机构间资金融通和外汇交易等经纪服务，并从中收取佣金的非银行金融机构。在我国，按照国务院银行业监督管理机构批准经营的业务范围，货币经纪公司及其分公司可以经营下列全部或部分经纪业务：境内外外汇市场交易、境内外货币市场交易、境内外债券市场交易、境内外衍生产品交易等。

35. A 【解析】商业银行每只开放式公募理财产品的杠杆水平不得超过140%，每只封闭式公募理财产品、每只私募理财产品的杠杆水平不得超过200%。

36. A 【解析】发行市场也称为一级市场，是债券、股票等金融工具初次发行，供投资者认购投资的市场。

37. D 【解析】我国的货币政策目标是“保持货币币值稳定，并以此促进经济增长”。

38. D 【解析】同业拆借是指经中国人民银行批准，进入全国银行间同业拆借市场的金融机构之间，通过全国统一的同业拆借网络进行的无担保资金融通行为。同业拆借市场是除中国人民银行之外的金融机构间的短期资金借贷市场。

39. A 【解析】商业银行合规风险管理的基本制度主要包括3项：①建立对管理人员的合规绩效考核制度，应体现倡导合规和惩处违规的价值观念。

②建立有效的合规问责制度，严格对违规行为的责任认定与追究，并采取有效的纠正措施，及时改进经营管理流程，适时修订相关政策、程序和操作指南。③建立诚信举报制度，鼓励员工举报违法、违反职业操守或可疑的行为，并充分保护举报人。

40. C 【解析】《中华人民共和国民法典》第 1127 条规定，遗产按照下列顺序继承：第一顺序，配偶、子女、父母；第二顺序，兄弟姐妹、祖父母、外祖父母。

41. D 【解析】接管决定由国务院银行业监督管理机构予以公告。接管自接管决定实施之日起开始。接管期限届满，国务院银行业监督管理机构可以决定延期，但接管期限最长不得超过 2 年。

42. D 【解析】中国人民银行为执行货币政策，可以运用下列货币政策工具：①要求银行业金融机构按照规定的比例交存存款准备金；②确定中央银行基准利率；③为在中国人民银行开立账户的银行业金融机构办理再贴现；④向商业银行提供贷款；⑤在公开市场上买卖国债、其他政府债券和金融债券及外汇；⑥国务院确定的其他货币政策工具。

43. B 【解析】M_1 被称为狭义货币，是现实购买力，M_2 被称为广义货币；M_2 与 M_1 之差被称为准货币，是潜在购买力。

44. C 【解析】账面资本又称为会计资本，属于会计学概念，是指商业银行持股人的永久性资本投入，即出资人在商业银行资产中享有的经济利益，其金额等于资产减去负债后的余额，包括实收资本或普通股、资本公积、盈余公积、未分配利润等。

45. A 【解析】根据《中华人民共和国公司法》（以下简称公司法）的规定，设立公司应在公司登记机关即工商行政管理机关进行设立登记。工商行政管理机关对符合公司法规定条件的，予以登记，发给公司营业执照。公司营业执照签发日期，即为公司成立日期。同时，也即为公司取得法人资格的日期。

46. D 【解析】不良贷款拨备覆盖率是衡量银行对不良贷款进行账务处理时，所持审慎性高低的重要指标。该指标有利于观察银行的拨备政策。计算公式：不良贷款拨备覆盖率 = 不良贷款损失准备/不良贷款余额 ×100%。

47. B 【解析】经济资本是指在一定的置信度水平下为了应对未来一定期限内资产的非预期损失而应该持有或需要的资本金。

48. A 【解析】商业银行面临的主要风险是信用风险，即借款人或交易对手不能按照事先达成的协议履行义务的可能性。

49. B 【解析】货币政策的操作目标是中央银行运用货币政策工具能够直接影响或控制的目标变量。通常被采用的操作目标主要有基础货币、存款准备金。中介目标主要包括货币供应量和利率。

50. A 【解析】商业银行应当按照中国人民银行规定的存款利率的上下限，确定存款利率，并予以公告；商业银行应当按照中国人民银行的规定，向中国人民银行交存存款准备金，留足备付金。

51. B 【解析】根据《中华人民共和国票据法》第 32 条的规定，以背书转让的汇票，后手应当对其直接前手背书的真实性负责。

52. B 【解析】根据操作风险引起原因的不同，可以分为由人员因素、系统因素、内部流程和外部事件所引发的四类风险。人员因素主要是因银行内部员工发生内部欺诈、失职违规，或因员工的知识/技能匮乏、关键人员流失、违反用工法、劳动力中断等造成损失或者不良影响的风险。

53. A 【解析】货币在表现商品的价值并衡量商品价值量的大小时，执行价值尺度的职能。

54. B 【解析】我国的刑罚可以分为主刑和附加刑。主刑可分为管制、拘役、有期徒刑、无期徒刑、死刑。附加刑可分为罚金、剥夺政治权利、没收财产。

55. A 【解析】一般保证的保证人在主合同纠纷未经审判或者仲裁，并就债务人财产依法强制执行仍不能履行债务前，有权拒绝向债权人承担保证责任。

56. D 【解析】商业银行分支机构不具有法人资格，在总行授权范围内依法开展业务，其民事责任由总行承担。

57. A 【解析】第三版巴塞尔资本协议明确了三个层次的最低资本要求：核心一级资本充足率为 4.5%，一级资本充足率为 6%，总资本充足率为 8%，并规定商业银行资本充足率不得低于最低资本要求。

58. C 【解析】出票是指出票人依照法定款式做成票据并交付于受款人的行为。它包括“做成”和“交付”两种行为。所谓“做成”就是出票人按照法定款式制作票据，在票据上记载法定内容并签名。由于现在各种票据都由一定机关印制，因而所谓“做成”只是填写有关内容和签名而已。所谓“交付”是指根据出票人本人的意愿将其交给受款人的行为，不是出于出票人本人意愿的行为，如偷窃票据不能称作“交付”，因而也不能称作出票行为。

59. B 【解析】损失阶段、信用评级等是新准则模型的计量基础。

60. C 【解析】商业银行开展金融创新活动，应坚持公平竞争原则，不得实施混淆行为，不得采取贿赂手段谋取交易机会或者竞争优势，不得欺骗、误导消费者，不得从事其他不正当竞争。

61. A 【解析】由于存款业务是存款机构经特许而经营的，存取业务量巨大，故存款合同一般采用存款机构的格式合同。存款合同应当采用书面形式，而非口头形式。

62. C 【解析】充分就业的宏观经济衡量指标是失业率。失业率是指劳动力人口中失业人数所占的百分比,劳动力人口是指年龄在16周岁以上具有劳动能力的人的全体。
63. B 【解析】次级类贷款是指借款人的还款能力出现明显问题,完全依靠其正常经营收入无法足额偿还贷款本息,即使执行担保,也可能会造成一定损失的贷款。
64. C 【解析】操作风险是指由不完善或有问题的内部程序、人员和信息科技系统,以及外部事件所造成损失的风险。
65. C 【解析】市场利率通常是指借贷双方在金融市场上通过竞争所形成的反映一定时期金融市场货币供求关系的利率。
66. D 【解析】国际上广义理解的金融资产管理公司(AMC),是指由国家出面专门设立的以处理银行不良资产为使命的金融机构,具有特定使命以及较为宽泛的业务范围,形成了以资产管理业务为主、其他金融业务并举的业务格局。核准的业务主要有对不良资产进行管理、债权转股权、对外投资、买卖有价证券、破产管理、资产及项目评估、资产证券化业务等。
67. A 【解析】合同部分无效,不影响其他部分效力,故选项A表述正确,选项D表述错误。合同无效或者被撤销后,因该合同取得的财产,应当予以返还;不能返还或者没有必要返还的,应当折价补偿。有过错的一方应当赔偿对方因此所受到的损失,双方都有过错的,应当各自承担相应的责任,故选项B表述错误。无效的合同自始没有法律约束力,故选项C表述错误。
68. D 【解析】商业银行理财业务是指商业银行接受客户委托,按照与客户事先约定的投资计划和收益与风险承担方式,对受托的客户财产进行投资和管理的金融服务。理财业务是商业银行的表外业务,商业银行开展理财业务时不得承诺保本保收益。
69. C 【解析】当事人订立合同,可以采取要约、承诺方式或者其他方式。
70. A 【解析】按信用证项下的汇票是否附商业单据,可分为跟单商业信用证(附有)和光票信用证(不附有)。
71. A 【解析】票据发行便利是一种具有法律约束力的中期周转性票据发行融资的承诺。
72. A 【解析】风险对冲是指通过投资或购买与标的资产收益波动负相关的某种资产或衍生产品,来冲销标的资产潜在损失的一种风险管理策略。
73. A 【解析】我国的股票根据上市地点及股票投资者的不同,分为A股、B股、H股、N股等几种。其中,N股是指由中国境内注册的公司发行、直接在美国纽约上市的股票。
74. D 【解析】托收是出口人在货物装运后,开具以进口方为付款人的汇票(随附或不随附货运单据),委托出口地银行通过它在进口地的分行或代理行代出口人收取货款的一种结算方式。属于商业信用,采用的是逆汇法。
75. B 【解析】监管资本涉及两个层次的概念:①银行实际持有的符合监管规定的合格资本;②银行按照监管要求应当持有的最低资本量或最低资本要求。外部监管当局最关心的是保护存款人利益,促进银行审慎经营,维持金融体系稳定,因此要求银行持有足够的合格资本能够覆盖其所面临的风险水平。
76. A 【解析】一般存款账户简称一般户,是指存款人因借款或其他结算需要,在基本存款账户开户银行以外的银行营业机构开立的银行结算账户。
77. C 【解析】物价稳定是要保持物价总水平的基本稳定,避免出现通货膨胀和通货紧缩。衡量物价稳定的宏观经济指标是通货膨胀率。
78. C 【解析】合规风险是指商业银行因没有遵循法律、规则和准则可能遭受法律制裁、监管处罚、重大财务损失和声誉损失的风险。
79. D 【解析】现代商业票据大多已和商品交易脱离关系,演变为一种专供在货币市场上融资的票据,发行人与投资者成为一种单纯的债务和债权关系,从而摆脱了商品买卖与劳务供应关系。而票面金额也演变为标准单位,一般为10万美元以上。由于期限较短,以30天以下的票据交易为主,所以一般只有发行市场,少有二级市场。这时的商业票据市场指由具有高信用等级的大企业和财务公司发行短期无担保债券筹措资金的短期融资场所。故选项D表述错误。
80. C 【解析】根据《中华人民共和国银行业监督管理法》的规定,其监管对象包括在中华人民共和国境内设立的商业银行、城市信用合作社、农村信用合作社等吸收公众存款的金融机构以及政策性银行;在中华人民共和国境内设立的金融资产管理公司、信托投资公司、财务公司、金融租赁公司以及经国务院银行业监督管理机构批准设立的其他金融机构的监督管理,适用该法对银行业金融机构监督管理的规定。
81. D 【解析】利润推进的通货膨胀,其前提条件是存在着商品和劳务销售的不完全竞争市场。
82. D 【解析】第二版巴塞尔资本协议构建了“三大支柱”的监管框架,即最低资本要求、监督检查和市场纪律(又称市场约束、信息披露)。
83. A 【解析】《中华人民共和国银行业监督管理法》规定,银行业金融机构已经或者可能发生信用危机,严重影响存款人和其他客户合法权益的,国务院银行业监督管理机构可以依法对该银行业金融机构实行接管或者促成机构重组,接管和机构重组依照有关法律和国务院的规定执行。接管是国务院银行业监督管理机构依法保护银行业金融机构经营安全、合法的一项预防性拯救措施。

84. D 【解析】留置权是指债权人按照合同的约定占有债务人的动产,债务人未履行到期债务的,债权人有权依照法律规定留置财产,并有权就该动产优先受偿。

85. B 【解析】罪刑法定原则是指法无明文规定不为罪、法无明文规定不处罚。《中华人民共和国刑法》第三条规定,法律明文规定为犯罪行为的,依照法律定罪处刑;法律没有明文规定为犯罪行为的,不得定罪处刑。

86. B 【解析】贴现银行在扣除贴现利息后实付贴现金额给持票人,则贴现金额 = 票面金额 - 利息。利息 = 票面金额 × 月 × 月利率 = 200000 × 1 × 6% = 12000(元),故贴现金额 = 200000 - 12000 = 188000(元)。

87. C 【解析】《中华人民共和国民法典》确立了两类质押,一是动产质押;二是权利质押。

88. A 【解析】操作风险是指由不完善或有问题的内部程序、人员和信息科技系统,以及外部事件所造成损失的风险,包括法律风险,但不包括战略风险和声誉风险。选项 A 属于市场风险。

89. A 【解析】犯罪是统治阶级以国家意志形式规定的侵犯统治阶级利益的行为,刑罚是统治阶级为了维护自己的利益和统治秩序,对犯罪予以惩罚的手段。在我国,适用刑罚的根本目的是预防和减少犯罪。

90. C 【解析】第三版巴塞尔资本协议补充设置了 2.5% 的储备资本要求,用于应对严重经济衰退带来的损失。

二、多项选择题

91. ACD 【解析】"某银行由于美元持续贬值,致使所拥有的 1 亿美元资产下跌"属于市场风险;"某日银行营业结束,运钞车接款时受到一伙蒙面黑衣人抢劫,200 万元现金被抢"属于操作风险。

92. ABDE 【解析】付款请求权是第一顺序请求权,追索权是在付款请求权得不到实现后才能行使的权利,是第二顺序请求权。故选项 C 表述错误。

93. ABCD 【解析】行业分析主要是对行业发展状况和发展水平的分析。通过行业分析,了解影响行业发展的各种因素,预测各行业的发展趋势,可以为宏观经济决策提供可靠的依据。故选项 E 表述错误。

94. ABE 【解析】民事行为能力是指民事主体能以自己的行为取得民事权利、承担民事义务的资格。《中华人民共和国民法典》根据行为人的年龄、智力与精神状况,将自然人的行为能力分为三类:完全民事行为能力;限制民事行为能力;无民事行为能力。

95. ABCDE 【解析】合规是指使商业银行的经营活动与法律、规则和准则相一致。这里所称法律、规则和准则,是指适用于银行业经营活动的法律、行政法规、部门规章及其他规范性文件、经营规则、自律性组织的行业准则、行为守则和职业操守。

96. CE 【解析】根据《商业银行金融创新指引》,银行开展金融创新业务时,要严格界定和区分银行资产和客户资产,进行有效的风险隔离管理,对客户的资产进行充分保护。故选项 C 表述错误。银行必须依法履行对客户的义务和责任。故选项 E 表述错误。

97. BDE 【解析】国际收支平衡表的账户可分为经常账户、资本与金融账户、错误与遗漏账户。其中,经常账户是指针对本国对外经济交易经常发生的和实际资源在国际间的流动行为进行记录的账户。它包括货物、服务、收入和经常转移(经常转移既包括官方的援助、捐赠和战争赔款等,也包括私人的侨汇、赠与等,以及对国际组织的认缴款等),是国际收支平衡表中最主要和最基本的账户。

98. ABCDE 【解析】除定金责任与支付违约金外,《中华人民共和国民法典》第 577 条规定,当事人一方不履行合同义务或者履行合同义务不符合约定的,应当承担继续履行、采取补救措施或者赔偿损失等违约责任。

99. ABE 【解析】资本市场是指以长期金融工具为媒介进行的、期限在 1 年以上的长期资金融通市场,主要包括债券市场和股票市场。资本市场的主要特点是风险大、收益较高、期限长、流动性差。

100. ABCDE 【解析】银行保函的分类。①融资类:借款保函;授信额度保函;有价证券保付保函;融资租赁保函;延期付款保函。②非融资类:投标保函;预付款保函;履约保函;关税保函;即期付款保函;经营租赁保函。

101. DE 【解析】法律风险是指商业银行在日常经营活动中,由于无法满足或违反法律要求,导致不能履行合同、发生争议/诉讼或其他法律纠纷而可能给商业银行造成经济损失的风险。从狭义上讲,法律风险主要关注银行所签署的各类合同、承诺等法律文件的有效性和可行执行力。从广义上讲,与法律风险密切相关的还有违规风险和监管风险。

102. ACDE 【解析】银行将根据客户的经济状况、风险偏好、消费计划及其生命周期特点,为客户选择合适的金融产品和投资工具。

103. ACDE 【解析】根据《中华人民共和国反洗钱法》的规定,金融机构在反洗钱方面的义务主要有:①健全反洗钱内控制度;②建立客户身份识别制度;③按照规定建立客户身份资料和交易记录保存制度;④按照规定执行大额交易和可疑交易报告制度;⑤按照反洗钱预防、监控制度的要求,开展反洗钱培训和宣传工作。

104. ABE 【解析】物权与债权都是民法中最基本的财产权利。与债权相比,物权具有以下法律特征:①物权是绝对权(对世权);②物权是支配权;③物权的标的是物;④物权具有排他性;⑤物权具有追及力。

105. BCE 【解析】影响债券定价的因素:①内部因素,包括债券的面值、债券的票面利息、债券的有效期、是否可提前赎回、是否可以转换、税收待遇、流通性、违约的可能性等。②外部因素,包括贴现率、基准利率、市场利率、通货膨胀水平、市场汇率等。③发行人发行成本。支付给承销商的费用就是发行成本,主要包括债券印刷费、发行手续费、宣传广告费、律师费、担保抵押费、信用评级和资产重估费用、其他发行费用等。

106. BE 【解析】第三版巴塞尔资本协议提出了两个流动性风险量化监管指标:①流动性覆盖率(LCR),用于衡量在短期压力情景下(30 日内)单个银行的流动性状况;②净稳定资金比例(NSFR),用于度量中长期内银行可供使用的稳定资金来源能否支持其资产业务的发展。在正常情况下,商业银行的流动性覆盖率和净稳定资金比例都不得低于 100%。

107. AB 【解析】根据保险承担的责任次序划分,保险可以分为原保险和再保险。

108. CD 【解析】《中华人民共和国公司法》主要以股东承担责任的范围和形式,股东人数的多少,将公司分为有限责任公司和股份有限公司两类。

109. AC 【解析】外汇储蓄账户一般不得转账,但本人或与其直系亲属之间同一主体类别的储蓄账户的资金划转等情况除外,故选项 B 表述错误。目前,我国银行开办的外币存款业务币种主要有 9 种:美元、欧元、日元、港元、英镑、澳大利亚元、加拿大元、瑞士法郎、新加坡元。其他可自由兑换的外币,不能直接存入账户,需由存款人自由选择上述货币中的一种,按存入日的外汇牌价折算存入。故选项 D 表述错误。外币存款业务与人民币存款业务的存款币种和具体管理方式不同。故选项 E 表述错误。

110. ABCDE 【解析】银行业金融机构:①开发性金融机构和政策性银行。我国开发性金融机构是国家开发银行,政策性银行包括中国进出口银行、中国农业发展银行,均直属国务院领导。②商业银行。商业银行包括大型商业银行、股份制商业银行、城市商业银行、农村中小金融机构、中国邮政储蓄银行、外资银行等。③其他银行业金融机构,包括金融资产管理公司、信托公司、企业集团财务公司、金融租赁公司、汽车金融公司、货币经纪公司、贷款公司和消费金融公司等。

111. ABCDE 【解析】商业银行贷款应当与借款人订立书面合同。合同应当约定贷款种类、借款用途、金额、利率、还款期限、还款方式、违约责任和双方认为需要约定的其他事项。

112. AD 【解析】准贷记卡可以透支,先消费,后还款,故选项 A 表述错误。准贷记卡和贷记卡统称信用卡,故选项 D 表述错误。

113. ACD 【解析】账面资本又称为会计资本,属于会计学概念,是指商业银行持股人的永久性资本投入,即出资人在商业银行资产中享有的经济利益,其金额等于资产减去负债后的余额,包括实收资本或普通股、资本公积、盈余公积、未分配利润等。账面资本反映了银行实际拥有的资本水平,是银行资本金的静态反映。

114. ABCDE 【解析】汽车金融公司可从事下列部分或全部人民币业务:①接受境外股东及其所在集团在华全资子公司和境内股东 3 个月(含)以上定期存款;②接受汽车经销商采购车辆贷款保证金和承租人汽车租赁保证金;③经批准,发行金融债券;④从事同业拆借;⑤向金融机构借款;⑥提供购车贷款业务;⑦提供汽车经销商采购车辆贷款和营运设备贷款,包括展示厅建设贷款和零配件贷款以及维修设备贷款等;⑧提供汽车融资租赁业务(售后回租业务除外);⑨向金融机构出售或回购汽车贷款应收款和汽车融资租赁应收款业务;⑩办理租赁汽车残值变卖及处理业务;⑪从事与购车融资活动相关的咨询、代理业务;⑫经批准,从事与汽车金融业务相关的金融机构股权投资业务;⑬其他业务。

115. ACDE 【解析】矩阵型组织架构综合了总分行型组织架构和事业部制组织架构的优点,在拓展业务时既可实施全行统一的战略规划,又能针对区域市场的差异采取不同的推进策略,有助于银行更好地适应外部环境的多变性和市场需求的多样性。故选项 B 表述错误。

116. BCD 【解析】从支出角度来看,国内生产总值(GDP)由消费、投资和净出口三大部分构成。

117. BCD 【解析】大额可转让定期存单与传统的定期存款的特点对比如下:①定期存款记名而且不可以转让,没有特定的流通市场;大额可转让定期存单则是不记名而且可以转让,有专门的大额可转让定期存单二级市场可以进行流通转让。②定期存款金额往往根据存款人意愿决定,数额大小并不固定;大额可转让定期存单则一般面额固定,而且都比较大。③定期存款可以提前支取,只是所得利息要低于原来的固定利率计算的利息;大额可转让定期存单不可提前支取,可以在二级市场上转让。

118. ABCDE 【解析】通货膨胀对金融秩序和经济、社会稳定的影响:①通货膨胀使货币贬值,当名义利率低于通货膨胀率，实际利率为负值时，常常会引起居民挤提存款，用于抢购商品。企业争相贷款，将贷款的资金用于囤积商品，赚取暴利。这会导致银行资金紧张，扰乱了金融领域的正常秩序。②严重的通货膨胀会使社会公众失去对本国纸币的信心，不愿意接受和使用纸币，甚至会出现排斥货币的现象，导致一国的货币制度走向崩溃。③由于通货膨胀使生产领域受到打击，生产性投资的预期收益普遍低落，而流通领域则存在过度的投机，导致经济紊乱。④通货膨胀引起的经济领域的混乱，会直接波及整个社会，社会各阶层的利益分配不公会激化社会矛盾，导致政府威信下降，政局不稳定。

119. ABDE 【解析】目前，我国银行开办的外币存款业务币种主要有9种：美元、欧元、日元、港元、英镑、澳大利亚元、加拿大元、瑞士法郎、新加坡元。

120. ABE 【解析】我国的股票根据投资主体性质的不同，可以分为国家股、法人股、社会公众股。

121. ABCD 【解析】影响货币乘数的因素：法定存款准备金率及超额准备金率、现金漏损率、定期存款的存款准备金率。

122. BCDE 【解析】第一顺序继承人：配偶、子女、父母。丧偶儿媳对公、婆，丧偶女婿对岳父、岳母，尽了主要赡养义务的，作为第一顺序继承人。

123. ABCDE 【解析】信托财产具有如下性质：①信托财产与委托人未建立信托的其他财产相区别。②信托财产与受托人固有财产相区别。③受托人因管理、运用、处分该财产而取得的信托利益，也属于信托财产。④除法律规定的情况外，对信托财产不得强制执行。

124. ABC 【解析】个人权利质押贷款，是指借款人以本人或其他自然人的未到期本外币定期储蓄存单、凭证式国债、电子记账类国债、个人寿险保险单以及银行认可的其他权利出质，由银行按权利凭证票面价值或记载价值的一定比例向借款人发放的人民币贷款。

125. ABCDE 【解析】经济全球化和金融全球化相互促进，推动了金融市场国际化的快速发展。金融管制逐步放松，国内外金融市场之间的联动更加紧密，资本在全球各国、各地区的流动更加自由。跨国兼并浪潮风起云涌，跨国集团和跨国金融机构活跃于全球金融市场，在全球范围内从事各项业务，调度和配置资源，在一定程度上带动了金融业务的全球化。经济全球化以及由此导致的金融全球化，必然引起为经济发展服务的银行业的全球化，并由此对银行带来巨大影响。

126. ABCDE 【解析】有下列情形之一的，信托终止：①信托文件规定的终止事由发生；②信托的存续违反信托目的；③信托目的已经实现或者不能实现；④信托当事人协商同意；⑤信托被撤销；⑥信托被解除。

127. ABCE 【解析】《中华人民共和国民法典》第1062条规定，夫妻在婚姻关系存续期间所得的下列财产，为夫妻的共同财产，归夫妻共同所有：①工资、奖金、劳务报酬；②生产、经营、投资的收益；③知识产权的收益；④继承或者受赠的财产，但是《中华人民共和国民法典》第1063条第3项规定的除外；⑤其他应当归共同所有的财产。夫妻对共同财产有平等的处理权。《中华人民共和国民法典》第1063条规定，下列财产为夫妻一方的个人财产：①一方的婚前财产；②一方因受到人身损害获得的赔偿或者补偿；③遗嘱或者赠与合同中确定只归一方的财产；④一方专用的生活用品；⑤其他应当归一方的财产。

128. CD 【解析】按照保险对象的不同，保险可以分为财产保险和人身保险。

129. ABC 【解析】以行业变动与宏观经济周期变动为基础进行行业分析时，可把行业分为增长型行业、周期型行业、防守型行业。

130. BCE 【解析】银行业从业人员要积极配合监管人员的现场检查工作。规范的现场检查包括检查准备、检查实施、检查报告、检查处理和检查档案整理五个阶段。

三、判断题

131. A 【解析】根据《中华人民共和国反不正当竞争法》的规定，商业秘密是指不为公众所知悉、具有商业价值并经权利人采取相应保密措施的技术信息、经营信息等商业信息。

132. B 【解析】审贷分离是指银行业金融机构应当将贷款审批与贷款发放作为两个独立的业务环节，分别管理和控制，以达到降低信贷业务操作风险的目的。

133. A 【解析】风险监测包含两层含义：一是监测各种可量化的关键风险指标，以及不可量化的风险因素的变化和发展趋势，确保可以将风险在进一步加大之前识别出来；二是报告银行所有风险的定性、定量评估结果，以及所采取的风险管理和控制措施的质量与效果。

134. B 【解析】开放式基金代销业务是指银行利用其网点柜台或电话银行、网上银行等销售渠道代理销售开放式基金产品的经营活动，银行向基金公司收取基金代销费用。投资者可以通过银行及时对开放式基金进行认购、申购及赎回。

135. A 【解析】保函、承诺、票据等业务，其风险实质、管理要求与贷款业务基本一致，属于信用风险领域，纳入银行统一授信管理。

136. B 【解析】现汇是指可自由兑换的汇票、支票等外币票据。现钞是具体的、实在的外国纸币、硬币。

137. B 【解析】窗口指导是指中央银行通过劝告和

建议来影响商业银行信贷行为的一种温和的、非强制性的货币政策工具，是一种劝谕式监管手段。

138. A 【解析】与一般企业相比，商业银行的突出特点是高负债经营，融资杠杆率很高，资本所占比重较低，承担的风险较大。

139. B 【解析】《中华人民共和国民法典》第 116 条规定，物权的种类和内容由法律规定。

140. A 【解析】商业银行内部控制应当遵循审慎性原则。内部控制应当坚持风险为本、审慎经营的理念，设立机构或开办业务均应坚持内控优先。

141. A 【解析】题干表述正确。

142. B 【解析】银行业金融机构的业务范围，国务院银行业监督管理机构应当依照法律、行政法规规定的条件和程序审查批准。

143. B 【解析】目前，专门针对单位内部纪律处分的法律救济手段尚无明确规定，通常的做法是参照行政处分的相关救济性规定。受到行政处分的国家工作人员不能提起行政复议或行政诉讼，只能通过申诉的途径解决。

144. A 【解析】备用信用证与其他信用证相比，其特征是在备用信用证业务关系中，开证行通常是第二付款人，即只有借款人发生意外才会发生资金的垫付。

145. A 【解析】题干表述正确。

机考题库 · 真题试卷(二)

一、单项选择题

1. A 【解析】盗窃信用卡并使用的，定盗窃罪而非信用卡诈骗罪。

2. D 【解析】中央银行调节经济时最常用的货币政策工具是一般性货币政策工具。一般性货币政策工具是从总量的角度，通过对货币供应总量或信用总量的调节与控制来影响整个经济，也被称为经常性、常规性货币政策工具。

3. A 【解析】提前支取的定期存款计息方式如下：支取部分按活期存款利率计付利息，提前支取部分的利息同本金一并支取。因此，小李支取的 10000 元应按活期存款利率 0.36% 计息。积数计息法是按实际天数每日累计账户余额，以累计积数乘以日利率计算利息，其计息公式：利息 = 累计计息积数 × 日利率，其中，累计计息积数 = 每日余额合计数。银行使用年利率除以 360 天折算出日利率。3 月共有 31 天，按照积数计息法，小李支取 10000 元的利息：10000 × 0.36% × (1/360) × 31 = 3.10(元)。

4. A 【解析】保理融资是指卖方申请由保理银行购买其与买方因商品赊销产生的应收账款，卖方对买方到期付款承担连带保证责任，在保理银行要求下还应承担回购该应收账款的责任，简单地说就是指销售商通过将其合法拥有的应收账款转让给银行，从而获得融资的行为，分为有追索权与无追索权两种。

5. D 【解析】同业拆借市场是银行等金融机构间的短期资金借贷市场，同业拆借是在无担保条件下进行的资金与信用的直接交换。

6. B 【解析】定期存款存期内遇有利率调整，仍按存单开户日挂牌公告的相应定期储蓄存款利率计息。

7. C 【解析】个人信用卡透支业务的还款保障仅为持卡人的信用，没有实物或第三方保障。

8. D 【解析】CDs 市场(大额可转让定期存单市场)，是大额可转让定期存单的发行和转让市场，故选项 A 说法错误。到期时，CDs 持有人可向银行提取本息，故选项 B 说法错误。大额可转让定期存单一般面额固定，而且都比较大，故选项 C 说法错误。大额可转让定期存单不可提前支取，但可以在二级市场上转让，故选项 D 说法正确。

9. C 【解析】侵占财物的行为一般表现：①侵吞，是指利用职务上的便利，将自己主管、经管、经手的公共财物，非法占为己有。②窃取，是指利用职务上的便利，采用秘密方法，将自己合法管理的公共财物窃为己有，也就是通常讲的“监守自盗”。③骗取，是指采用虚构事实或隐瞒真相的方法，非法占有本单位财物。

10. D 【解析】货币经纪公司是指经批准在中国境内设立的，通过电子技术或其他手段，专门从事促进金融机构间资金融通和外汇交易等经纪服务，并从中收取佣金的非银行金融机构。

11. D 【解析】中国人民银行根据执行货币政策和维护金融稳定的需要，可以建议国务院银行业监督管理机构对银行业金融机构进行检查监督。国务院银行业监督管理机构应当自收到建议之日起 30 日内予以回复。

12. C 【解析】跨系统联行往来是指结算业务发生在两家不同的银行间的清算业务。跨系统联行往来的资金清算必须通过中国人民银行办理。

13. A 【解析】大额风险暴露是指商业银行对单一客户或一组关联客户超过其一级资本净额 2.5% 的风险暴露。

14. D 【解析】证券交易内幕信息的知情人包括以下内容：①发行人及其董事、监事、高级管理人员；②持有公司 5% 以上股份的股东及其董事、监事、高级管理人员,公司的实际控制人及其董事、监事、高级管理人员;③发行人控股或者实际控制的公司及其董事、监事、高级管理人员;④由于所任公司职务或者因与公司业务往来可以获取公司有关内幕信息的人员;⑤上市公司收购人或者重大资产交易方及其控股股东、实际控制人、董事、监事和高级管理人员;⑥因职务、工作可以获取内幕信息的证券交易场所、证券公司、证券登记结算机构、证券服务机构的有关人员;⑦因职责、工作可以获取内幕信息的证券监督管理机构工作人员;⑧因法定职责对证券的发行、交易或者对上市公司及其收购、重大资产交易进行管理可以获取内幕信息的有关主管部门、监管机构的工作人员;⑨国务院证券监督管理机构规定的可以获取内幕信息的其他人员。

15. A 【解析】无权代理是指行为人不具有代理权,但以他人的名义与第三人进行的代理行为。

16. B 【解析】合规是商业银行所有员工的共同责任,并应从商业银行高层做起。

17. B 【解析】根据《中华人民共和国民法典》的规定,当事人在保证合同中对保证方式没有约定或者约定不明确的,按照一般保证承担保证责任。

18. D 【解析】风险计量是在风险识别的基础上,对风险发生的可能性、后果及严重程度进行充分分析和评估,从而确定风险水平的过程。

19. C 【解析】代理政策性银行业务是指商业银行受政策性银行的委托,对其自主发放的贷款代理结算,并对其账户资金进行监管的一种中间业务。目前主要代理中国进出口银行和国家开发银行业务。代理政策性银行业务主要包括:代理资金结算、代理现金支付、代理专项资金管理、代理贷款项目管理等业务。

20. C 【解析】第三版巴塞尔资本协议提出了两个流动性量化监管指标:①流动性覆盖率,用于衡量在短期压力状态下(30 日内)单个银行的流动性状况;②净稳定资金比例,用于度量中长期内银行可供使用的稳定资金来源能否支持其资产业务的发展。

21. C 【解析】商业银行面临的主要风险是信用风险,即借款人或交易对手不能按照事先达成的协议履行义务的可能性。

22. C 【解析】根据《中华人民共和国证券投资基金法》的规定,公开募集基金,投资者按照其所持基金份额享受收益和承担风险,非公开募集基金的收益分配和风险承担由基金合同约定。

23. D 【解析】公开市场业务具有主动性、灵活准确性、可逆转性、可微调、操作过程迅速、可持续操作等优点,是中央银行常用的主要货币政策工具。

24. C 【解析】垄断竞争的行业,是指一个市场中许多生产者生产同种但不同质产品的市场情形。在垄断竞争的市场上,每个厂商都在市场上具有一定的垄断能力,但它们之间又存在着激烈的竞争。其特点是:生产者众多,各种生产资料可以流动;生产的产品同种但不同质,即产品之间存在着差异;由于产品差异性的存在,生产者可以树立自己产品的信誉,从而对自己经营的产品的价格有一定的控制力。

25. B 【解析】物价总水平持续上涨是通货膨胀的必然结果,是通货膨胀的主要标志。因此,世界各国多用物价指数测量通货膨胀率。

26. A 【解析】银行业消费者的自主选择权是指银行业消费者可以根据自己的体验、爱好与判断自主选择银行作为交易对象,或自主选择银行产品并决定是否与其进行交易,不受任何单位和个人的不合理干预。银行业消费者可以自主决定选择银行,而个别银行以各种理由和借口限制、误导银行业消费者进行自主决策就会造成侵权。

27. C 【解析】票据权利在下列期限内不行使而消灭:持票人对票据的出票人和承兑人的权利,自票据到期日起 2 年,见票即付的汇票、本票,自出票日起 2 年;持票人对支票出票人的权利,自出票日起 6 个月;持票人对前手的追索权,自被拒绝承兑或者被拒绝付款之日起 6 个月;持票人对前手的再追索权,自清偿日或者被提起诉讼之日起 3 个月。

28. D 【解析】洗钱的过程通常被分为三个阶段,即处置阶段、培植阶段、融合阶段,每个阶段都各有其目的及形态,洗钱者交错运用不同的方法,以达到洗钱的目的。

29. C 【解析】光票托收是指不附带商业单据的金融票据的托收。

30. D 【解析】《中华人民共和国银行业监督管理法》规定,当银行业金融机构已经或者可能发生信用危机,严重影响存款人和其他客户合法权益时,国务院银行业监督管理机构可以依法实行接管或者促成重组。

31. A 【解析】董事会是商业银行的最高风险管理和最高决策机构,承担商业银行风险管理的最终责任,一般负责审批风险管理偏好和战略、政策和程序,确定商业银行可以承受的总体风险水平。

32. C 【解析】中国银行业协会以促进会员单位实现共同利益为宗旨,履行自律、维权、协调、服务职能,维护银行业合法权益,维护银行业市场秩序,提高银行业从业人员素质,提高为会员服务的水平,促进银行业的健康发展。

33. C 【解析】宏观经济发展的总体目标一般包括四个,即经济增长、充分就业、物价稳定和国际收支平衡。这四大目标分别通过国内生产总值、失业率、通货膨胀率和国际收支等指标来衡量。

34. C 【解析】董事会应监督合规政策的有效实施,

以使合规缺陷得到及时、有效的解决。高级管理层应贯彻执行合规政策，建立合规管理部门的组织结构，并配备充分和适当的资源，确保发现违规事件时及时采取适当的纠正措施。合规管理部门应在合规负责人的管理下，协助高级管理层有效管理合规风险，制订并执行以风险为本的合规管理计划，实施合规风险识别和管理流程，开展员工的合规培训与教育。

35. B 【解析】商业银行发行私募理财产品的，合格投资者投资于单只固定收益类理财产品的金额不得低于30万元人民币，投资于单只混合类理财产品的金额不得低于40万元人民币，投资于单只权益类理财产品、单只商品及金融衍生品类理财产品的金额不得低于100万元人民币。

36. C 【解析】公司是指股东依照《中华人民共和国公司法》的规定出资设立，股东以其出资额或认购的股份对公司承担责任，公司以其全部资产对公司债务承担责任的企业法人。

37. D 【解析】我国的股票根据上市地点及股票投资者的不同，分为A股、B股、H股、N股几种。A股是以人民币标明面值、以人民币认购和进行交易、供国内投资者买卖的股票。B股又称为人民币特种股票，是指以人民币标明面值、以外币认购和进行交易、专供外国和我国香港、澳门、台湾地区的投资者买卖的股票。H股是指由中国境内注册的公司发行、直接在中国香港上市的股票。N股是指由中国境内注册的公司发行、直接在美国纽约上市的股票。

38. A 【解析】根据《中华人民共和国商业银行法》规定，商业银行贷款，应当与借款人订立书面合同。合同应当约定贷款种类、借款用途、金额、利率、还款期限、还款方式、违约责任和双方认为需要约定的其他事项。因此，商业银行贷款合同形式只能采取书面合同的形式。

39. B 【解析】中国人民银行的主要职责：①发布与履行其职责有关的命令和规章；②依法制定和执行货币政策；③发行人民币，管理人民币流通；④监督管理银行间同业拆借市场和银行间债券市场；⑤实施外汇管理，监督管理银行间外汇市场；⑥监督管理黄金市场；⑦持有、管理、经营国家外汇储备、黄金储备；⑧经理国库；⑨维护支付、清算系统的正常运行；⑩指导、部署金融业反洗钱工作，负责反洗钱的资金监测；⑪负责金融业的统计、调查、分析和预测；⑫作为国家的中央银行，从事有关的国际金融活动；⑬国务院规定的其他职责。选项B是国务院银行业监督管理机构的监督管理职责。

40. D 【解析】中国银行业协会的最高权力机构为会员大会，由参加协会的全体会员单位组成。会员大会的执行机构为理事会，对会员大会负责。理事会在会员大会闭会期间负责领导协会开展日常工作。理事会闭会期间，常务理事会行使理事会职责。

41. A 【解析】风险管理的“三道防线”是指在商业银行内部形成的在风险管理方面承担不同职责的三个团队（或部门），即业务团队、风险管理团队和内部审计团队。业务团队是风险管理的“第一道防线”，负责识别、评估、缓释和监控各自业务领域的风险；风险管理团队是风险管理的“第二道防线”，负责监控、评估和管理全行风险；内部审计团队作为风险管理的“第三道防线”，负责对全行风险管理体系的有效性进行监督和评估。

42. C 【解析】银行是经营风险的企业，反映银行经营安全性指标的有：①不良贷款率，指银行不良贷款占总贷款余额的比重。②不良贷款拨备覆盖率，是衡量银行对不良贷款进行账务处理时，所持审慎性高低的重要指标。③拨贷比，是商业银行贷款损失准备与总贷款的比值。④资本充足率（CAR），是商业银行资本总额与风险加权资产的比值，该指标反映一家银行的整体资本稳健水平。

43. B 【解析】信用卡透支是指持卡人进行信用消费、取现或其他情况所产生的累积未还款金。信用额度可以循环使用，不同等级的信用卡的透支额度也有所不同，故选项A表述错误。信用卡的免息期是只在用信用卡透支消费时才能够享受的，信用卡取现透支没有免息期，故选项C、选项D表述错误。

44. C 【解析】选项A、选项D，经济资本是根据银行资产的风险程度计算出来的虚拟资本，即银行所“需要”的资本或“应该持有”的资本，而不是银行实实在在拥有的资本。经济资本本质上是一个风险概念，因而又称为风险资本。选项B，监管资本指监管当局规定银行必须持有的资本。监管当局一般是规定银行必须持有的最低资本量，所以监管资本又称最低资本。选项C，会计资本又称为账面资本，反映了银行实际拥有的资本水平，是银行资本金的静态反映。

45. A 【解析】银行本票的提示付款期限为2个月。

46. B 【解析】公开原则，又称信息公开原则，包括证券信息的初期披露和持续披露两个方面，它要求证券发行人必须依法将与证券有关的一切真实情况予以公开，以供投资者投资决策时参考。公开原则是证券发行和交易制度的核心。

47. A 【解析】健全的内部控制保障体系主要包括以下要素：信息系统控制、报告机制、业务连续性管理、人员管理、考评管理、内控文化。

48. C 【解析】存款利率是指客户在银行或其他金融机构存款所取得的利息与存款本金的比率。存款利率的高低直接决定了存款人的利息收益和金融机构的融资成本，对金融机构集中社会资金的数量有重要的影响,故选项 B、选项 D 表述正确。一般来说,存款利率越高,存款人的利息收入越多,银行的融资成本越高,金融机构集中的社会资金数量越多,故选项 A 表述正确,选项 C 表述错误。

49. C 【解析】"团结合作"要求银行业从业人员应当树立理解、信任、合作的团队精神,共同创造,共同进步,分享专业知识和工作经验。该同事尚未离职,仍是团队中的一员,因此应当相互信任并与其合作。

50. D 【解析】信用风险是指借款人或交易对手不能按照事先达成的协议履行义务的可能性。

51. A 【解析】商业银行在中华人民共和国境内设立分支机构,应当按照规定拨付与其经营规模相适应的营运资金额。拨付各分支机构营运资金额的总和,不得超过总行资本金总额的 60%。

52. C 【解析】金融市场的交易组织、交易规则和信用制度,以及丰富的可供选择的金融产品和便利的金融资产交易方式,为各种期限、内容不同的金融工具互相转换提供了必需的条件,可以降低交易成本,便利金融工具实现交易。

53. A 【解析】银行管理中的集中度指标有单一最大客户贷款比率、最大十家客户贷款比率、单一集团客户授信集中度及大额风险暴露集中度。

54. B 【解析】信托成立的前提是委托人要将自有财产委托给受托人。

55. A 【解析】债务人不履行到期债务或者发生当事人约定的实现抵押权的情形,抵押权人可以与抵押人协议以抵押财产折价或者以拍卖、变卖该抵押财产所得的价款优先受偿。抵押权人与抵押人未就抵押权实现方式达成协议的,抵押权人可以请求人民法院拍卖、变卖抵押财产。抵押财产折价或者变卖的,应当参照市场价格。

56. B 【解析】根据《中华人民共和国银行业监督管理法》,对发生风险的银行业金融机构进行处置的方式主要有接管、促成重组和撤销,不包括出售。

57. D 【解析】贷款是银行最主要的资产,是银行最主要的资金运用。同时,也是最大、最明显的信用风险来源。

58. B 【解析】监管资本涉及两个层次的概念:①银行实际持有的符合监管规定的合格资本;②银行按照监管要求应当持有的最低资本量或最低资本要求。合格资本是指按照监管规定,银行根据自身情况计算得出的资本数量。最低资本要求则是监管规定的,用于覆盖银行面临主要风险损失所必须持有的资本数量。

59. C 【解析】由于历史原因、经济发达程度和法律体系的影响,各国银行发展程度和监管制度不尽相同,故选项 A 表述错误。国际上主要的金融监管体制包括统一监管型、多头监管型和"双峰"监管型,故选项 B 表述错误。银行监管包含了银行监督和银行管理双重属性,故选项 D 表述错误。

60. D 【解析】货币政策的操作目标是中央银行运用货币政策工具能够直接影响或控制的目标变量。它介于政策工具和中介目标之间,是货币政策工具影响中介目标的传导桥梁。通常被采用的操作目标主要有基础货币和存款准备金。

61. D 【解析】贷款人应设立独立的责任部门或岗位,负责贷款支付审核和支付操作。采用贷款人受托支付的,贷款人应审核交易资料是否符合合同约定条件。在审核通过后,将贷款资金通过借款人账户支付给借款人交易对象。采用借款人自主支付方式的,贷款人应要求借款人定期汇总报告贷款资金支付情况,并通过账户分析、凭证查验、现场调查等方式核查贷款支付是否符合约定用途。

62. A 【解析】临时存款账户是指存款人因临时需要并在规定期限内使用而开立的银行结算账户。可以开立临时存款账户的情形包括设立临时机构、异地临时经营活动、注册验资。该种账户的有效期最长不得超过两年。

63. C 【解析】《中华人民共和国民法典》第 171 条第 1 款规定:"行为人没有代理权、超越代理权或者代理权终止后,仍然实施代理行为,未经被代理人追认的,对被代理人不发生效力。"也就是说,无权代理经被代理人追认,即直接对被代理人发生法律效力,产生与有权代理相同的法律后果。

64. B 【解析】《中华人民共和国商业银行法》规定,商业银行设立分支机构必须经国务院银行业监督管理机构审查批准。银行业金融机构未经批准设立分支机构的,或未经批准变更、终止的,由国务院银行业监督管理机构及其派出机构责令改正,有违法所得的,没收违法所得,并处以罚款。

65. A 【解析】寡头垄断的行业是指相对少量的生产者在某种产品的生产中占据很大市场份额的情形。

66. C 【解析】从业务运作的实质来看,福费廷是远期票据贴现,故选项 C 表述错误。

67. A 【解析】商业银行合规管理部门应在合规负责人的管理下,协助高级管理层有效管理合规风险,制订并执行以风险为本的合规管理计划,实施合规风险识别和管理流程,开展员工的合规培训与教育。选项 A 不包括在内。

68. A 【解析】商业银行合规风险管理的基本制度主要包括三项:①建立对管理人员合规绩效的考核制度,体现倡导合规和惩处违规的价值观念;②建立有效的合规问责制度,严格对违规行为的责任认定与追究;③建立诚信举报制度,鼓励员工举报违法、违反职业操守或可疑的行为,并充分保护举报人。故选项 A 说法错误。

69. A 【解析】按照《中华人民共和国反洗钱法》的规定,建立客户身份资料和交易记录保存制度。在业务关系存续期间,客户身份资料发生变更的,应当及时更新客户身份资料。客户身份资料在业务关系结束后、客户交易信息在交易结束后,应当至少保存5年。

70. C 【解析】选项A,战略风险是指商业银行在追求短期商业目的和长期发展目标的系统化管理过程中,不适当的发展规划和战略决策可能威胁商业银行未来发展的潜在风险,故战略风险管理实施效果需要较长的时间才能显现。选项B,声誉风险是指由商业银行经营、管理及其他行为或外部事件导致利益相关者对商业银行负面评价的风险,不是单一风险。选项D,操作风险具有非营利性,它并不能为商业银行带来利润。

71. A 【解析】当中央银行需要增加货币供应量时,可以降低法定存款准备金率,通过窗口指导增加商业贷款发放,利用公开市场操作买入证券,降低再贴现率。

72. A 【解析】银行章程是银行公司治理的基本文件,对股东大会、董事会、监事会、高级管理层的组成、职责和议事规则等作出制度安排,并载明有关法律法规要求在章程中明确规定的其他事项。

73. D 【解析】1994年10月,按照国际通行的原则,以货币流动性差别作为划分各层次货币供应量的标准,中国人民银行制定了《中国人民银行货币供应量统计和公布暂行办法》,根据我国实际情况,将我国货币供应量划分如下:M_0=流通中现金。$M_1=M_0$+企业活期存款+农村存款+机关团体部队存款+个人持有的信用卡类存款。$M_2=M_1$+城乡居民储蓄存款+企业存款中具有定期性质的存款+外币存款+信托类存款。

74. B 【解析】选项A,下班后单独为客户解释并不属于银行工作人员的职责范围,不用必须满足;选项C,对于这种情况,该工作人员不一定要满足客户的要求,但要耐心说明情况,取得理解和谅解,不能采取"一口回绝"的态度;选项D,让保安驱逐该客户违反了银行业从业人员礼貌服务的要求。

75. B 【解析】止损限额是指所允许的最大损失额。通常,当某项头寸的累计损失达到或接近止损限额时,就必须对该头寸进行对冲交易或立即变现。止损限额具有追溯力,适用于一日、一周或一个月等一段时间内的累计损失。

76. A 【解析】根据《中华人民共和国反洗钱法》的规定,金融机构在反洗钱方面的义务主要有以下内容:①健全反洗钱内控制度。②建立客户身份识别制度。金融机构不得为身份不明的客户提供服务或者与其进行交易,不得为客户开立匿名账户或者假名账户。金融机构对先前获得的客户身份资料的真实性、有效性或者完整性有疑问的,应当重新识别客户身份。任何单位和个人在与金融机构建立业务关系或者要求金融机构为其提供一次性金融服务时,都应当提供真实有效的身份证件或者其他身份证明文件。③按照规定建立客户身份资料和交易记录保存制度。④按照规定执行大额交易和可疑交易报告制度。⑤按照反洗钱预防、监控制度的要求,开展反洗钱培训和宣传工作。

77. C 【解析】《中华人民共和国商业银行法》规定,商业银行应当保证存款本金和利息的支付,不得拖延、拒绝支付存款本金和利息。

78. B 【解析】金融租赁公司是经中国人民银行批准,以经营融资租赁业务为主的非银行金融机构。与之相对的是实物租赁公司,主要从事的业务是经营租赁业务。

79. D 【解析】市盈率,也被称为股价收益比率,定义为股票市场价格与其每股收益的比值,可用如下公式表示:市盈率(P/E)=股票价格(P)/每股收益(E),它是股票市场中常用的衡量股票投资价值的重要指标。

80. D 【解析】商业银行开展理财业务,应当确保每只理财产品与所投资资产相对应,做到每只理财产品单独管理、单独建账和单独核算,不得开展或者参与具有滚动发行、集合运作、分离定价特征的资金池理财业务。

81. D 【解析】经济资本本质上是一个风险概念,因而又称为风险资本。故选项D说法错误。

82. B 【解析】《中华人民共和国民法典》第17条和第18条规定,18周岁以上的自然人是成年人,成年人为完全民事行为能力人,可以独立实施民事法律行为。16周岁以上的未成年人,以自己的劳动收入为主要生活来源的,视为完全民事行为能力人。故选项A说法正确,选项B说法错误。《中华人民共和国民法典》第22条规定,不能完全辨认自己行为的成年人为限制民事行为能力人,实施民事法律行为由其法定代理人代理或者经其法定代理人同意、追认,但是可以独立实施纯获利益的民事法律行为或者与其智力、精神健康状况相适应的民事法律行为。因此,限制行为能力人包括两类:8周岁以上的未成年人和不能完全辨认自己行为的成年人。选项C、选项D说法均正确。

83. D 【解析】借记卡与信用卡功能上最显著的区别是信用卡可以透支,而借记卡不可以。

84. C 【解析】商业银行在发放贷款前应确认借款人已满足合同约定的提款条件,并按照合同约定的方式对贷款资金的支付实施管理与控制,监督贷款资金按约定用途使用。对于固定资产贷款项下借款人单笔支付金额超过项目总投资5%或超过500万元人民币的贷款资金支付,应采用贷款人受托支付方式。

85. B 【解析】商业银行内部控制的目标包括四个方

面:①保证国家有关法律法规及规章的贯彻执行;②保证商业银行发展战略的实施和经营目标的实现;③保证商业银行风险管理的有效性;④保证商业银行业务记录、会计信息、财务信息和其他管理信息的真实、准确、完整和及时。

86. A 【解析】根据《中华人民共和国中国人民银行法》,中国人民银行的职能:在国务院领导下,制定和执行货币政策,防范和化解金融风险,维护金融稳定。

87. C 【解析】完全竞争的行业是指由许多企业生产同质产品的市场情形,是竞争充分而不受任何阻碍和干扰的一种市场结构。

88. A 【解析】董事会(不设董事会的公司为执行董事)是公司的经营决策机构,负责召集股东会,并向股东会报告工作;执行股东大会决议,负责公司日常经营决策(选项 D);聘任或者解聘公司经理(总经理)(选项 B),制定公司基本管理制度(选项 C)。董事会必须对股东会负责,接受股东会监督。董事长由董事会选举产生。董事长主持股东会,召集并主持董事会,在诉讼事务和非诉讼事务上对外均代表公司。选项 A 属于股东会的职责。

89. B 【解析】银行业金融机构的经济责任主要包括:①银行业金融机构应在法律规定下积极提高经营效益,努力创造优良的经济利益。②银行业金融机构应积极参与保障金融安全、维护平等竞争的金融秩序,加强防范金融风险;积极支持政府经济政策,促进经济稳定、可持续发展,为国民经济提供优良的专业性服务。③银行业金融机构应加强合规管理,规范经营行为,遵守银行业从业人员行为准则、反不正当竞争公约、反商业贿赂公约等行业规则,开展公平竞争,维护银行业良好的市场竞争秩序,促进银行业健康发展。④完善公司治理结构,安全稳健经营,严格关联交易管理,履行信息披露义务,确保股东、特别是中小股东享有的法律法规和公司章程规定的各项权益,为股东创造价值。⑤遵循按劳分配、同工同酬原则,构建合理的激励约束机制,保障员工各项权益,促进员工全面发展,为员工创造价值。⑥重视消费者的权益保障,有效提示风险,恰当披露信息,公平对待消费者,加强客户投诉管理,完善客户信息保密制度,提升服务质量,为客户创造价值。

90. B 【解析】我国人民币汇率采用直接标价法,故选项 B 说法错误。

二、多项选择题

91. BCE 【解析】银行业从业人员应妥善保存客户资料及其交易信息档案。在受雇期间及离职后,均不得违反法律法规和所在机构关于客户隐私保护的规定,不得透露任何客户资料和交易信息。

92. AC 【解析】风险识别包括感知风险和分析风险两个环节:感知风险是通过系统化的方法发现商业银行所面临的风险种类、性质;分析风险是深入理解各种风险内在的风险因素。

93. AC 【解析】票据权利是持票人因合法拥有票据而向票据债务人请求支付票据金额的权利。票据权利包括付款请求权和追索权。

94. ACDE 【解析】银行资产负债管理的构成内容包括资本管理、资产负债组合管理、资产负债计划管理、定价管理、银行账户利率风险管理、资金管理、流动性风险管理、投融资和票据转贴现业务管理、汇率风险管理。

95. ABDE 【解析】我国银行监管包括四个层次,分别是银行自我监管、外部监管、行业自律及市场约束。

96. BCDE 【解析】债券按发行主体可分为国家债券、地方政府债券、公司债券(企业债券)和金融债券。

97. CD 【解析】根据《中华人民共和国银行业监督管理法》,监管部门有权根据监管需要和银行业金融机构经营状况,随时向银行业金融机构提出谈话要求,但进行监管谈话并不意味着银行业金融机构一定存在经营问题,故选项 C 表述错误。在华外资银行必须受中国银行保险监督管理委员会的监管,故选项 D 表述错误。

98. DE 【解析】代收代付业务是商业银行利用自身的结算便利,接受客户委托代为办理指定款项收付事宜的业务。代收代付业务主要包括代理各项公用事业收费、代理行政事业性收费和财政性收费、代发工资、代扣住房按揭消费贷款等。目前主要是委托收款和托收承付两类。

99. ABCDE 【解析】《中国人民银行货币供应量统计和公布暂行办法》规定,根据我国实际情况,将我国货币供应量划分为 M_0、M_1、M_2、M_3。其中,①M_0 = 流通中现金。②$M_1 = M_0$ + 企业活期存款 + 农村存款 + 机关团体部队存款 + 个人持有的信用卡类存款。③$M_2 = M_1$ + 城乡居民储蓄存款 + 企业存款中具有定期性质的存款 + 外币存款 + 信托类存款。④$M_3 = M_2$ + 金融债券 + 商业票据 + 大额可转让定期存单。

100. ABCE 【解析】在商业银行流动性风险管理中,流动性风险的管控手段包括现金流量管理、限额管理、融资管理、压力测试、应急计划。

101. ACDE 【解析】商业银行开展理财业务,应当诚实守信、勤勉尽职地履行受人之托、代人理财职责,投资者自担投资风险并获得收益,故选项 B 表述错误。

102. ABCE 【解析】信用卡使用对个人资信有要求,不是任何人都可使用信用卡消费,故选项 D 错误。其余选项均正确。

103. ABE 【解析】合同生效的要件:①当事人必须具有相应的民事行为能力;②当事人意思表示真实;③合同标的合法,即当事人签订的合同不违反法律和社会公共利益；④合同标的须确定和可能。

104. ACDE 【解析】《中华人民共和国商业银行法》规定，商业银行不得向关系人发放信用贷款；向关系人发放担保贷款的条件不得优于其他借款人同类贷款的条件。其中，关系人是指商业银行的董事、监事、管理人员、信贷业务人员及其近亲属，以及前述人员投资或者担任高级管理职务的公司、企业和其他经济组织；优于其他借款人同类贷款的条件，是指在发放贷款额度、担保额度条件等方面违反公平原则给予关系人较一般借款人优越的条件。故选项A、选项C、选项D、选项E表述错误。

105. ACE 【解析】以回购方式进行的债券交易其实是一种有抵押的贷款，故选项B说法错误。在回购交易中，交易双方是以短期融资为目的，其期限通常在1年以内，故选项D说法错误。其余选项说法均正确。

106. BCDE 【解析】融资类保函包括借款保函、授信额度保函、有价证券保付保函、融资租赁保函、延期付款保函。

107. BCE 【解析】第二版巴塞尔资本协议构建了"三大支柱"的监管框架，扩大了资本覆盖风险的种类，改革了风险加权资产的计算方法。第一支柱：最低资本要求。明确商业银行总资本充足率不得低于8%，核心资本充足率不得低于4%，资本要全面覆盖信用风险、市场风险和操作风险。

108. ABCE 【解析】如果经济处于严重的衰退与萧条之中，那么银行业整体上也难以保持健康。在复苏阶段，企业资金需求上升，信贷规模扩大，故选项D错误。

109. ABDE 【解析】《中华人民共和国证券法》第80条第2款、第81条第2款所列重大事件属于内幕信息。其中，《中华人民共和国证券法》第80条第2款所列重大事件：①公司的经营方针和经营范围的重大变化；②公司的重大投资行为，公司在一年内购买、出售重大资产超过公司资产总额30%，或者公司营业用主要资产的抵押、质押、出售或者报废一次超过该资产的30%；③公司订立重要合同、提供重大担保或者从事关联交易，可能对公司的资产、负债、权益和经营成果产生重要影响；④公司发生重大债务和未能清偿到期重大债务的违约情况；⑤公司发生重大亏损或者重大损失；⑥公司生产经营的外部条件发生的重大变化；⑦公司的董事、1/3以上监事或者经理发生变动，董事长或者经理无法履行职责；⑧持有公司5%以上股份的股东或者实际控制人持有股份或者控制公司的情况发生较大变化，公司的实际控制人及其控制的其他企业从事与公司相同或者相似业务的情况发生较大变化；⑨公司分配股利、增资的计划，公司股权结构的重要变化，公司减资、合并、分立、解散及申请破产的决定，或者依法进入破产程序、被责令关闭；⑩涉及公司的重大诉讼、仲裁，股东大会、董事会决议被依法撤销或者宣告无效；⑪公司涉嫌犯罪被依法立案调查，公司的控股股东、实际控制人、董事、监事、高级管理人员涉嫌犯罪被依法采取强制措施；⑫国务院证券监督管理机构规定的其他事项。

110. BCDE 【解析】随着国际贸易的发展，货币超越国界，在世界市场上发挥一般等价物作用，从而在国际范围内发挥价值尺度、流通手段、贮藏手段、支付手段的职能，即世界货币职能。

111. BCDE 【解析】国际收支平衡是指国际收支差额处于一个相对合理的范围内，既无巨额的国际收支赤字，又无巨额的国际收支盈余，故选项A表述错误。

112. ADE 【解析】被称为保密天堂的国家和地区一般具有以下特征：①有严格的银行保密法。除了例外的情况，披露客户的账户构成刑事犯罪。②有宽松的金融规则，建立金融机构几乎没有什么限制。③有自由的公司法和严格的公司保密法。这些地方允许建立空壳公司、信箱公司等不具名公司，并且因为受到银行保密法和公司保密法的庇护，了解这些公司的真实面目极其困难。

113. BCDE 【解析】商业银行应当根据投资性质的不同，将理财产品分为固定收益类理财产品、权益类理财产品、商品及金融衍生品类理财产品和混合类理财产品。

114. BCDE 【解析】中国银行业协会以促进会员单位实现共同利益为宗旨，履行自律、维权、协调、服务职能，维护银行业合法权益，维护银行业市场秩序，提高银行业从业人员素质，提高为会员服务的水平，促进银行业的健康发展。

115. BE 【解析】成本推动型通货膨胀，其根源在于社会总供给的变化，在商品和劳务的需求不变的情况下，因生产成本的提高而推动物价上涨。生产成本的提高主要来自两个方面的原因：①工资推进的通货膨胀。主要是货币工资的增长超过劳动生产率的增长（选项B），引起生产成本的增加，企业就会因为人力成本的加大而提高产品价格，以维持盈利水平，导致物价上涨；物价上涨后，又会引起工人要求提高工资，再次引起物价上涨，往往造成工资—物价螺旋式上升。②利润推进的通货膨胀。其前提条件是存在着商品和劳务销售的不完全竞争市场。在垄断存在的情况下，垄断企业为了追求超额利润而提高垄断产品价格（选项E），以赚取垄断利润。当垄断企业产品价格提高后，以垄断企业的产品为原材料的其他产品的成本相应提高，于是又带动其他产品的价格上涨,引起物价总水平的上涨,形成利润推进型通货膨胀。

116. ABC 【解析】选择性货币政策工具主要包括证券市场信用控制(选项C)、消费者信用控制(选项A)、不动产信用控制(选项B)、优惠利率、预缴进口保证金等。选项D、选项E属于直接信用控制。

117. BCE 【解析】选项A,人民币整存整取的起存金额为50元。选项D,存本取息是指一次存入本金,分次支取利息,到期支取本金,起存金额为5000元。

118. ABCDE 【解析】货币是商品经济内在矛盾的产物,是价值表现形式发展的必然结果,故选项A、选项B、选项C表述正确。货币的本质表现在:货币是一般等价物,是固定充当一般等价物的特殊商品,体现商品生产者之间的社会关系,故选项D表述正确。货币是在商品交换出现以后,随着商品交换的发展,从商品世界分离出来的、固定作为商品交换媒介的特殊商品,故选项E表述正确。

119. ACE 【解析】除了因为商业银行的流动性计划不完善外,信用风险、市场风险、操作风险等领域的管理缺陷同样会导致商业银行流动性不足,甚至引发风险扩散,造成整个金融系统出现流动性困难,故选项B表述错误。风险不仅存在于银行的贷款业务中,也存在于其他表内和表外业务中,如担保、承兑和证券投资等,故选项D表述错误。

120. BCDE 【解析】代理的法律特征:①代理行为是指能够引起民事法律后果的民事法律行为(选项D正确)。就是说通过代理人所为的代理行为,能够在被代理人与第三人之间产生、变更或消灭某种民事法律关系(选项A错误)。②代理人一般应以被代理人的名义从事代理活动(选项B正确)。③代理人在代理权限范围内独立意思表示(选项E正确)。④代理行为的法律后果直接归属于被代理人(选项C正确)。

121. ABCD 【解析】良好银行公司治理应包括以下主要内容,即健全的组织架构(选项D)、清晰的职责边界(选项B)、科学的发展战略、良好的价值准则与社会责任、有效的风险管理与内部控制(选项A)、合理的激励约束机制(选项C)、完善的信息披露制度。

122. ABCD 【解析】根据《中华人民共和国银行业监督管理法》的规定,在中华人民共和国境内设立的商业银行、城市信用合作社、农村信用合作社等吸收公众存款的金融机构以及政策性银行;在中华人民共和国境内设立的金融资产管理公司、信托投资公司、财务公司、金融租赁公司以及经国务院银行业监督管理机构批准设立的其他金融机构的监督管理,适用本法对银行业金融机构监督管理的规定。

123. CD 【解析】贷款承诺业务可以分为项目贷款承诺(选项C)、客户授信额度和票据发行便利及开立信贷证明(选项D)。

124. ACE 【解析】传统的票据市场指的是在商品交易和资金往来过程中产生的以汇票、本票和支票的发行、担保、承兑、贴现来实现短期资金融通的市场。

125. ABCDE 【解析】信托的基本特征:①信托以信任为基础,受托人应具有良好的信誉(选项D说法正确)。②信托成立的前提是委托人要将自有财产委托给受托人(选项C说法正确)。③信托财产具有独立性,信托依法成立后,信托财产即从委托人、受托人以及受益人的自有财产中分离出来,成为独立运作的财产(选项B说法正确)。它区别于委托人未设立的信托财产,亦区别于受托人的固有财产,信托财产可以不受委托人或受托人财务状况的恶化甚至破产的影响,委托人、受托人或受益人的债权人一般也无法对信托财产主张权利。④受托人要为受益人的最大利益管理信托事务(选项A说法正确)。⑤信托不因委托人或者受托人的死亡、丧失民事行为能力、依法解散、被依法撤销或者被宣告破产而终止,也不因受托人的辞任而终止(《中华人民共和国信托法》或者信托文件另有规定的除外,具有一定的连续性和稳定性(选项E说法正确))。

126. ACE 【解析】信用证(L/C)是指由银行(开证行)依照(申请人的)要求和指示或自己主动,在符合信用证条款的条件下,凭规定单据向第三者(受益人)或其指定方进行付款的书面文件。即信用证是一种银行开立的有条件的承诺付款的书面文件。

127. CD 【解析】保险合同的主体分为当事人和关系人。签订保险合同的双方是保险合同的当事人,即保险人和投保人;与保险合同发生间接关系的是保险合同的关系人,包括被保险人和受益人。

128. ABCE 【解析】通货膨胀对生产和流通的影响:①通货膨胀不利于生产正常发展(选项E正确)。在商品价格普遍上涨的情况下,生产成本提高,生产性投资风险加大,生产部门的资金会转向商业部门和进行金融投机(选项B、选项C正确),导致社会生产资本总量缩小(选项D错误)。通货膨胀会使货币的价值尺度功能受到破坏,成本、收入、利润等均无法准确核算,严重影响企业的财务管理和生产活动的正常进行(选项A正确)。②通货膨胀打乱了正常的商品流通秩序。由于价格信号扭曲以及地区间物价上涨不平衡,会导致商品脱离正常的流通渠道,向价格上涨最快和水平最高的地区流动,导致商品供求不合理，加大运输成本，进一步推动价格上涨。同时，在通货膨胀比较严重情况下，会出现商品抢购、囤积居奇等现象，从而进一步加剧市场供需矛盾。

129. BCE 【解析】货币政策的最终目标是中央银行通过调节货币和信用所要达到的最终目的。国民经济发展的总体目标包括经济增长、充分就业、物价稳定和国际收支平衡四大目标，作为国家宏观经济政策重要组成部分的货币政策，其最终目标也是这四大目标（选项 E 正确）。但由于这四大目标之间既有统一性，也有矛盾性，在一定的经济条件下要同时实现这四大目标是很困难的（选项 B 正确）。因此，在不同的环境中，货币政策的最终目标应该有所侧重（选项 C 正确）。

130. ACD 【解析】银行监管包含了银行监督和银行管理双重属性。银行监督是指监管部门对银行市场运行状况进行系统、及时地信息收集和信息处理，以维护市场秩序和防范市场风险；同时，对银行机构实施全面、经常性的检查和督促，以促进银行机构依法稳健经营，安全可靠和健康地发展。故选项 A、选项 C、选项 D 符合题意。选项 B、选项 E 是银行管理的内容。

三、判断题

131. A 【解析】银行承兑汇票是指由承兑申请人签发并向开户银行申请，经银行审查同意承兑的商业汇票。商业承兑汇票是指由付款人或收款人签发，付款人作为承兑人承诺在汇票到期日，对收款人或持票人无条件支付汇票金额的票据。

132. A 【解析】信贷准入是指银行通过制定信贷政策，明确银行对客户开办某项信贷业务或产品的最低要求。信贷退出是指银行在对存量信贷资产进行风险收益评估的基础上，收回对超出其风险容忍度的贷款，以达到降低风险总量、优化信贷结构的目的。

133. B 【解析】证券投资基金是指通过发售基金份额募集资金形成独立的基金财产，由基金管理人进行专业管理，以资产组合方式进行有价证券投资，基金份额持有人共享收益和承担风险的投资工具。

134. B 【解析】按照《中华人民共和国票据法》的规定，票据包括汇票、本票、支票。

135. A 【解析】中国人民银行和国务院银行业监督管理机构（银保监会）同时拥有对银行业金融机构的检查监督权，并不会导致对银行业金融机构的双重检查和双重处罚。这是由于两者的监管侧重点各有不同，并且两者责任的划分在现实操作中非常清晰。

136. B 【解析】按照我国的产业结构划分，银行业属于国民经济第三产业。

137. A 【解析】个人保险代理人在代为办理人寿保险业务时，不得同时接受两个以上保险人的委托。

138. B 【解析】私人购买住房的支出，包含在投资的固定资本形成中，不包含在私人消费之中。

139. A 【解析】公司章程是公司的自治规范。公司章程作为公司内部的行为规范，其效力仅及于公司和相关当事人，不具有普遍的效力。

140. B 【解析】借记卡是客户先在卡内存入资金，再消费，不允许透支使用；信用卡一般是银行或发卡机构给予客户一定的授信额度，客户可以在额度内透支使用，先使用后还款。借记卡不是信用卡。

141. A 【解析】与通货膨胀一样，通货紧缩也是物价不稳定的表现，保持物价稳定也要避免发生通货紧缩的现象。

142. A 【解析】与一般金融机构所从事的证券买卖不同，中央银行买卖证券不是为了营利，而是为了调控经济。

143. B 【解析】商业银行不得向关系人发放信用贷款；向关系人发放担保贷款的条件不得优于其他借款人同类贷款的条件。其中，关系人是指商业银行的董事、监事、管理人员、信贷业务人员及其近亲属，以及前述人员投资或者担任高级管理职务的公司、企业和其他经济组织；优于其他借款人同类贷款的条件，是指在发放贷款额度、担保额度条件等方面违反公平原则给予关系人较一般借款人优越的条件。

144. A 【解析】题干表述正确。

145. B 【解析】《中华人民共和国中国人民银行法》规定中国人民银行有权对金融机构以及其他单位和个人的下列行为进行检查监督：①执行有关存款准备金管理规定的行为；②与中国人民银行特种贷款有关的行为，其中中国人民银行特种贷款是指国务院决定的由中国人民银行向金融机构发放的用于特定目的的贷款；③执行有关人民币管理规定的行为；④执行有关银行间同业拆借市场、银行间债券市场管理规定的行为；⑤执行有关外汇管理规定的行为；⑥执行有关黄金管理规定的行为；⑦代理中国人民银行经理国库的行为；⑧执行有关清算管理规定的行为；⑨执行有关反洗钱规定的行为。

银行业专业人员职业资格考试（初级）

机考题库与高频考点

银行业法律法规与综合能力

◆机考题库·真题试卷（三）
◆机考题库·真题试卷（四）
（含参考答案及解析）

《银行业法律法规与综合能力》机考题库·真题试卷

机考题库·真题试卷(三)

答题卡

本试卷采用虚拟答题卡技术,自动评分

考生扫描右侧二维码,将答题选项填入虚拟答题卡中,题库系统可自动统计答题得分,生成完整的答案及解析。题库系统根据考生答题数据,自动收集整理错题,记录考生薄弱知识点,方便考生在题库系统中查漏补缺。

一、单项选择题。以下各小题所给出的四个选项中,只有一项符合题目要求,请选择相应选项,不选、错选均不得分(共90题,每题0.5分,共45分)。

1. 下列选项中,不属于商业银行风险管理体系建设内容的是( )。
   A. 风险管理部门承担内部审计职能
   B. 提高风险管理的专业化水平
   C. 将风险管理职能进一步向总行本部集中,减少不必要的中间层级
   D. 在分行设立风险管理部门
2. 下列机构中,属于证券市场自律性组织的是( )。
   A. 中国证券监督管理委员会　B. 中国证券登记结算公司
   C. 中国证券业协会　D. 中国证券经营机构
3. 夫妻一方因身体受到伤害获得的医疗费,属于( )。
   A. 夫妻共同财产　B. 夫妻一方个人财产
   C. 推定为夫妻共同财产　D. 夫妻共同生活较长的按共同财产处理
4. 下列选项中体现了商业银行金融服务职能的是( )。
   A. 货币结算　B. 代收代付　C. 存款转移　D. 货币收付
5. 第二版巴塞尔资本协议构建了“三大支柱”的监管框架,其中,“第二支柱”指的是( )。
   A. 市场纪律　B. 监督检查　C. 信息披露　D. 最低资本要求
6. 以下不属于商业银行战略风险主要来源的是( )。
   A. 商业银行签署的合同缺乏执行力　B. 商业银行缺乏战略实施过程的质量保证措施
   C. 商业银行缺乏实现发展目标的资源　D. 商业银行发展目标缺乏整体兼容性
7. 2018年2月,银监会下发了《关于调整商业银行贷款损失准备监管要求的通知》,将不良贷款拨备覆盖率的监管标准调整为( )。
   A. 1.5%~2.5%　B. 1.5%　C. 150%　D. 120%~150%
8. 当企业经营周转资金出现缺口,可以申请的贷款是( )。
   A. 项目贷款　B. 固定资产贷款　C. 流动资金贷款　D. 房地产贷款
9. 下列关于同业拆借的表述,正确的是( )。
   A. 在无担保条件下进行的资金与信用的直接交换
   B. 在有担保条件下进行的资金与信用的直接交换
   C. 主要满足金融机构长期资金融通需要
   D. 对拆借主体信用等级的要求较低
10. 通常情况下,银行风险管理流程可以概括为( )。
    A. 风险监测、风险识别、风险计量、风险控制
    B. 风险识别、风险计量、风险监测、风险控制

C. 风险控制、风险识别、风险监测、风险计量
D. 风险识别、风险监测、风险计量、风险控制

11. 由中国境内注册的公司发行、直接在中国香港上市的股票是(　　)。
A. B股　　B. A股　　C. N股　　D. H股

12. 根据《中华人民共和国票据法》的规定,下列关于本票的表述,正确的是(　　)。
A. 本票持票人行使票据权利时,必须说明其取得票据的原因
B. 本票的基本当事人为出票人、付款人和收款人
C. 本票无须承兑
D. 未记载付款地的本票无效

13. 银行业从业人员在向客户进行营销活动时,下列行为中不符合"风险提示"相关规定的是(　　)。
A. 用不足以引起客户注意的方式提示免责条款
B. 在客户提出问题时,本着诚实信用的原则解答
C. 对产品涉及的主要风险进行特别提示
D. 从不利和有利两个方面向客户作出全面的产品介绍

14. 银行业从业人员对同级别同事违反内部规章制度的行为进行监督,不宜采取的方式是(　　)。
A. 进行提示　　B. 及时制止
C. 不能制止的,及时向所在机构报告　　D. 不予以提示,直接报告司法机关

15. 银行监管的本质实际上是(　　)监管。
A. 法律　　B. 行政规章　　C. 制度　　D. 风险

16. 下列关于商业银行资本作用的表述,错误的是(　　)。
A. 维持市场信心
B. 保障股东的高利润回报
C. 限制商业银行业务过度扩张和承担风险
D. 满足商业银行正常经营对长期资金的需要

17. 下列风险管理的主要环节中,属于了解各种潜在的风险和分析引起风险事件原因的环节是(　　)。
A. 风险监测　　B. 风险识别　　C. 风险控制　　D. 风险计量

18. 下列关于表见代理构成要件的表述,错误的是(　　)。
A. 代理人有代理权
B. 客观上有使相对人相信无权代理人具有代理权的情形
C. 相对人基于这个客观情形而与无权代理人成立民事行为
D. 相对人主观上为善意

19. 下列选项中,通常不用于衡量银行安全性的指标是(　　)。
A. 不良贷款拨备覆盖率　　B. 资本充足率
C. 拨贷比　　D. 市盈率

20. 商业银行固定收益类理财产品投资于存款、债券等债权类资产的比例不低于(　　)。
A. 75%　　B. 85%　　C. 80%　　D. 50%

21. 根据第三版巴塞尔资本协议的要求,商业银行核心一级资本充足率不得低于(　　)。
A. 5%　　B. 4.5%　　C. 2%　　D. 4%

22. 下列关于金融市场分类的表述,错误的是(　　)。
A. 按照交易的阶段划分可分为发行市场和流通市场
B. 按照金融工具资金融资方式划分可分为现货市场和期货市场
C. 按照金融工具的具体类型划分可分为债券市场、股票市场、外汇市场、黄金市场等
D. 按照金融工具的期限划分可分为货币市场和资本市场

23. 合同的订立需要经过(　　)两个阶段。
A. 协商和谈判　　B. 意思和表示　　C. 要约和承诺　　D. 协商和签订
24. 国际新的财务报告准则(IFRS9)主要依据资产所处损失阶段确定减值计量方法。对于风险已出现显著增加的资产,损失阶段划为阶段二或阶段三,计提损失准备时要考虑资产(　　)的全部预期信用损失。
A. 整个存续期　　B. 3 年　　C. 1 年　　D. 2 年
25. 中国银行业的自律组织是(　　)。
A. 中国金融学会　　B. 中国银行业协会
C. 中央国债登记结算公司　　D. 中国银行保险监督管理委员会
26. 下列不属于大额可转让定期存单给商业银行及金融市场带来的有利之处的是(　　)。
A. 可以增加商业银行的负债管理工具　　B. 商业银行可以获得稳定的资金来源
C. 可以增强商业银行贷款能力　　D. 可以增加商业银行的资产管理工具
27. 货币资金总是流向最有发展潜力、能为投资者带来最大利益的地区、部门和企业,这属于金融市场的(　　)。
A. 经济调节功能　　B. 资源配置功能
C. 风险分散与风险管理功能　　D. 货币资金融通功能
28. 我国中央银行的职能是(　　)。
A. 负责国有重点银行业金融机构监事会的日常管理工作
B. 制定和执行货币政策,防范和化解金融风险,维护金融稳定
C. 审查批准银行业金融机构的设立、变更、终止
D. 对银行自律组织的活动进行指导和监督
29. 下列关于账面资本、监管资本、经济资本的表述,错误的是(　　)。
A. 账面资本是银行资本金的静态反映
B. 经济资本已经成为先进银行广泛应用的管理工具
C. 监管资本是银行按照监管要求应当持有的最低资本量
D. 经济资本反映的是所有者权益
30. 根据《中华人民共和国票据法》,票据的持有人行使票据权利时,无须说明其取得票据的原因,只要占有票据就可以行使票据权利。因此票据是一种(　　)。
A. 无价证券　　B. 无因证券
C. 有因证券　　D. 分利证券
31. 中央银行提高法定存款准备金率时,在市场上引起的效应为(　　)。
A. 商业银行可用资金减少,贷款总量上升,导致货币供应量增多
B. 商业银行可用资金增多,贷款总量上升,导致货币供应量增多
C. 商业银行可用资金增多,贷款总量下降,导致货币供应量减少
D. 商业银行可用资金减少,贷款总量下降,导致货币供应量减少
32. 下列关于当前商业银行资产负债管理对象和内涵的表述,错误的是(　　)。
A. 资产负债管理的对象就是银行的资产负债表
B. 资产负债管理是对表内外项目规模、结构、风险的积极主动管理
C. 资产负债管理已经越来越强调全面、动态和前瞻的综合平衡管理
D. 资产负债管理是对本外币资产负债的全面管理
33. 下列关于贷款利率的表述,正确的是(　　)。
A. 贷款利率越高,企业的利润就越高
B. 贷款利率的高低直接决定着金融机构的筹资成本
C. 贷款利率越高,金融机构的利息收入越少
D. 贷款利率的高低直接决定者金融机构的利息收入

34. 商业银行的市场风险包括(　　)。
A. 操作风险、声誉风险、社会风险、经济风险
B. 信用风险、利率风险,汇率风险、声誉风险
C. 信用风险、利率风险、汇率风险、操作风险
D. 利率风险、汇率风险、股票价格风险、商品价格风险
35. 根据“实贷实付”原则,银行应将贷款资金通过贷款人受托支付等方式,支付给符合合同约定的(　　)。
A. 借款人任意账户　B. 借款人特定账户
C. 借款人交易对象账户　D. 第三方托管账户
36. 下列属于资本市场的是(　　)。
A. 股票市场　B. 银行间债券回购市场
C. 银行间同业拆借市场　D. 票据市场
37. 洗钱通常被分为三个阶段,不包括(　　)。
A. 处置阶段　B. 融合阶段　C. 培植阶段　D. 完成阶段
38. 以下关于银行风险的表述,正确的是(　　)。
A. 银行已经发生的损失
B. 银行产生收益损失的不确定性
C. 风险管理与业务发展是一对矛盾,无法有机融合
D. 通过加强管理,银行可以完全规避风险
39. 影响债券定价的内部因素不包括(　　)。
A. 债券的面值　B. 市场利率　C. 是否可提前赎回　D. 税收待遇
40. 下列财产不可以抵押的是(　　)。
A. 交通运输工具　B. 某学校教学楼　C. 在建商品房　D. 建设用地使用权
41. 公开募集基金的基金合同自(　　)时生效。
A. 基金管理人提交验资报告　B. 基金备案手续办理完毕
C. 基金募集资金存入专门账户　D. 投资人交纳认购的基金份额的款项
42. 总分行型组织架构与事业部制组织架构相互叠加,就构成(　　)。
A. 以区域管理为主的总分行型组织架构　B. 以业务线管理为主的事业部制组织架构
C. 交叉型组织架构　D. 矩阵型组织架构
43. 下列关于商业银行出租保管箱业务的表述,错误的是(　　)。
A. 对客户存放的物品数量不予查验　B. 对客户存放的物品种类不予查验
C. 对客户存放的物品种类予以查验　D. 客户在租期内可随时开箱取物
44. 我国负责对银行业金融机构及其业务活动实施监督管理工作的机构是(　　)。
A. 财政部　B. 中国银行业协会
C. 中国银行保险监督管理委员会　D. 中国人民银行
45. 目前,在我国商业银行开办的外币存款业务中,不能直接存入账户的币种是(　　)。
A. 新西兰元　B. 新加坡元　C. 瑞士法郎　D. 港元
46. 可以治理通货紧缩的货币政策措施是(　　)。
A. 提高再贴现率　B. 在公开市场卖出有价证券
C. 降低法定存款准备金率　D. 提高法定存款准备金率
47. 当前我国银行监管框架不包括(　　)。
A. 监管规则　B. 自我监管机制
C. 监管组织体系　D. 监管工具
48. 下列关于信用卡的表述,错误的是(　　)。
A. 免去携带大量现金的麻烦　B. 先用后还,改善现金流
C. 存多少,用多少　D. 具有循环信用额度

49. 按照国际货币基金组织对金融危机的分类,2007 年由美国次贷风波引发的全球金融危机属于(　　)。
A. 银行危机　B. 货币危机　C. 系统性金融危机　D. 外债危机
50. 有效需求不足是通货紧缩的原因之一,引起有效需求不足的原因有(　　)。
A. 金融机构贷款意愿下降　B. 储蓄倾向下降
C. 实际利率较低　D. 消费倾向上升
51. (　　)是根据银行资产的风险程度计算出来的虚拟资本,本质上是一个风险概念,也称为风险资本。
A. 附属资本　B. 核心资本　C. 经济资本　D. 会计资本
52. 下列选项中,通常不用于衡量银行盈利性指标的是(　　)。
A. 资本充足率　B. 平均总资产回报率
C. 平均净资产回报率　D. 风险调整后资本回报率
53. 销售人员在为客户办理理财产品认购手续前,应当遵守《商业银行理财产品销售管理办法》的规定,下列操作不符合该规定的是(　　)。
A. 确认客户抄录的风险确认语句,如果没有抄写,及时替客户填写
B. 了解客户风险承受能力评估情况、投资期限和流动性要求
C. 有效识别客户身份
D. 向客户介绍理财产品销售业务流程、收费标准及方式等
54. 某商业银行接受客户拥有的国债作为其借款担保,该担保方式属于(　　)。
A. 保证　B. 抵押　C. 质押　D. 信用担保
55. 下列关于商业银行内部控制的表述,正确的是(　　)。
A. 新业务和机构可以暂时不纳入内部控制范畴
B. 行长可以不受内部控制的约束
C. 内部控制成本可以不考虑
D. 商业银行全体员工参与内部控制
56. 银行资产负债表中资产减去负债后的余额属于(　　)。
A. 注册资本　B. 实收资本　C. 资本盈余　D. 会计资本
57. 在我国能够制定和调整基准利率的机构是(　　)。
A. 政策性银行　B. 中国人民银行
C. 中国银行保险监督管理委员会　D. 中国银行业协会
58. (　　)作为股份公司的权力机构,决定公司战略性的重大问题,选举和更换董事,选举和更换由股东代表出任的监事,决定公司组织变更、解散,修改公司章程等。
A. 监事会　B. 董事会　C. 股东大会　D. 公司经理
59. 银行业从业人员将客户信息提供给第三方的行为,违反了银行业从业基本准则关于(　　)的规定。
A. 诚实信用　B. 专业胜任
C. 公平竞争　D. 保护商业秘密与客户隐私
60. 客户本金或者利息逾期的贷款应至少归为(　　)。
A. 次级类　B. 关注类　C. 正常类　D. 可疑类
61. A 银行将自 2015 年 3 月 11 日起代理 B 销售基金管理公司某个股票型证券投资基金。关于此项业务的表述,正确的是(　　)。
A. 该代理属于法定代理　B. 投资者认购基金合同当事人是银行与投资者
C. 基金管理公司负责该基金的投资　D. 银行负责该基金的投资
62. 内部控制应当与管理模式、业务规模、产品复杂程度、风险状况等相适应,并根据情况变化及时进行调整,这体现了内部控制的(　　)原则。
A. 全覆盖　B. 制衡性　C. 审慎性　D. 相匹配

63. 下列选项中,不属于商业银行良好公司治理内容的是(　　)。
A. 清晰的职责边界　　B. 健全的组织架构
C. 有效的风险管理与内部控制　　D. 快速的经营决策机制

64. (　　)作为一部专门的行业监督管理法,明确界定了我国银行业监督管理的目标、原则和职责等。
A.《中华人民共和国外资银行管理条例》　　B.《中华人民共和国银行业监督管理法》
C.《中华人民共和国商业银行法》　　D.《中华人民共和国中国人民银行法》

65. 下列关于信用卡消费信贷特点的表述,错误的是(　　)。
A. 循环信用额度
B. 没有最低还款额
C. 除信用借款外,还有存取现金、转账等其他功能
D. 具有无抵押、无担保贷款性质

66. 反映银行生息资产创造净利息收入能力的指标是(　　)。
A. 平均净资产回报率　　B. 平均总资产回报率
C. 净利息收益率　　D. 风险调整后资本回报率

67. 一国领土范围内,本国居民和外国居民在一定时期内所生产的、以市场价格表示的产品和劳务总值是(　　)。
A. 国民收入　　B. 国内生产总值　　C. 国民生产净值　　D. 国民生产总值

68. 根据《中华人民共和国商业银行法》的规定,下列不属于商业银行经营业务的是(　　)。
A. 股票承销　　B. 吸收公众存款
C. 发放短期、中期和长期贷款　　D. 买卖、代理买卖外汇

69. 下列处罚措施中,属于刑事责任承担方式的是(　　)。
A. 罚金　　B. 开除　　C. 罚款　　D. 警告

70. 下列几种票据的写法,正确的是(　　)。
A. 出票日期:贰零零捌年零壹月拾伍日　　B. 大写票据金额:人民币贰万伍仟元整
C. 出票日期:贰零零捌年壹月零壹日　　D. 大写票据金额:叁万伍千元

71. 下列选项中,(　　)不是监管部门的行政处分措施。
A. 撤职　　B. 警告　　C. 降级　　D. 管制

72. 银行买入外国纸币时所使用的外汇牌价是(　　)。
A. 现钞买入价　　B. 现汇买入价
C. 现钞卖出价　　D. 现汇卖出价

73. 银行业从业人员处理客户投诉时,下列行为正确的是(　　)。
A. 应当耐心听取客户投诉,事后若经过调查发现客户投诉不当,则不必再答复客户
B. 对客户错误的投诉和建议无须理会
C. 应当将处理的进展和结果适时地反馈给客户
D. 若在机构规定的投诉反馈期限内无法提出处理意见,只能搁置

74. 由股份有限公司公开发行、用以证明投资者的股东身份和权益,并据以获得股息和红利的凭证是(　　)。
A. 大额存单　　B. 企业债券　　C. 债券　　D. 股票

75. 下列不属于货币政策中介目标和操作目标选择标准的是(　　)。
A. 可观测性　　B. 流动性　　C. 相关性　　D. 可控性

76. 因重大误解而订立的合同属于(　　)。
A. 可变更、可撤销合同　　B. 无效合同
C. 效力待定合同　　D. 有效合同

77. 下列不属于银行公司治理主体的是(　　)。
A. 股东大会　　B. 工会　　C. 监事会　　D. 董事会

78. 合同订立后未生效,需要权利人追认才能生效的合同是(　　)。
A. 效力待定合同　B. 无效合同　C. 可撤销合同　D. 已生效合同
79. 下列关于金融机构反洗钱义务的说法,错误的是(　　)。
A. 金融机构应当按照规定建立客户身份资料和交易记录保存制度,并于金融机构破产和解散时销毁全部资料和记录
B. 金融机构应当按照规定建立和实施客户身份识别制度
C. 金融机构应当按照规定执行大额交易和可疑交易报告制度
D. 金融机构应当依照规定建立健全反洗钱内部控制制度,金融机构的负责人应当对反洗钱内部控制制度的有效实施负责
80. 第二版巴塞尔资本协议中,最低资本要求、监督检查和(　　)被并列为资本监管的三大支柱。
A. 公司治理　B. 投资者关系管理　C. 市场纪律　D. 资本评估
81. 由商业银行经营、管理及其他行为或外部事件导致利益相关方对商业银行负面评价的风险是(　　)。
A. 声誉风险　B. 法律风险　C. 国家风险　D. 流动性风险
82. 按照《中华人民共和国银行业监督管理法》的规定,银行业金融机构不包括(　　)。
A. 农村信用合作社　B. 政策性银行
C. 证券公司　D. 商业银行
83. 下列关于大额可转让定期存单的表述,错误的是(　　)。
A. 有固定面额和约定期限　B. 可以在市场上转让流通的存款凭证
C. 由大型工商企业发行　D. 不可提前支取
84. 银行等金融机构在反洗钱方面承担的义务不包括(　　)。
A. 建立内部反洗钱工作机制和规程
B. 及时报告大额和可疑交易
C. 进行与反洗钱有关的政策、法规宣传和培训的工作
D. 接收并分析人民币、外币大额交易和可疑交易报告
85. 某银行十分重视消费者的权益保障,这是尽到了银行的(　　)。
A. 环境责任　B. 社会责任　C. 经济责任　D. 政治责任
86. 金融市场的客体是(　　)。
A. 融资活动的参与者　B. 资金的需求者
C. 金融交易对象　D. 资金的供应者
87. 当一国存在较大国际收支逆差时,不会出现的现象是(　　)。
A. 会造成本国外汇收入比外汇支出少　B. 会造成外汇汇率上涨
C. 会造成对外汇的需求小于外汇供给　D. 会造成本币对外贬值
88. 货币市场的特点表现在(　　)。
A. 期限短、流动性弱、风险小　B. 期限短、流动性强、风险小
C. 期限长、流动性强、风险小　D. 期限短、流动性强、风险大
89. 中国银行保险监督管理委员会对涉嫌金融违法的银行业金融机构工作人员的账户可以予以(　　)。
A. 销户　B. 查询　C. 冻结　D. 扣划
90. 支付结算业务属于商业银行的(　　)。
A. 资产业务　B. 中间业务　C. 其他业务　D. 负债业务

二、多项选择题。以下各小题所给出的五个选项中,有两项或两项以上符合题目的要求,请选择相应选项,多选、少选、错选均不得分(共 40 题,每题 1 分,共 40 分)。

91. 抵押合同应当包含的条款有(　　)。
A. 债务人履行债务的期限　B. 抵押财产的状况
C. 被担保债权的种类和数额　D. 担保范围
E. 不能实现债权时的受偿方式

92. 借记卡的特点包括(　　)。
A. 发卡银行一般给予持卡人20~56天的免息期
B. 先存款后使用
C. 可以凭借密码或签名进行消费、转账
D. 通常与储户的活期储蓄存款账户相联结
E. 不具备透支功能

93. 下列选项中,属于《商业银行合规风险管理指引》所称的法律、规则和准则的有(　　)。
A. 银行内部制订的办法
B. 银行业从业人员职业操守
C. 法律、行政法规
D. 银行业协会的行业准则
E. 部门规章

94. 下列指标通常用于反映银行盈利水平的有(　　)。
A. 每股收益
B. 净息差
C. 不良贷款拨备覆盖率
D. 市盈率
E. ROE与RAROC

95. 在接受现场检查的过程中,银行业从业人员应该配合监管人员审核所在机构(　　)的一致性。
A. 账账之间
B. 表实之间
C. 账实之间
D. 账表之间
E. 内外之间

96. 犯罪的构成要件有(　　)。
A. 犯罪形态
B. 犯罪主观方面
C. 犯罪客观方面
D. 犯罪主体
E. 犯罪客体

97. 下列属于2003年12月27日修订后的《中华人民共和国中国人民银行法》所规定的中国人民银行职责的有(　　)。
A. 依法制定和执行货币政策
B. 持有、管理、经营国家外汇储备
C. 撤销违法经营的银行业金融机构
D. 监督管理银行间外汇市场
E. 发行人民币,管理人民币流通

98. 以下关于商业银行风险管理流程的理解,正确的有(　　)。
A. 满足不同风险层级和不同职能部门对于风险发展状况的多样化需求是一项极为艰巨的任务
B. 银行开发风险管理模型的难度最主要在于数据源是否真实、准确和充足
C. 银行应对不同业务的风险选择统一的计量方法
D. 风险识别包括了解各种潜在的风险和分析引起风险事件的原因两个环节
E. 风险控制是对识别和计量的风险采取管理措施

99. 下列关于商业银行内部控制的表述,正确的有(　　)。
A. 内部控制应当以实现银行盈利最大化为出发点
B. 任何人不得拥有不受内部控制约束的权力
C. 商业银行的经营管理,尤其是设立新的机构或开办新的业务,均应当体现"内控优先"的要求
D. 内部控制应当突出重点,不必渗透到商业银行的各项业务过程和各个操作环节
E. 内部控制的监督、评价部门应当有直接向董事会、监事会和高级管理层报告的渠道

100. 银行业从业人员职业操守的宗旨包括(　　)。
A. 确保银行利润最大化
B. 建立健康的银行业企业文化和信用文化
C. 规范银行业从业人员职业行为
D. 提高中国银行业从业人员整体素质和职业道德水准
E. 维护银行业良好信誉

101. 下列行为中,符合银行业从业人员职业操守关于“风险提示”规定的有(　　)。
A. 提示理财产品中对客户不利的方面
B. 力推收益较高的理财产品而不提风险
C. 提供虚假的收益计算方式
D. 在营销理财业务时主要从收益角度提示客户
E. 在营销理财业务时提示免责条款

102. 下列属于商业银行正当竞争手段的有(　　)。
A. 提高服务质量
B. 在媒体上宣传新金融产品
C. 向其他贷款人提供虚假信息
D. 贬低对手
E. 小额行贿

103. 货币作为特殊商品,其特殊性表现在(　　)。
A. 货币是衡量一切商品价值的材料
B. 货币是商品
C. 货币是财富
D. 货币能够体现生产关系
E. 具有同其他一切商品相交换的能力

104. 股份有限公司健全的公司治理组织机构应包括(　　)。
A. 股东大会　B. 监事会　C. 董事会
D. 公司经理　E. 股东会

105. 我国商业银行内部控制的原则包括(　　)。
A. 全覆盖原则　B. 制衡性原则　C. 前瞻性原则
D. 审慎性原则　E. 相匹配原则

106. 商业银行良好的公司治理应包括(　　)。
A. 合理的激励约束机制
B. 健全的组织架构
C. 有效的风险管理与内部控制
D. 科学的发展战略、良好的价值准则与社会责任
E. 清晰的职责边界

107. 商业银行合规风险管理的目标有(　　)。
A. 建立健全合规风险管理框架
B. 确保依法合规经营
C. 确保股东利润回报
D. 实现对合规风险的有效识别和管理
E. 促进全面风险管理体系建设

108. 商业银行借记卡功能包括(　　)。
A. 消费信贷　B. 储蓄功能　C. 汇兑转账
D. 支付结算　E. 个人信用

109. 下列关于商业银行代理保险业务的说法,正确的有(　　)。
A. 商业银行代理保险业务,应当取得经营保险代理业务许可证
B. 投资连结保险销售人员应接受过专项培训,并无不良记录
C. 商业银行属于保险兼业代理机构
D. 商业银行属于保险专业代理机构
E. 商业银行网点应当张贴统一制式的投保提示

110. 商业银行私募理财产品是指商业银行面向合格投资者非公开发行的理财产品。合格投资者是指具备相应风险识别能力和风险承受能力,投资于单只理财产品不低于一定金额且符合一定条件的自然人、法人或者依法成立的其他组织,其中自然人应具有2年以上投资经历,且满足下列条件之一(　　)。
A. 近3年本人年均收入不低于40万元人民币
B. 家庭金融净资产不低于200万元人民币
C. 家庭金融资产不低于500万元人民币
D. 家庭金融资产不低于600万元人民币
E. 家庭金融净资产不低于300万元人民币

111. 中央银行可以运用的影响商业银行信用创造能力的手段包括(　　)。
A. 改变再贷款规模　　B. 调节再贴现率
C. 办理银行之间的清算　　D. 在公开市场上买卖有价证券
E. 调整法定准备金率

112. 银行业从业人员职业操守规定银行从业人员应当遵守"忠于职守"的原则,这一原则要求银行从业人员(　　)。
A. 维护所在机构的声誉　　B. 参与可能存在利益冲突的业务、项目
C. 保护所在机构的专有技术　　D. 保护所在机构的商业秘密
E. 保护所在机构的知识产权

113. 下列关于遗嘱继承和法定继承的表述,正确的有(　　)。
A. 遗嘱继承中,应给缺乏劳动能力又没有生活来源的法定继承人保留必要的遗产份额
B. 法定继承优先于遗嘱继承
C. 遗嘱只有经过公证才优先于法定继承
D. 遗嘱继承优先于法定继承
E. 公民可以立遗嘱将个人财产赠给国家、集体或者法定继承人以外的人

114. 甲自己制作了某银行支行的业务印章,并印制了空白存单,然后制作了一张100万元的银行存单,并以此从另一家银行获得抵押贷款100万元。根据《中华人民共和国刑法》的有关规定,下列说法正确的有(　　)。
A. 这是伪造金融票证的行为　　B. 这是合法的,因为甲自己在银行有抵押
C. 这种行为不构成犯罪　　D. 这是金融诈骗行为
E. 这种行为属于一般民事纠纷,甲应当赔偿银行损失

115. 下列行为中,违反银行业从业人员职业操守"公平竞争"准则的有(　　)。
A. 贬低对手　　B. 低价销售　　C. 折扣返点
D. 虚假宣传　　E. 改善质量

116. 张某和王某同为某银行的一个项目团队成员,他们在项目工作中共同研讨开发项目,共享项目研究成果。张某此时正在攻读在职博士学位,需要发表有关此研究成果的文章。银行领导已同意其发表文章和以个人名义署名的申请。在文章署名方面,张某(　　)。
A. 可以在不告知王某的情况下独自署名　　B. 在王某不愿署名时可以单独署名
C. 发表文章时只能以银行名义署名　　D. 可以和王某联合署名
E. 不管王某是否愿意,都要署两个人的名

117. 商业银行委托贷款业务的特点有(　　)。
A. 银行提供资金　　B. 银行赚取贷款利差
C. 银行不承担风险　　D. 银行收取手续费
E. 具体贷款条件银行与借款人协商

118. 下列关于商业银行信用卡使用表述,正确的有(　　)。
A. 可以无限制透支　　B. 一般不指定透支用途
C. 一般不能提现　　D. 不可以透支
E. 循环使用信用额度

119. 下列关于银行监管表述,正确的有(　　)。
A. 商业银行自我监管通过内部治理、内部控制与内部审计实现
B. 银行监管的本质是制度监管
C. 银行业外部监管是监管的最高层次
D. 行业自律和市场约束是银行监管的两个层次
E. 银行监管的方式、方法在不断变化和演进之中

120. 一国货币对外升值对进出口贸易的影响包括(　　)。
A. 有利于本国商品的出口
B. 不利于外国商品的进口
C. 不利于本国商品的出口
D. 有利于外国商品进口
E. 会增加贸易顺差或减少贸易逆差

121. 下列关于单位活期存款账户的表述,正确的有(　　)。
A. 基本建设资金可以存入专用存款账户
B. 临时存款账户的有效期最长不得超过2年
C. 企业、事业单位只能选择一家商业银行开立基本账户
D. 同一存款客户只能在商业银行开立一个基本存款账户
E. 一般存款账户可以办理现金缴存,但不得办理现金支取

122. 普通股股东享有的主要权利有(　　)。
A. 优先认股权
B. 公司盈余的优先分配权
C. 经营决策的参与权
D. 对公司重大经营决策进行投票表决
E. 剩余财产索取权

123. 下列行为中,属于违背银行业从业人员职业操守基本准则的有(　　)。
A. 接受客户馈赠的消费卡
B. 把客户的婚姻及家庭状况告知自己的家人
C. 把客户的交易信息告知同机构的同事
D. 如实告知客户本行理财产品所面临的风险
E. 给客户介绍本行新推出的理财产品

124. 下列关于贷款风险分类的说法,正确的有(　　)。
A. 可用客户的信用评级代替对贷款的分类
B. 须评估借款人现金流量、财务状况,以及影响还款能力的非财务因素
C. 把贷款的担保作为主要还款来源
D. 把借款人的正常营业收入作为第一还款来源
E. 以评估借款人的还款能力为核心

125. 商业银行依法应履行的反洗钱义务主要有(　　)。
A. 开展反洗钱培训和宣传工作
B. 建立客户身份资料和交易记录保存制度
C. 建立健全反洗钱内部控制制度
D. 建立客户身份识别制度
E. 执行大额交易和可疑交易报告制度

126. 下列资金可以开立专用存款账户的有(　　)。
A. 基本建设资金
B. 信托基金
C. 单位银行卡备用金
D. 日常货款收付
E. 金融机构存放同业资金

127. 下列不属于第二版巴塞尔资本协议第一支柱涵盖的风险有(　　)。
A. 战略风险
B. 声誉风险
C. 流动性风险
D. 市场风险
E. 国别风险

128. 根据银保监会下发的《商业银行流动性风险管理办法》,2020年,资产规模小于2000亿元人民币的商业银行应持续达到的最低监管标准有(　　)。
A. 流动性匹配率
B. 流动性比例
C. 净稳定资金比例
D. 优质流动性资产充足率
E. 流动性覆盖率

129. 根据《中华人民共和国中国人民银行法》,中国人民银行的职责包括(　　)。
A. 监管工商信贷业务
B. 监管银行间同业拆借市场和银行间债券市场
C. 监管黄金市场
D. 监管证券市场
E. 指导、部署金融业反洗钱工作,负责反洗钱的资金检测

130. 银行业从业人员在所在机构接受监管时,下列属于符合银行业从业人员职业操守行为的有(　　)。

A. 拒绝监管人员不合理的私人要求　　B. 配合现场检查

C. 接受监管　　D. 支付监管人员加班费

E. 配合非现场监管

三、判断题。请对以下各项描述做出判断,正确的为 A,错误的为 B(共 15 题,每题 1 分,共 15 分)。

131. 明知前手以欺诈、偷盗或者胁迫等手段取得票据,出于恶意取得票据的持票人不得享有票据权利。(　　)

132. 中国银保监会根据国务院授权,代表中国政府开展反洗钱国际合作。(　　)

133. 作为抵押的财产必须是动产,因为抵押需要转移财产的占有。(　　)

134. 商业银行的组织架构可划分为统一法人制组织架构和多法人制组织架构。其中,在统一法人制组织架构中,分支机构的经营自主权相对较大。(　　)

135. 通常,银行的风险管理部门承担了风险控制、决策的重要职责。(　　)

136. 商业银行从事理财业务,在尽责履行合约义务的前提下不对客户资产价值减损承担责任,不保证本金支付和收益水平。(　　)

137.《中华人民共和国合同法》规定,承诺生效时合同成立。因此承诺生效的时间总是等于合同生效的时间。(　　)

138. 商业秘密是指不为公众所知悉、能为权利人带来经济利益,具有实用性并经权利人采取保密措施的技术信息和经营信息。(　　)

139. 信用风险是指债务人或交易对手未能履行合同所规定的义务或信用质量发生变化,从而给银行带来损失的可能性。(　　)

140. 按照基金合同约定,非公开募集基金可以由部分基金份额持有人作为基金管理人员负责基金的投资管理活动,并在基金财产不足以清偿其债务时对基金财产的债务承担无限连带责任。(　　)

141. 我国统计部门公布的失业率为城镇登记失业率,即城镇登记失业人数占城镇从业人数与城镇登记失业人数之和的百分比。(　　)

142. 商业银行内部控制应当以防范风险、审慎经营为出发点,设立新的机构或开办新的业务,应当体现“内控优先”的要求。(　　)

143. 宏观经济发展的总体目标是经济增长、充分就业、物价稳定和国际收支平衡。(　　)

144. 表见代理属于广义无权代理的一种。(　　)

145. 声誉风险被视为一种单一风险,与其他风险的关系不大。(　　)

机考题库·真题试卷(四)

答题卡

本试卷采用虚拟答题卡技术，自动评分

考生扫描右侧二维码，将答题选项填入虚拟答题卡中，题库系统可自动统计答题得分，生成完整的答案及解析。题库系统根据考生答题数据，自动收集整理错题，记录考生薄弱知识点，方便考生在题库系统中查漏补缺。

一、单项选择题。以下各小题所给出的四个选项中，只有一项符合题目要求，请选择相应选项，不选、错选均不得分(共90题，每题0.5分，共45分)。

1. 下列属于货币发挥贮藏手段职能的特点是(　　)。

A. 可以是虚拟的货币

B. 必须是现实的、可以是不足值或不稳定代表价值的货币

C. 可以是观念形态的货币

D. 必须是现实的、足值的货币或能稳定代表价值的货币

2. 在我国货币供应量层次划分中，一般所说的货币供应量是指(　　)，反映社会总需求变化和未来通货膨胀的压力状况。

A. M_1　　B. M_0

C. M_3　　D. M_2

3. 下列关于关系人的表述，错误的是(　　)。

A. 关系人包括商业银行的管理人员及其近亲　　B. 商业银行不得向关系人发放信用贷款

C. 关系人包括商业银行的董事及其近亲　　D. 商业银行不得向关系人发放担保贷款

4. 下列属于中国农业发展银行主要任务的是(　　)。

A. 吸收公众存款

B. 承担国家规定的农业政策性金融业务

C. 向国家大中型基本建设和技术改造发放贷款

D. 执行国家外贸政策，为资本性货物出口提供政策性金融支持

5. 房地产市场发展过热时，银行向大量房地产企业发放房地产开发贷款，向个人发放住房按揭贷款。随后，房地产市场陷入萧条，房价大幅下跌，房地产企业资金紧张，这时商业银行面临的最主要的风险是(　　)。

A. 战略风险　　B. 操作风险

C. 市场风险　　D. 信用风险

6. 商业银行保有一定量的高流动性资产，其主要目的是(　　)。

A. 满足调节国际收支需要　　B. 应付存款人提取存款需要

C. 满足货币发行需要　　D. 为了取得较高盈利

7. 商业银行应当采用科学合理的方法对拟销售的理财产品自主进行风险评级，风险评级的结果由低到高至少包括(　　)个等级。

A. 3　　B. 6　　C. 4　　D. 5

8. 下列关于支票的表述，正确的是(　　)。

A. 普通支票可以提取现金　　B. 支票等同于现金

C. 划线支票可以提取现金　　D. 转账支票可以提取现金

9. 商业银行开展的下列业务中，不属于同业融资业务的是(　　)。

A. 同业拆借　　B. 买入返售(卖出回购)

C. 同业存款　　D. 特定目的载体投资

10. 根据《商业银行资本管理办法(试行)》的规定,商业银行最低资本要求中,核心一级资本充足率为(　　),一级资本充足率为(　　)。
A. 4%;8%　　B. 4%;11%　　C. 6%;10%　　D. 5%;6%
11. 由扩大投资规模推动的长期较高的经济增长常常会引起(　　)。
A. 通货紧缩　　B. 利率下降　　C. 通货膨胀　　D. 失业率上升
12. 风险报告应满足不同层级、不同部门的需要。通常情况下,从事金融市场业务交易的人员需要的报告是(　　)。
A. 具体产品头寸报告　　B. 信用风险分析报告
C. 操作风险分析报告　　D. 全面风险分析报告
13. 银行应进口申请人的要求,与其达成进口项下单据及货物的所有权归银行所有的协议后,银行以信托收据的方式向其释放单据并先行对外付款的行为是(　　)。
A. 保付代理　　B. 打包放款　　C. 进口押汇　　D. 出口押汇
14. 根据《中华人民共和国票据法》的规定,汇票的(　　)必须与付款人具有真实的委托付款关系,并且具有支付汇票金额的可靠资金来源。
A. 出票人　　B. 承兑人　　C. 保证人　　D. 背书人
15. 下列关于票据行为的表述,错误的是(　　)。
A. 背书是指持票人转让票据权利予他人的行为
B. 保证是除票据债务人以外的人为担保票据债务的履行、以承担同一内容的票据债务为目的的一种附属票据行为
C. 出票是指出票人签发票据并将其交付给受款人的票据行为
D. 承兑是指汇票出票人承诺在汇票到期日支付汇票金额的票据行为
16. 下列财产中不得抵押的财产是(　　)。
A. 个人享有的房屋产权　　B. 国有土地所有权
C. 国有土地使用权　　D. 企业所有的汽车
17. 我国单位银行结算账户按用途分为基本存款账户、一般存款账户、(　　)和临时存款账户。
A. 专用存款账户　　B. 现金存款账户
C. 外汇存款账户　　D. 支票存款账户
18. 李某是农村信用社的会计主管,利用职务之便,其先后三次挪用本单位资金25万元,用于网上赌球。李某的行为涉嫌构成(　　)。
A. 洗钱罪　　B. 职务侵占罪
C. 挪用资金罪　　D. 贪污罪
19. 某银行积极推进绿色信贷,并申请加入赤道原则,这是尽到了银行的(　　)。
A. 经济责任　　B. 政治责任
C. 环境责任　　D. 社会责任
20. 下列不属于中国人民银行主要职责的是(　　)。
A. 批准银行业金融机构的信用卡业务　　B. 制定和执行货币政策
C. 发行人民币,管理人民币流通　　D. 维护支付、清算系统的正常运行
21. 下列物权中,属于担保物权的有(　　)。
A. 留置权　　B. 典权
C. 国有土地使用权　　D. 土地所有权
22. 当中央银行提高再贴现率时,(　　)。
A. 商业银行的放款能力将会增强　　B. 市场利率水平将会上升
C. 投资者的投资意愿将会增强　　D. 市场货币供应量将会增加
23. 代理的法律后果由(　　)承受。
A. 被代理人　　B. 代理人　　C. 相对人　　D. 中介

24. 设立城市商业银行的注册资本最低限额为(　　)。
A. 实缴资本 5000 万元人民币　　B. 认缴资本 5000 万元人民币
C. 认缴资本 1 亿元人民币　　D. 实缴资本 1 亿元人民币
25. 目前,对我国商业银行而言,通常面临的市场风险表现为(　　)。
A. 利率风险　　B. 股票价格风险
C. 操作风险　　D. 商品价格风险
26. 根据《商业银行资本管理办法(试行)》,正常时期我国系统重要性银行的资本充足率不得低于(　　)。
A. 11%　　B. 11.5%　　C. 10.5%　　D. 8%
27. 下列主体中具有法人资格的是(　　)。
A. 个体工商户　　B. 一人公司
C. 某公司财务部　　D. 某银行董事会
28. 下列金融机构的行为符合建立客户身份识别制度的是(　　)。
A. 开立假名账户　　B. 严格执行存款实名制
C. 为客户开立匿名账户　　D. 泄露客户身份资料
29. 金融市场具有决定利率、汇率的功能,这属于金融市场的(　　)。
A. 资源配置功能　　B. 货币资金融通功能
C. 定价功能　　D. 风险分散与风险管理功能
30. 下列属于通货紧缩现象的是(　　)。
A. 货币供应量多于客观需要量　　B. 单位货币升值
C. 有效需求过多　　D. 社会总需求大于总供给
31. 银行应建立健全外包管理制度,并至少(　　)开展一次全面的外包业务风险评估。
A. 每年　　B. 每 6 个月　　C. 每季度　　D. 每月
32. B 公司申请开出不可撤销信用证,金额为 80 万元。在收到受益人寄来的单据时,B 公司资金出现困难,遂向 A 银行申请进口押汇资金 80 万元,下列表述正确的是(　　)。
A. 进口信用证项下的单据及其货物所有权仍归 B 公司所有
B. 进口押汇对借款人的信用等级要求一般高于流动资金贷款
C. 进口押汇是属于货物单据的购买协议
D. 进口押汇包括进口信用证项下押汇和进口代收项下押汇
33. 下列不属于信用卡功能的是(　　)。
A. 存取现金　　B. 消费信贷　　C. 支付手段　　D. 外汇转账
34. 民事法律行为应具备的条件不包括(　　)。
A. 不违反法律或者社会公共利益　　B. 意思表示真实
C. 行为人具有相应的民事行为能力　　D. 订立书面合同
35. 下列关于我国政策性银行的说法,正确的是(　　)。
A. 与商业银行没有区别　　B. 不以营利为目的
C. 是政府的银行　　D. 是银行的银行
36. 下列关于金融犯罪对象的表述,正确的是(　　)。
A. 不能是自然人　　B. 可以是金融工具
C. 只能是法人　　D. 只能是金融企业
37. 根据我国《支付结算办法》,以下不符合票据日期填写要求的是(　　)。
A. 零壹月壹拾伍日　　B. 叁月壹拾伍日
C. 壹拾月壹拾伍日　　D. 壹拾贰月壹拾伍日
38. 根据《商业银行大额风险暴露管理办法》〔银保监会令(2018)1 号〕,对非同业单一客户的风险暴露不得超过一级资本净额的(　　)。
A. 10%　　B. 25%　　C. 20%　　D. 15%

39. 持有商业汇票的企业在汇票到期日前,为了取得资金,在给付一定利息后,将票据权利转让给商业银行的票据行为是(　　)。
A. 贴现　B. 背书　C. 再贴现　D. 转贴现
40. (　　)是银行业消费者作为消费主体享有的首要和必不可少的基本权利。
A. 隐私权　B. 安全权　C. 知情权　D. 自主选择权
41.《中国人民银行关于人民币存贷款计结息问题的通知》中规定：从2005年9月21日起,我国对活期存款实行按季结息,每季度末月的(　　)日为结息日，次日付息。
A. 25　B. 15　C. 20　D. 30
42. 民事主体之间设立、变更、终止民事法律关系的协议称为(　　)。
A. 承诺　B. 票据　C. 合同　D. 民事行为
43. 由货币当局制定并干预,只能在一定幅度内波动的汇率称为(　　)。
A. 固定汇率　B. 浮动汇率　C. 基本汇率　D. 官方汇率
44. 同业存放和存放同业分别属于商业银行的(　　)。
A. 负债业务;资产业务　B. 资产业务;负债业务
C. 中间业务;负债业务　D. 表外业务;中间业务
45. 系统内联行清算不包括(　　)。
A. 全国联行往来　B. 同地域联行往来
C. 分行辖内往来　D. 支行辖内往来
46. 中国人民银行可以决定对商业银行贷款的数额、期限、利率和方式,但贷款的期限不得超过(　　)。
A. 6个月　B. 9个月　C. 1年　D. 2年
47. 合法代理行为的法律后果直接归属于(　　)。
A. 第三人　B. 代理人和被代理人
C. 代理人　D. 被代理人
48. 信用风险控制手段中,(　　)是指银行在对存量信贷资产进行风险收益评估的基础上,收回对超出其风险容忍度的贷款,以达到降低风险总量、优化信贷结构的目的。
A. 信贷退出　B. 风险缓释　C. 限额管理　D. 风险定价
49. 以依法可以转让的股票出质的,出质人与质权人应当订立书面合同,并向证券登记机构办理出质登记。质权自(　　)起设立。
A. 合同中约定之日　B. 登记之日后一日
C. 登记之日　D. 合同签订之日
50. 进行夫妻财产约定,应当(　　)。
A. 采用口头形式　B. 进行公证
C. 采用书面形式　D. 有第三人见证
51. 在我国,贷款基础利率是指(　　)。
A. 中央银行对商业银行执行的贷款利率
B. 商业银行对其最优质客户执行的存款利率
C. 中央银行对其最优质客户执行的贷款利率
D. 商业银行对其最优质客户执行的贷款利率
52. 下列不属于监管工具的是(　　)。
A. 不良资产率　B. 不良贷款拨备覆盖率　C. 杠杆率　D. 风险严重度
53. 根据《中华人民共和国反洗钱法》,下列不属于洗钱犯罪的上游刑事犯罪是(　　)。
A. 贪污贿赂犯罪　B. 渎职罪　C. 金融诈骗犯罪　D. 毒品犯罪
54. 根据《商业银行资本管理办法(试行)》的规定,下列属于核心一级资本的有(　　)。
A. 实收资本、一般风险准备、盈余公积、可转换债券
B. 实收资本、一般风险准备、盈余公积、少数股东资本可计入部分

C. 实收资本、一般风险准备、盈余公积、优先股
D. 实收资本、一般风险准备、优先股、未分配利润

55. 下列关于中国银行业协会的表述,错误的是(　　)。
A. 中国银行业协会的主管单位是中国银行保险监督管理委员会
B. 银行业金融机构必须加入中国银行业协会
C. 中国银行业协会是非营利性的社会团体
D. 中国银行业协会是我国的银行业自律组织

56. 从银行审慎、稳健经营的角度而言,银行持有的账面资本数量应(　　)经济资本。
A. 小于等于　　B. 等于　　C. 小于　　D. 大于

57. 根据《中华人民共和国民法典》,下列关于保证期间的表述,错误的是(　　)。
A. 债权人与债务人对主债务履行期限没有约定或者约定不明的,保证期间自债权人要求债务人履行义务的宽限期届满之日起计算
B. 连带保证的保证人与债权人未约定保证期间的,债权人有权自主债务履行届满之日起9个月内要求保证人承担保证责任
C. 债权人已提起诉讼或申请仲裁,保证期间适用诉讼时效中断的规定
D. 一般保证的保证人与债权人未约定保证期间的,保证期间为主债务履行期满之日起6个月

58. 下列关于基准利率的表述,错误的是(　　)。
A. 基准利率表明央行对一段时期金融市场货币供求关系的总体判断
B. 基准利率决定着一个国家的金融市场的最高利率水平
C. 基准利率变化趋势引导着一个国家利率的总体变化方向
D. 基准利率是金融机构制定存款利率、贷款利率、有价证券利率的依据

59. 同业拆借市场是金融机构之间为了(　　)而相互融通的市场。
A. 增加长期收入　　B. 增加资本
C. 减少信用风险　　D. 调剂短期资金余缺

60. 通过各种手段使犯罪收益表面合法化的行为是(　　)。
A. 洗钱　　B. 受贿　　C. 诈骗　　D. 盗窃

61. 我国商业银行“贷款五级分类方法”将贷款依次分为以下五类(　　)。
A. 正常、次级、关注、可疑、损失　　B. 正常、关注、可疑、次级、损失
C. 正常、可疑、关注、次级、损失　　D. 正常、关注、次级、可疑、损失

62. 张某接受王某的委托,以王某代理人的身份依法与李某签订了合同。对于该合同的签订,(　　)。
A. 张某承担民事责任　　B. 张某与王某共同承担民事责任
C. 张某与王某均不承担民事责任　　D. 王某承担民事责任

63. 在信用活动中发挥主导作用的金融机构是(　　)。
A. 政策性银行　　B. 商业银行　　C. 投资银行　　D. 中央银行

64. 单位以非法占有为目的,利用签订、履行借款合同诈骗贷款的,可按(　　)追究单位的刑事责任。
A. 职务侵占罪　　B. 贷款诈骗罪
C. 票据诈骗罪　　D. 合同诈骗罪

65. 下列行为中,不属于可撤销民事法律行为的是(　　)。
A. 基于重大误解实施的民事法律行为
B. 一方以欺诈手段,使对方在违背真实意思的情况下实施的民事法律行为
C. 一方或者第三人以胁迫手段,使对方在违背真实意思的情况下实施的民事法律行为
D. 附有决定该行为效力发生或者消灭条件的民事法律行为

66. 下列关于GDP增长率的表述,正确的是(　　)。
A. 表示国民生产总值的增长情况

B. 反映了通货膨胀的情况

C. 是反映一定时期经济发展水平变化程度的动态指标

D. GDP 增长率越高越好

67. 商业银行违反银行业监督管理机构监管规章的行为(　　)。

A. 不会违反法律,也不涉嫌犯罪　　B. 可能违反法律,但不涉嫌犯罪

C. 不会违反法律,但可能涉嫌犯罪　　D. 可能违反法律,也可能涉嫌犯罪

68. 投资或购买与管理基础资产收益波动负相关的某种资产或金融衍生品的风险管理策略是(　　)。

A. 风险转移　　B. 风险对冲

C. 风险分散　　D. 风险规避

69. 对于信用等级相同的金融机构来说,同等期限债券回购利率一般(　　)同业拆借率;再贷款利率(　　)再贴现利率。

A. 高于;高于　　B. 高于;低于　　C. 低于;低于　　D. 低于;高于

70. 某银行的工作人员在与另一银行的工作人员接触时,符合"职业操守"要求的正确做法是(　　)。

A. 与对方深入探讨行业及市场发展趋势的过程中,避开与所在机构商业秘密有关的话题

B. 在对方临时离开办公室的空闲期间,随手翻看对方的文件资料

C. 为给客户提供更全面的市场信息,在下班时间约见对方,询问对方银行近期将要推出的新产品的信息

D. 为不落后于对方机构,经常打听对方所在机构正在酝酿但尚未公开的战略决策

71. 下列行为符合商业银行贷款管理制度的是(　　)。

A. 借款人提供贷款人要求与申请贷款有关的资料

B. 贷款人要求借款人同意借款合同以外的附加条件

C. 借款人未征得贷款人同意,向第三方转让债务

D. 借款人将贷款资金用到企业最需要地方

72. 商业银行在进行(　　)交易时,使用现钞买入价。

A. 卖出外国可自由兑换的汇票　　B. 买入外币现钞

C. 买入外国可自由兑换的汇票　　D. 卖出外币现钞

73. 通货紧缩表现为物价持续、普遍、明显下降,下列关于通货紧缩的表述,正确的是(　　)。

A. 通货紧缩是对经济增长有利的经济现象

B. 通货紧缩是货币价值稳定、经济发展良好的表现

C. 通货紧缩是货币供求失衡的表现

D. 通货紧缩是物价稳定的表现

74. (　　)是依照法定款式做成票据并交付于受款人的行为。它包括"做成"和"交付"两种行为。

A. 承兑　　B. 出票　　C. 背书　　D. 保证

75. 下列关于分公司和子公司的表述,正确的是(　　)。

A. 分公司不具有法人资格,其民事责任由总(母)公司承担;子公司具有法人资格,依法独立承担民事责任

B. 分公司具有法人资格,依法独立承担民事责任;子公司不具有法人资格,其民事责任由总(母)公司承担

C. 分公司和子公司都不具有法人资格,其民事责任由总(母)公司承担

D. 分公司和子公司都具有法人资格,依法独立承担民事责任

76. 物权法定的含义是(　　)。

A. 物权的种类和内容由法律规定

B. 不动产物权的设立、变更、转让和消灭,应当依照法律规定登记

C. 物权受法律保护

D. 一个物上不能同时设立两个或者两个以上在性质上相互排斥或内容上不相容的物权

77. 下列关于商业银行经营的"三性"原则的表述,正确的是(　　)。
A. 以流动性、效益性、安全性为经营原则
B. 以安全性、效益性、流动性为经营原则
C. 以安全性、流动性、效益性为经营原则
D. 以效益性、安全性、流动性为经营原则
78. 以依法可以转让的注册商标专用权、专利权、著作权中的财产权出质的,出质人与质权人应当订立书面合同,并向管理部门办理出质登记,质权自(　　)之日起设立。
A. 转让　　B. 订立　　C. 登记　　D. 出质
79. 银行业从业人员的下列行为中,没有遵守"公平对待"原则的是(　　)。
A. 设置明显的标志,将为 VIP 客户提供服务的营业场所与一般营业地点区分开来
B. 因产品设计差异而导致费率和服务便捷程度上的差别
C. 在为提出小额服务需求的老年客户办理业务时不耐烦
D. 耐心公平地对待不熟悉业务流程的客户
80. 下列关于定金和订金的表述中,错误的是(　　)。
A. 定金是一种担保方式,而订金不具有担保功能
B. 定金具有预付款性质
C. 收受定金的一方不履行约定的债务的,应当双倍返还定金
D. 订金的数额可由当事人之间自由约定
81. 银行业从业人员的下列行为中,不符合"熟知业务"操守规定的是(　　)。
A. 熟知向客户推荐的产品
B. 除自身岗位相关知识外,还需了解宏观经济和金融环境
C. 银行科技部门工作人员,因为主要处理银行 IT 系统,因此对银行主要业务无须了解
D. 熟知与自身岗位相关的有关法规
82. 商业银行经济资本是指(　　)。
A. 商业银行在既定的期间和置信区间内,根据银行实际承担的经营风险计算的用以覆盖预期损失和非预期损失而应该持有的资本
B. 商业银行在既定的期间和置信区间内,根据银行实际承担的经营风险计算的用以覆盖非预期损失所需的资本
C. 商业银行在既定的期间和置信区间内,根据银行实际承担的经营风险计算的用以覆盖不良贷款所需的资本
D. 商业银行在既定的期间和置信区间内,根据银行实际承担的经营风险计算的用以覆盖预期损失所需的资本
83. 某银行从业人员由于不理解某理财产品的收益率计算,导致宣传该理财产品时所做出的产品收益率解释与产品实质相差很大。这位银行员工违反了银行业从业基本准则关于(　　)的规定。
A. 保护商业秘密与客户隐私　　B. 勤勉尽职
C. 诚实信用　　D. 专业胜任
84. 商业银行内部控制的出发点是(　　)。
A. 实现盈利最大化　　B. 风险为本、审慎经营
C. 控制速度、稳健发展　　D. 实现规模最大化
85. 集资诈骗罪区别于非法集资的重要特征是(　　)。
A. 使用高端工具　　B. 犯罪主体资格
C. 以非法占有他人财物为目的　　D. 集资总量大
86. 未成年人的父母已经死亡或者没有监护能力,对担任监护人有争议的情况下,下列处理方式正确的是(　　)。
A. 不可以直接向人民法院申请指定监护人

B. 由未成年人住所地的民政部门担任监护人
C. 由未成年人住所地的居民委员会指定
D. 由未成年人的父、母的所在单位担任监护人

87. 我国商业银行贷款业务的一般流程为(　　)。
A. 贷款申请、贷款审批、贷款发放、贷款检查、贷后管理
B. 贷款申请、贷款审批、贷前调查、贷款发放、贷后管理
C. 贷款申请、贷前调查、贷款审批、贷款发放、贷后管理
D. 贷款申请、贷前调查、贷款审批、贷款发放、贷后调查

88. 房地产开发贷款包括住房开发贷款和商业用房开发贷款,但对非住宅部分投资占总投资比例超过(　　)的综合性房地产项目,其贷款也视同商业用房开发贷款。
A. 70%　　B. 50%　　C. 60%　　D. 40%

89. 下列不符合银行业从业人员职业操守中"了解客户"规定的是(　　)。
A. 大额取款要求客户提供身份证件
B. 了解客户风险承受能力
C. 了解客户的财务状况
D. 为未带有效身份证件的熟悉客户新开账户

90. 下列属于通货紧缩的影响的是(　　)。
A. 会增加消费需求
B. 会形成有利于债务人不利于债权人的资金再分配
C. 会形成有利于债权人不利于债务人的资金再分配
D. 导致社会总投资增加

二、多项选择题。以下各小题所给出的五个选项中,有两项或两项以上符合题目的要求,请选择相应选项,多选、少选、错选均不得分(共 40 题,每题 1 分,共 40 分)。

91. 商业银行合规管理体系的基本要素包括(　　)。
A. 合规风险识别和管理流程　　B. 合规培训与教育制度
C. 合规风险管理计划　　D. 合规政策
E. 合规管理部门的组织结构和资源

92. 下列选项中,属于无效合同的有(　　)。
A. 因重大误解订立的合同　　B. 乘人之危的合同
C. 显失公平的合同　　D. 损害社会公众利益的合同
E. 以合法形式掩盖非法目的的合同

93. 下列关于存款业务的表述,正确的有(　　)。
A. 单位存款可以存入居民储蓄账户
B. 个人通知存款开户时需要约定存期
C. 定期存款可以提前支取
D. 定活两便储蓄存款可以随时支取
E. 个人通知存款取款时需要提前一定时间通知银行

94. 下列关于票据发行便利的说法,正确的有(　　)。
A. 对周转性票据发行融资的承诺
B. 银行对这种票据包销的承诺,不具有法律约束力
C. 借款人可以在一段时期内,以自己的名义周转性发行短期票据
D. 发行人以短期融资方式,取得中长期的融资效果
E. 保障票据发行人获得资金的连续性

95. 下列关于共同犯罪的说法,正确的是(　　)。
A. 共同犯罪分为一般共犯和特殊共犯即犯罪集团两种
B. 一般共犯是指二人以上没有组织形式的共同犯罪,而三人以上为共同实施犯罪而组成的较为固定的犯罪组织,是犯罪集团

C. 必须一人以上
D. 必须有共同故意
E. 必须有共同行为

96. 中央银行直接性货币政策工具包括(　　)。
A. 利率限制　　B. 证券市场信用控制
C. 信用配额　　D. 直接干预
E. 流动性比例

97. 在金属货币流通条件下,货币执行贮藏手段的特点包括(　　)。
A. 必须是退出流通领域处于静止状态的货币
B. 必须是现实的货币
C. 必须是足值的货币
D. 必须是直接以重量计算的金属
E. 必须是观念形态的货币

98. 自律组织对其会员银行的监管方式一般有(　　)。
A. 每年进行一次例行检查
B. 要求商业银行建立完善的法人治理结构
C. 强制商业银行进行信息披露
D. 要求建立一个独立的、协助董事会工作的公司审计委员会
E. 对会员的日常业务活动进行监管

99. 影响货币需求的主要因素包括(　　)。
A. 信用制度发达程度　　B. 汇率
C. 物价水平　　D. 利率水平
E. 收入水平

100. 下列属于国务院银行业监督管理机构的法定监管目标的有(　　)。
A. 在国务院领导下,制定和执行货币政策
B. 维护支付、清算系统的正常运行
C. 保护银行业公平竞争,提高银行业竞争能力
D. 促进银行业的合法、稳健运行,维护公众对银行业的信心
E. 维持物价稳定

101. 下列关于银行保函业务的表述,正确的有(　　)。
A. 履约保函是对保函申请人诚信、善意、及时履行基础交易中约定义务的保证
B. 银行保函是银行应申请人的要求向受益人作出的书面付款保证承诺
C. 即期付款保函是保证申请人因购买商品、技术、专利或劳动合同项下的付款责任而出具的类同信用证性质的保函
D. 预付款保函下,银行承担在基础交易违约的情况下向受益人返还预付款的保证责任
E. 关税保函是为进出口物品缴纳关税提供的担保

102. 投融资和票据转贴现业务管理要坚持(　　)的原则。
A. 科学规划　　B. 统一管理　　C. 集约经营
D. 综合发展　　E. 分散经营

103. 我国商业银行合规风险管理的基本制度主要包括(　　)。
A. 合规组织制度　　B. 合规绩效考核制度
C. 公平竞争制度　　D. 诚信举报制度
E. 合规问责制度

104. 商业银行违法吸收存款的,依法可能承担的法律责任有(　　)。
A. 责令停业整顿或者吊销经营许可证　　B. 破产
C. 罚款　　D. 责令改正
E. 没收违法所得

105. 借记卡具备(　　)功能。
A. 存取现金　　B. 通存通兑　　C. 转账
D. 透支　　E. 消费

106. 货币政策中介目标的作用在于(　　)。
A. 便于中央银行调整政策工具的使用
B. 为中央银行提供追踪观测的指标
C. 能够表明货币政策实施的进度
D. 为了提高货币政策的效果
E. 为了缩短货币政策时滞

107. 商业银行的下列业务中,存在信用风险的有(　　)。
A. 代收水电费　　B. 贷款　　C. 贸易融资
D. 承兑　　E. 债券投资

108. 在货币政策实施过程中,通常被中央银行采用的操作目标有(　　)。
A. 存款准备金　　B. 物价稳定　　C. 基础货币
D. 充分就业　　E. 货币供应量

109. 我国银行业监管规则体系的层次结构包括(　　)。
A. 行政法规　　B. 法律　　C. 内控制度
D. 部门规章　　E. 规范性文件

110. 下列文件中,属于商业银行理财产品销售文件的有(　　)。
A. 海报　　B. 风险揭示书
C. 理财产品说明书　　D. 精确的数据分析
E. 投资者权益须知

111. 需要见证人在场见证才发生法律效力的遗嘱有(　　)。
A. 口头遗嘱　　B. 公证遗嘱　　C. 自书遗嘱
D. 录音遗嘱　　E. 代书遗嘱

112. 票据行为是指以发生、变更或消灭票据的权利义务关系为目的的法律行为,下列属于票据行为的有(　　)。
A. 背书　　B. 出票　　C. 保证
D. 定金　　E. 承兑

113. 国际清算的类型包括(　　)。
A. 系统内联行清算　　B. 跨系统联行往来
C. 内部转账型　　D. 交换型
E. 分配型

114. 单位通知存款,按照提前通知的时间长短可以分为(　　)。
A. 2 个月通知　　B. 1 天通知　　C. 15 天通知
D. 7 天通知　　E. 1 个月通知

115. 现阶段,我国的广义货币供应量 M_2 包括的内容有(　　)。
A. 企业定期存款　　B. 流通中现金
C. 企业活期存款　　D. 证券公司保证金存款
E. 城乡居民储蓄存款

116. 通货膨胀对分配的影响主要包括(　　)。
A. 经营垄断性商品、从事囤积居奇的投机商和不法经营者往往是最大受害者
B. 通货膨胀是有利于债务人而不利于债权人的分配
C. 会引起不利于固定薪金收入阶层的国民收入再分配
D. 通货膨胀是有利于债权人而不利于债务人的分配
E. 固定薪金收入的职员往往是最主要的受害群体

117. 银行业从业人员应遵守的规范有(　　)。
A. 领导习惯性做法　　B. 客户习惯性做法
C. 行业自律规范　　D. 所在机构的规章制度
E. 法律法规

118. 货币在与商品交换发展过程中,逐步形成的职能有(　　)。
A. 价格标准　　B. 流通手段　　C. 价值尺度
D. 世界货币　　E. 支付手段

119. 货币政策中介目标主要包括(　　)。
A. 货币供应量　　B. 价格　　C. 存款准备金
D. 基础货币　　E. 利率

120. 下列债权、股权不得作为呆账核销的有(　　)。
A. 银行未向借款人、担保人追偿的债权
B. 违反法律法规的规定,以各种形式逃废或悬空的银行债权
C. 其他不应核销的银行债权、股权
D. 借款人或者担保人有经济偿还能力,银行未按规定履行必要措施和实施必要程序追偿的债权
E. 因行政干预造成逃废或悬空的银行债权

121.《中华人民共和国银行业监督管理法》赋予银保监会的监管措施有(　　)。
A. 监督管理谈话　　B. 非现场监管
C. 现场检查　　D. 限制资产转让
E. 责令银行业金融机构披露信息

122. 根据《中华人民共和国民法典》的规定,法人成立应当具备的条件有(　　)。
A. 依法成立　　B. 有自己的名称
C. 有自己的章程　　D. 有自己的财产或者经费
E. 有自己的组织机构和住所

123. 银行业从业人员在办理业务时须遵循的规则有(　　)。
A. 客户由他人代理办理业务的,应核对代理人和被代理人的身份证或者其他身份证明文件
B. 不得为客户开立匿名账户或者假名账户
C. 可以为同一客户开立多个基本存款账户
D. 不得为身份不明的客户提供服务或者与其进行交易
E. 核对并登记客户出示真实有效的身份证件或者其他身份证明文件

124. 下列选项中,属于商业银行内部控制目标的有(　　)。
A. 确保风险管理的有效性　　B. 确保银行市场竞争力的持续提升
C. 确保国家法律规定的贯彻执行　　D. 确保银行发展战略和经营目标的实现
E. 确保商业银行盈利水平持续提高

125. 我国开办的个人人民币存款业务包括(　　)。
A. 协议存款　　B. 教育储蓄存款
C. 定期存款　　D. 定活两便存款
E. 个人通知存款

126. 当事人之间签订合同,应当遵循的法律规定有(　　)。
A. 当事人订立、履行合同,应当遵守法律、行政法规,尊重社会公德,不得扰乱社会经济秩序,损害社会公共利益
B. 当事人应当按照合同约定履行自己的义务,不得擅自变更或者解除合同
C. 当事人行使权利、履行义务应当遵循诚实信用原则
D. 当事人应当遵循公平原则确定各方的权利和义务
E. 当事人的法律地位平等,一方不得将自己的意志强加给另一方

127. 下列关于货币供给的表述,正确的有(　　)。
A. 货币供给量在很大程度上能够被中央银行政策所调控
B. 货币供应量是指一国在某一时点为社会经济运转服务的货币量
C. 货币供给量不能被中央银行政策所调控
D. 货币供给一般由中央银行和商业银行供应的现金货币和存款货币构成
E. 凡是可用于交易的货币及信用工具都构成货币供应量的组成部分
128. 以下关于银行业消费者权益保护实施的说法中,正确的有(　　)。
A. 金融机构应当建立金融消费者权益保护工作专职部门或者指定牵头部门
B. 金融机构应当将金融消费者权益保护纳入公司治理、企业文化建设和经营发展战略
C. 金融机构应当建立健全金融消费者权益保护的各项内控制度
D. 金融机构对金融产品和服务进行信息披露时,应当使用有利于金融消费者接收、理解的方式
E. 金融机构可以向低风险承受等级的金融消费者推荐高风险金融产品,但不得代其购买
129. 现阶段,我国按货币流动性不同主要将货币供应量划分为三个层次,其中包括(　　)。
A. 机关团体部队存款　　B. 企业活期存款
C. 城乡居民储蓄存款　　D. 企业定期存款
E. 农村存款
130. 下列选项中,可以称为非零售信用风险暴露的有(　　)。
A. 金融机构信用风险暴露　　B. 零售信用风险暴露
C. 股权风险暴露　　D. 公司信用风险暴露
E. 主权信用风险暴露

三、判断题。请对以下各项描述做出判断,正确的为 A,错误的为 B(共 15 题,每题 1 分,共 15 分)。

131. 信用卡一般有最低还款额要求。(　　)
132. 委托贷款的贷款人(受托人)只收取手续费,不承担贷款风险。(　　)
133. 资产负债计划是资产负债管理的重要手段。通常,商业银行主要根据全行盈利能力与利润增长水平来确定资产负债总量计划。(　　)
134. 风险监测就是指监测关键风险指标。(　　)
135. 实现国际收支平衡目标就是保证国际收支差额刚好为零。(　　)
136. 流动性风险是银行最为复杂的风险种类,也是当前银行面临的最主要的风险。(　　)
137. 净额结算的缓释作用主要体现为消除违约风险暴露。(　　)
138. 省级人民政府有权安排当地法人银行机构为本地国有大中型企业对外贸易与融资提供担保,被安排的法人银行机构不得拒绝。(　　)
139. 不满 14 周岁的自然人不管实施何种危害社会的行为,都不负刑事责任,为完全不负刑事责任年龄阶段。(　　)
140. 质权人在债务履行期限届满前,与出质人约定债务人不履行到期债务时质押财产归债权人所有的,只能依法就质押财产优先受偿。(　　)
141. 市场约束也被称为市场纪律,是银行监管的最高层次,其具体表现形式之一是强化信息披露。(　　)
142. 银行中如有闲置的手提电脑,从业人员可以带回家中供家人使用,银行需要时随时还回。(　　)
143. 金融诈骗罪,是指以非法占有为目的,采用虚构事实、隐瞒真相的方法,诈骗银行或者其他金融机构的贷款,数额较大的行为。(　　)
144. 流动性风险是指无法在不增加成本或资产价值不发生损失的条件下,及时满足客户的流动性需求,从而使商业银行遭受损失的可能性,“挤兑”是典型的流动性风险。(　　)
145.《中华人民共和国商业银行法》禁止对关系人提供信用贷款,其目的是提高银行的信贷资产质量,降低风险,创造公平、公开的贷款环境,防止贷款活动中的内幕交易。(　　)

机考题库·真题试卷参考答案及解析

机考题库·真题试卷(三)

一、单项选择题

1. A 【解析】商业银行风险管理体系建设内容:①建立垂直化的组织运作机制。即实行董事会风险执行委员会→总行风险管理委员会→总行风险管理部门→分行风险管理部门(选项D正确)→基层行风险管理部门的垂直管理线路,上级风险管理机构负责对下一级风险机构负责人的任职资格、任职期限及任职绩效进行审批、考核。②要将风险管理职能进一步向总行本部集中,减少不必要的中间层级,逐步形成横向延展、纵向深入的扁平化矩阵模式(选项C正确)。③要提高风险管理的专业化水平(选项B正确),在总行设立专业化评估中心和审批中心,不仅要实现评审分离和审贷分离,还要建立对审批人和风险经理的长期考核和监督机制。
2. C 【解析】中国证券业协会是依据《中华人民共和国证券法》和《社会团体登记管理条例》的有关规定设立的全国性证券业自律组织,是非营利性社会团体法人。
3. B 【解析】《中华人民共和国民法典》规定,下列财产为夫妻一方个人财产:一方的婚前财产;一方专用的生活用品;一方因身体受到伤害获得的赔偿或者补偿;遗嘱或赠与合同中确定只归夫妻一方所有的财产;其他应当归一方的财产。
4. B 【解析】金融服务是指商业银行利用在国民经济中联系面广、信息灵通的特殊地位和优势,借助电子计算机等先进手段和工具,为客户提供信息咨询、融资代理、信托租赁、代收代付等各种金融服务。选项A、选项C、选项D均是对商业银行支付中介职能的体现。
5. B 【解析】第二版巴塞尔资本协议构建了"三大支柱"的监管框架,第一支柱是最低资本要求,第二支柱是监督检查,第三支柱是市场纪律,又称为市场约束、信息披露。
6. A 【解析】战略风险主要来源于四个方面:①商业银行战略目标缺乏整体兼容性(选项D);②为实现这些目标而制定的经营战略存在缺陷;③为实现目标所需要的资源匮乏(选项C);④整个战略实施过程中的质量难以保证(选项B)。
7. D 【解析】2018年2月,银监会下发了《关于调整商业银行贷款损失准备监管要求的通知》,将贷款拨备率监管标准调整为1.5%~2.5%,不良贷款拨备覆盖率的监管标准调整为120%~150%,并要求各级监管部门在上述调整区间范围内,按照"同质同类、一行一策"原则,明确银行贷款损失准备监管要求。
8. C 【解析】根据原银监会《流动资金贷款管理暂行办法》的规定,流动资金贷款是指贷款人向企(事)业法人或国家规定可以作为借款人的其他组织发放的用于借款人日常生产经营周转的本外币贷款。流动资金贷款用途限于借款人日常生产经营周转,即用来弥补营运资金的不足。故选项C正确。
9. A 【解析】同业拆借市场具有以下特点:①资金融通的期限较短,主要用于金融机构临时性资金需要。②同业拆借是在无担保条件下进行的资金与信用的直接交换,潜在信用风险较高,因此要求拆借主体具有较高的信用等级。③同业拆借形成的资金价格信号,反映了整个金融体系的资金供求状况和流动性状况,在货币政策传导和整个金融市场中起到基础性作用。故选项A表述正确,选项B、选项D表述错误。同业拆借市场是银行等金融机构间的短期资金借贷市场。同业拆借市场是金融机构进行流动性管理的重要场所,主要满足金融机构日常资金的支付清算和短期融通需要,故选项C表述错误。
10. B 【解析】商业银行的风险管理流程可以概括为风险识别、风险计量、风险监测和风险控制四个主要环节。
11. D 【解析】H股是指由中国境内注册的公司发行、直接在中国香港上市的股票。
12. C 【解析】票据的持票人行使票据权利时,无须说明其取得票据的原因,只要占有票据就可以行使票据权利,故选项A表述错误。本票的三个基本当事人,分别是出票人、收款人和持票人,故选项B表述错误。《中华人民共和国票据法》第76条规定,本票上记载付款地、出票地等事项的,应当清楚、明确。本票上未记载付款地的,出票人的营业场所为付款地,故选项D表述错误。
13. A 【解析】对从业人员而言,应本着诚实信用的原则对客户进行必要的风险提示,确保客户在获得充分信息之后作出理性选择。根据这一规定,从业人员在向客户进行营销活动之时,应该坚持以下做法:①应从有利和不利两个方面向客户作出全面的产品介绍;②对产品涉及的主要风险尤其是该产品特有的风险进行特别提示;③提醒客户留意合约中的免责条款;④在客户提出问题之时,应本着诚实信用的原则解答,不应为完成销售任务,对产品存在的风险视而不见,或者刻意隐瞒。故选项B、选项C、选项D符合"风险提示"相关规定。反之,从业人员的下述做法明显不妥:①因个人利益驱动,着力推介对自己业绩或奖金有利的产品,却忽视客户的需要;②仅介绍产品或服务的有利之处,对不利于客户的地方刻意隐瞒;③不以足以引起客户注意的方式提示免责条款;④对客户提出的问题闪烁其词、刻意回避或提供虚假信息。故选项A不符合"风险提示"相关规定。

14. D 【解析】对于同事非故意的违反内部规章的行为要及时地进行善意的提示,对违规行为要及时制止,不能制止的,要及时向所在机构、银行业协会、监管者及公检法等部门报告。

15. C 【解析】市场经济首先是规则经济或者是法制经济,银行监管的本质实际上是制度监管。

16. B 【解析】商业银行资本作用包括以下内容:①为商业银行提供融资。资本既是商业银行维持日常运营的资金来源,也为商业银行发放贷款和其他投资提供资金,它和商业银行负债一样肩负着为资产提供融资的使命。②吸收和消化损失。③限制业务过度扩张。商业银行要满足最低资本要求,资本充足率达到监管要求,就要做到风险与资本之间的平衡,要想扩大业务规模就必须有充足的资本,这使资本具有了约束商业银行盲目扩张、过度承担风险的重要功能。④维持市场信心。故选项A、选项C、选项D均属于商业银行资本的作用。

17. B 【解析】风险识别包括感知风险和分析风险两个环节:感知风险是通过系统化的方法发现商业银行所面临的风险种类、性质;分析风险是深入理解各种风险内在的风险因素。

18. A 【解析】表见代理的构成要件:①代理人无代理权;②相对人主观上为善意;③客观上有使相对人相信无权代理人具有代理权的情形;④相对人基于这个客观情形而与无权代理人成立民事行为。

19. D 【解析】银行安全性指标包括不良贷款率、不良贷款拨备覆盖率、拨贷比、资本充足率。

20. C 【解析】固定收益类理财产品投资于存款、债券等债权类资产的比例不低于80%。

21. B 【解析】第三版巴塞尔资本协议的最低资本要求:商业银行核心一级资本充足率为4.5%,一级资本充足率为6%,总资本充足率为8%,并规定商业银行资本充足率不得低于最低资本要求。

22. B 【解析】按交割时间划分可分为现货市场和期货市场,按照资金融资方式可分为直接融资市场和间接融资市场,故选项B表述错误。

23. C 【解析】当事人订立合同,应当按照法定程序进行,即采取要约、承诺方式。

24. A 【解析】对于风险程度较小、风险状况稳定的资产,损失阶段划为阶段一,计提损失准备时只需考虑未来1年内的预期信用损失;对于风险已出现显著增加的资产,损失阶段划为阶段二或阶段三,计提损失准备时要考虑资产整个存续期内的全部预期信用损失。

25. B 【解析】中国银行业协会(CBA)是我国的银行业自律组织。

26. D 【解析】通过发行大额可转让定期存单,商业银行可以获得稳定的资金来源(选项B),增强贷款能力(选项C),增加负债管理工具(选项A),也为投资者提供了一种投资工具。

27. B 【解析】金融市场的资源配置功能:通常货币资金总是流向最有发展潜力、能为投资者带来最大利益的地区、部门和企业,而金融资产的价格变动则反映了整体经济运行的态势和企业、行业的发展前景,是引导货币资金流动和配置的理想工具。

28. B 【解析】根据《中华人民共和国中国人民银行法》,中国人民银行(中央银行)的职能:在国务院领导下,制定和执行货币政策,防范和化解金融风险,维护金融稳定。

29. D 【解析】账面资本、监管资本和经济资本三者之间既有区别又有联系。账面资本反映的是所有者权益,而监管资本、经济资本则是从覆盖风险与吸收损失的角度提出的资本概念。故选项D表述错误。

30. B 【解析】票据是一种无因证券。票据的持票人行使票据权利时,无须说明其取得票据的原因,只要占有票据就可以行使票据权利。

31. D 【解析】当中央银行提高法定存款准备金率时,商业银行需要上缴中央银行的法定存款准备金增加,可直接运用的超额准备金减少。商业银行的可用资金减少,在其他情况不变的条件下,商业银行贷款或投资下降,引起存款的数量收缩,导致货币供应量减少。因此,存款准备金政策是以商业银行的货币创造功能为基础的,其效果也是通过影响商业银行的货币创造能力来实现的。

32. A 【解析】在新的社会经济环境、新的金融市场环境以及新的全球监管要求下,随着商业银行综合化经营范围的拓宽和国际化业务的推进,商业银行资产负债管理的对象和内涵也不断扩充,呈现出"表内外、本外币、集团化"的趋势。故选项A表述错误。

33. D 【解析】贷款利率是指银行或其他金融机构发放贷款所收取的利息与贷款本金的比率。贷款利率的高低直接决定着金融机构的利息收入和借款人的筹资成本,影响着借贷双方的经济利益。贷款利率越高,金融机构的利息收入越多,借款人的筹资成本越高。

34. D 【解析】市场风险可以分为利率风险、汇率风险(包括黄金)、股票价格风险和商品价格风险。

35. C 【解析】贷款人应设立独立的责任部门或岗位,负责贷款支付审核和支付操作。采用贷款人受托支付的,贷款人应审核交易资料是否符合合同约定条件。在审核通过后,将贷款资金通过借款人账户支付给借款人交易对象。

36. A 【解析】按金融工具的期限划分,金融市场可分为货币市场和资本市场。我国货币市场主要包括银行间同业拆借市场、银行间债券回购市场和票据市场等。资本市场是长期资金融通市场,在资本市场上,发行主体所筹集的资金大多用于固定资产的投资,偿还期长,流动性相对较小,风险相对较高,被当作固定资产投资的资本来运用,因此被称为资本市场。股票市场属于资本市场。

37. D 【解析】洗钱的过程通常被分为三个阶段,即处置阶段、培植阶段、融合阶段,每个阶段都各有其目的及形态,洗钱犯罪交错运用不同的方法,以达到洗钱的目的。

38. B 【解析】对银行风险的定义,可以从两个角度理解:①强调结果的不确定性。即在一定条件下和一定时期内发生各种结果的变动,结果的变动程度越大则相应的风险就越大,反之则越小。不确定性带来的后果可能是有利的,也可能是不利的。②强调不确定性带来的不利后果。即由于各种结果发生的不确定性,而导致行为主体遭受损失或损害的可能性。

39. B 【解析】影响债券定价的内部因素包括债券的面值、债券的票面利息、债券的有效期、是否可提前赎回、是否可以转换、税收待遇、流通性、违约的可能性等。选项 B 属于影响债券定价的外部因素。

40. B 【解析】《中华人民共和国民法典》第 395 条规定,债务人或者第三人有权处分的下列财产可以抵押:①建筑物和其他土地附着物;②建设用地使用权;③海域使用权;④生产设备、原材料、半成品、产品;⑤正在建造的建筑物、船舶、航空器;⑥交通运输工具;⑦法律、行政法规未禁止抵押的其他财产。同时,《中华人民共和国民法典》第 399 条列举了以下财产不得抵押:①土地所有权;②宅基地、自留地、自留山等集体所有土地的使用权,但法律规定可以抵押的除外;③学校、幼儿园、医疗机构等以公益为目的成立的非营利法人的教育设施、医疗卫生设施和其他公益设施;④所有权、使用权不明或者有争议的财产;⑤依法被查封、扣押、监管的财产;⑥法律、行政法规规定不得抵押的其他财产。

41. B 【解析】《公开募集证券投资基金运作管理办法》第 13 条规定,中国证监会自收到基金管理人验资报告和基金备案材料之日起 3 个工作日内予以书面确认;自中国证监会书面确认之日起,基金备案手续办理完毕,基金合同生效。

42. D 【解析】总分行型组织架构与事业部制组织架构相互叠加,就构成矩阵型组织架构。

43. C 【解析】银行提供各种规格的保管箱,对客户存放物品的种类、数量不予查验,客户在租期内可随时开箱取物。

44. C 【解析】国务院银行业监督管理机构及其派出机构遵循依法、公开、公正和效率的原则对银行业实施监督管理,中国银行保险监督管理委员会及其从事监督管理工作的人员依法履行监督管理职责,受法律保护。

45. A 【解析】目前,我国银行开办的外币存款业务币种主要有 9 种:美元、欧元、日元、港元、英镑、澳大利亚元、加拿大元、瑞士法郎、新加坡元。其他可自由兑换的外币,不能直接存入账户,需由存款人自由选择上述货币中的一种,按存入日的外汇牌价折算存入。

46. C 【解析】通货紧缩的治理对策之一:实行扩张的财政政策和货币政策。扩张的财政政策主要是扩大财政开支,兴建公共工程,增加财政赤字,减免税收。扩张的货币政策主要是通过降低法定存款准备金率、降低再贴现率、公开市场买入有价证券等手段,以增加商业银行的超额准备金、增加基础货币,扩大货币乘数,增加社会货币供给总量;降低基准利率,以减少商业银行借款成本,降低市场利率,刺激总需求。

47. B 【解析】完善的审慎监管框架主要包括三大组成部分:①审慎全面的监管规则;②行之有效的监管工具;③科学合理的监管组织体系。

48. C 【解析】借记卡的用款方式是存多少就用多少,不能透支;信用卡可以透支,先消费,后还款。故选项 C 表述错误。

49. C 【解析】系统性金融危机可以称为全面金融危机,是指主要的金融领域都出现混乱,如货币危机、银行危机、外债危机同时或相继发生。随着经济全球化及金融创新的发展,金融危机越来越多地表现为系统性金融危机。

50. A 【解析】当实际利率较高时,消费和投资就会出现大幅下降而导致有效需求不足,进而出现物价持续下跌;金融机构贷款意愿下降和提高利率时,会减少社会总需求,导致物价下跌;制度变迁和转型等体制因素,导致居民消费行为发生变化,储蓄倾向上升,消费倾向下降,即期支出大量地转化为远期支出,也会引起有效需求不足,导致物价下降。

51. C 【解析】经济资本是根据银行资产的风险程度计算出来的虚拟资本,即银行所“需要”的资本,或“应该持有”的资本,而不是银行实实在在拥有的资本。

52. A 【解析】判断银行的利润水平是银行经营分析的出发点和落脚点,而盈利性指标则是直接反映银行盈利水平的重要因素。包括拨备前利润、平均总资产回报率、平均净资产回报率、每股收益、净息差、净利息收益率、风险调整后资本回报率等。

53. A 【解析】销售人员在为客户办理购买理财产品手续前,应当遵守相关规定,特别注意以下事项:①有效识别客户身份;②向客户介绍理财产品销售业务流程、收费标准及方式等;③了解客户风险承受能力评估情况、投资期限和流动性要求;④提醒客户阅读销售文件,特别是风险揭示书和权益须知;⑤确认客户抄录了风险确认语句。选项 A 中替客户填写是错误的。

54. C 【解析】个人权利质押贷款,是指借款人以本人或其他自然人的未到期本外币定期储蓄存单、凭证式国债、电子记账类国债、个人寿险保险单以及银行认可的其他权利出质,由银行按权利凭证票面价值或记载价值的一定比例向借款人发放的人民币贷款。

55. D 【解析】内部控制是商业银行董事会、监事会、高级管理层和全体员工参与的，通过制定和实施系统化的制度、流程和方法，实现控制目标的动态过程和机制。故选项D正确。

56. D 【解析】账面资本又称为会计资本，属于会计学概念，是指商业银行持股人的永久性资本投入，即出资人在商业银行资产中享有的经济利益，其金额等于资产减去负债后的余额。故选项D正确。

57. B 【解析】基准利率通常是由一个国家的中央银行直接制定和调整、在整个利率体系中发挥基础性作用的利率，在市场经济国家主要指再贴现利率。故选项B正确。

58. C 【解析】股东大会(或股东会)作为公司的权力机构，决定公司战略性的重大问题，选举和更换董事，选举和更换由股东代表出任的监事，决定公司组织变更、解散、清算，修改公司章程等。股东大会还有监督董事会和监事会的职责。故选项C正确。

59. D 【解析】银行业从业人员应当保守所在机构的商业秘密，保护客户信息和隐私。如果泄露或不当使用这些信息会给客户造成损失或侵害客户利益，给所在机构带来损失，属违法行为。因此，客户商业秘密、信息和隐私的妥善和严格保护既是法律法规的强制性规定，也是避免客户损失、维护银行声誉的必然要求。故选项D正确。

60. B 【解析】出现下列情况的贷款应至少归为关注类：①本金和利息虽尚未逾期，但借款人有利用兼并、重组、分立等形式恶意逃废银行债务的嫌疑。②借新还旧，或者需通过其他融资方式偿还。③改变贷款用途。④本金或者利息逾期。⑤同一借款人对本行或其他银行的部分债务已经不良。⑥违反国家有关法律和法规发放的贷款。

61. C 【解析】法定代理是根据法律的规定而直接产生的代理关系。法定代理主要是为保护无民事行为能力人和限制民事行为能力人的合法权益而设定的。故选项A错误。基金合同当事人是基金管理人与投资者，故选项B错误。该证券投资基金由基金管理人运作，故选项D错误。

62. D 【解析】相匹配原则要求内部控制应当与管理模式、业务规模、产品复杂程度、风险状况等相适应，并根据情况变化及时进行调整。

63. D 【解析】良好的银行公司治理应包括以下主要内容，即健全的组织架构、清晰的职责边界、科学的发展战略、良好的价值准则与社会责任、有效的风险管理与内部控制、合理的激励约束机制、完善的信息披露制度。

64. B 【解析】《中华人民共和国银行业监督管理法》规定，国务院银行业监督管理机构负责对全国银行业金融机构及其业务活动监督管理的工作，国务院银行业监督管理机构对派出机构实行统一领导和管理。国务院银行业监督管理机构的派出机构在国务院银行业监督管理机构的授权范围内，履行监督管理职责。

65. B 【解析】信用卡一般有最低还款额，故选项B表述错误。

66. C 【解析】净利息收益率指净利息收入占生息资产的比率，它反映了银行生息资产创造净利息收入的能力。

67. B 【解析】衡量经济增长的宏观经济指标是国内生产总值(GDP)，它是指一国(或地区)所有常住居民在一定时期内生产活动的最终成果，即指在一国的领土范围内，本国居民和外国居民在一定时期内所生产的、以市场价格表示的产品和劳务总值。

68. A 【解析】根据《中华人民共和国商业银行法》，商业银行可以经营下列部分或者全部业务：①吸收公众存款；②发放短期、中期和长期贷款；③办理国内外结算；④办理票据承兑与贴现；⑤发行金融债券；⑥代理发行、代理兑付、承销政府债券；⑦买卖政府债券、金融债券；⑧从事同业拆借；⑨买卖、代理买卖外汇；⑩从事银行卡业务；⑪提供信用证服务及担保；⑫代理收付款项及代理保险业务；⑬提供保管箱服务；⑭经国务院银行业监督管理机构批准的其他业务。

69. A 【解析】我国的刑罚可以分为主刑和附加刑。主刑有管制、拘役、有期徒刑、无期徒刑，附加刑有罚金、剥夺政治权利、没收财产。

70. B 【解析】票据的出票日期必须使用中文大写。为防止变造票据的出票日期，在填写月、日时，月为壹、贰和壹拾的，日为壹至玖和壹拾、贰拾和叁拾的，应在其前加“零”。日为拾壹至拾玖的，应在其前加“壹”。中文大写金额数字前应标明“人民币”字样。大写金额数字应紧接“人民币”字样填写，不得留有空白。大写金额数字前未印“人民币”字样的，应加填“人民币”三字。选项A，出票日期正确写法：贰零零捌年零壹月壹拾伍日。选项C，出票日期正确写法：贰零零捌年零壹月零壹日。选项D，大写票据金额：人民币叁万伍千元整。选项B写法正确。

71. D 【解析】选项D，管制是指对犯罪分子不实行关押，交由公安机关管束和人民群众监督，限制其一定自由的刑罚方法。

72. A 【解析】现钞买入价(钞买价)是指银行买入外币现钞的价格。

73. C 【解析】银行业从业人员应当耐心、礼貌、认真处理客户的投诉，并遵循以下原则：①坚持客户至上、客观公正原则，不轻慢任何投诉和建议；②所在机构有明确的客户投诉反馈时限，应当在反馈时限内答复客户；③所在机构没有明确的投诉反馈时限，应当遵循行业惯例或口头承诺的时限向客户反馈情况；④在投诉反馈时限内无法拿出意见，应当在反馈时限内告知客户现在投诉处理的情况，并提前告知下一个反馈时限。

74. D 【解析】股票是股份有限公司发行的、用以证明投资者的股东身份和权益，并据以获得股息和红利的凭证。

75. B 【解析】货币政策中介目标和操作目标的选择标准：①可观测性。这种指标能够观察货币政策的效果和实施进度，反映这种指标的数据资料能够准确及时获取，便于定量分析。②可控性。即中央银行能按政策意图对所选择的中介目标和操作目标进行有效控制和调节,要处于中央银行运用的政策工具的作用范围之内。③相关性。这种指标既要与货币政策工具密切相关,又要与货币政策最终目标紧密相连。

76. A 【解析】因重大误解订立的合同属于可变更、可撤销合同。重大误解是指当事人在意思表示时,因自己的过失导致对涉及合同法律效果的重大事项发生认识上的显著错误,而使自己遭受重大不利的法律事实。

77. B 【解析】商业银行公司治理是指股东大会、董事会、监事会、高级管理层、股东及其他利益相关者之间的相互关系。

78. A 【解析】效力未定的合同也称效力待定合同,是指合同订立后尚未生效,须权利人追认才能生效的合同。

79. A 【解析】金融机构在反洗钱方面的义务主要有以下内容:①健全反洗钱内控制度;②建立客户身份识别制度;③建立客户身份资料和交易记录保存制度;④执行大额交易和可疑交易报告制度;⑤反洗钱预防、监控制度。选项 A 中销毁全部资料和记录是错误的。

80. C 【解析】第二版巴塞尔资本协议构建了"三大支柱"的监管框架,第一支柱为最低资本要求,第二支柱为监督检查,第三支柱为市场纪律。第三支柱又称市场约束、信息披露,是对第一支柱和第二支柱的补充。故选项 C 正确。

81. A 【解析】声誉风险是指由商业银行经营、管理及其他行为或外部事件导致利益相关方对商业银行负面评价的风险。

82. C 【解析】银行业金融机构包括开发性金融机构和政策性银行、商业银行和其他银行业金融机构。

83. C 【解析】大额可转让定期存单,简称 CDs,是由商业银行发行的、有固定面额和约定期限并可以在市场上转让流通的存款凭证。大额可转让定期存单不可提前支取,但可以在二级市场上转让。

84. D 【解析】根据《中华人民共和国反洗钱法》及中国人民银行的规定,银行等金融机构在反洗钱方面承担以下义务:①建立内部反洗钱工作机制和规程;②建立对客户身份进行识别的工作流程和内部控制制度;③妥善保管和保存客户的身份资料以及交易记录;④及时报告大额和可疑交易;⑤协助反洗钱调查;⑥对反洗钱工作的信息进行保密;⑦进行与反洗钱有关的政策、法规的宣传和培训工作。

85. C 【解析】重视消费者的权益保障,有效提示风险,恰当披露信息,公平对待消费者,加强客户投诉管理,完善客户信息保密制度,提升服务质量,为客户创造价值是银行的经济责任。

86. C 【解析】金融市场的客体是金融交易对象。金融市场的交易对象是货币资金,通常以金融工具为载体。

87. C 【解析】国际收支是影响汇率变动的最重要因素。当一国存在较大国际收支逆差时,说明本国外汇收入比外汇支出少,对外汇的需求大于外汇供给,会造成外汇汇率上涨,本币对外贬值;反之,当一国处于国际收支顺差时,说明本国出口增加、外汇收入增加,而进口减少、外汇支付减少,这时,外汇供给大于支出,从而造成本币对外升值,外汇汇率下跌。

88. B 【解析】按金融工具的期限划分可分为货币市场和资本市场。货币市场是短期资金融通市场,其融通的资金主要用于周转和短期投资,因为其偿还期短、流动性强、风险小,与货币相差不多,此类金融工具往往被当作货币的替代品,因此其交易市场被称为货币市场。

89. B 【解析】国务院银行业监督管理机构及其派出机构有权查询涉嫌金融违法的银行业金融机构及其工作人员以及关联行为人的账户;对涉嫌转移或者隐匿违法资金的,经国务院银行业监督管理机构及其派出机构负责人批准,可以申请司法机关予以冻结。

90. B 【解析】支付结算业务属于商业银行的中间业务。

二、多项选择题

91. ABCD 【解析】抵押合同一般包括下列条款:①被担保债权的种类和数额;②债务人履行债务的期限;③抵押财产的名称、数量、质量、状况、所在地、所有权归属或者使用权归属;④担保的范围。

92. BCDE 【解析】借记卡是指发卡银行向持卡人签发的,没有信用额度,持卡人先存款后使用的银行卡。借记卡与储户的活期储蓄存款账户相联结,卡内消费、转账、ATM 取款等都直接从存款账户扣划,不具备透支功能,需要先存款后消费。选项 A 是信用卡的特点。

93. BCDE 【解析】2006 年 10 月制定的《商业银行合规风险管理指引》第 3 条规定:"本指引所称法律、规则和准则,是指适用于银行业经营活动的法律、行政法规、部门规章及其他规范性文件、经营规则、自律性组织的行业准则、行为守则和职业操守。"

94. AB 【解析】判断银行的利润水平是银行经营分析的出发点和落脚点,而盈利性指标则是直接反映银行盈利水平的重要因素。包括拨备前利润、平均总资产回报率、平均净资产回报率、每股收益(EPS)、净息差、净利息收益率、风险调整后资本回报率(RAROC)。选项 E 中的 ROE 是净资产收益率。

95. ACD 【解析】在接受现场检查的过程中,银行业从业人员应配合监管人员审核所在机构账账之间、账表之间、账实之间的一致性,查阅外部审计报告和内部审计报告,了解和掌握业务经营和内部管理的基本情况。

96. BCDE 【解析】任何一种犯罪的成立都必须具备四个方面的构成要件,即犯罪主体、犯罪主观方面、犯罪客体和犯罪客观方面。

97. ABDE 【解析】中国人民银行的主要职责:①发

布与履行其职责有关的命令和规章;②依法制定和执行货币政策(选项A);③发行人民币,管理人民币流通(选项E);④监督管理银行间同业拆借市场和银行间债券市场;⑤实施外汇管理,监督管理银行间外汇市场(选项D);⑥监督管理黄金市场;⑦持有、管理、经营国家外汇储备、黄金储备(选项B);⑧经理国库;⑨维护支付、清算系统的正常运行;⑩指导、部署金融业反洗钱工作,负责反洗钱的资金监测;⑪负责金融业的统计、调查、分析和预测;⑫作为国家的中央银行,从事有关的国际金融活动;⑬国务院规定的其他职责。

98. ABDE 【解析】商业银行应当根据不同的业务性质、规模、复杂程度以及数据的可得性,对不同类别的风险选择适当的计量方法,无论选取哪种方法,都应该确保风险计量的准确性,故选项C理解错误。

99. BCE 【解析】商业银行内部控制应当遵从以下基本原则:①全覆盖原则。内部控制应当贯穿决策、执行和监督全过程,覆盖各项业务流程和管理活动,覆盖所有的部门、岗位和人员。②制衡性原则。内部控制应当在治理结构、机构设置及权责分配、业务流程等方面形成相互制约、相互监督的机制。③审慎性原则。内部控制应当坚持风险为本、审慎经营的理念,设立机构或开办业务均应坚持内控优先。④相匹配原则。内部控制应当与管理模式、业务规模、产品复杂程度、风险状况等相适应,并根据情况变化及时进行调整。

100. BCDE 【解析】为规范银行业从业人员职业行为,提高中国银行业从业人员整体素质和职业道德水准,建立健康的银行业企业文化和信用文化,维护银行业良好信誉,促进银行业的健康发展,制定职业操守。

101. AE 【解析】对从业人员而言,则应本着诚实信用的原则对客户进行必要的风险提示,确保客户在获得充分信息之后作出理性选择。从业人员在向客户进行营销活动之时,应该坚持以下做法:①应从有利和不利两个方面向客户作出全面的产品介绍(选项A正确);②对产品涉及的主要风险尤其是该产品特有的风险进行特别提示(选项B错误);③提醒客户留意合约中的免责条款(选项E正确);④在客户提出问题之时,应本着诚实信用的原则解答,不应为完成销售任务,对产品存在的风险视而不见,或者刻意隐瞒。选项C、选项D均不符合规定。

102. AB 【解析】公平竞争是指银行业金融机构及其从业人员以金融服务的种类、质量和效率等手段参与竞争,而不是靠低价销售、贬低对手、虚假宣传等不正当竞争方式。

103. ABCDE 【解析】货币是固定地充当一般等价物的特殊商品。货币首先是商品,与其他商品一样,是人类劳动的产物,是价值和使用价值的统一体。但货币又是特殊商品,其特殊性表现在:货币是衡量一切商品价值的材料;具有同其他一切商品相交换的能力;货币体现了一定的社会生产关系;由于货币是价值的化身,可以交换任何商品,使它成为财富的代表。

104. ABCD 【解析】股份有限公司的公司治理组织机构包括股东大会、董事会、监事会、公司经理。

105. ABDE 【解析】商业银行内部控制应当遵从以下基本原则:全覆盖原则;制衡性原则;审慎性原则;相匹配原则。

106. ABCDE 【解析】良好的银行公司治理应包括以下主要内容,即健全的组织架构、清晰的职责边界、科学的发展战略、良好的价值准则与社会责任、有效的风险管理与内部控制、合理的激励约束机制、完善的信息披露制度。

107. ABDE 【解析】商业银行合规风险管理的目标是通过建立健全合规风险管理框架,实现对合规风险的有效识别和管理,促进全面风险管理体系建设,确保依法合规经营。

108. BD 【解析】借记卡功能包括存取现金、转账汇款、刷卡消费、代收代付、资产管理、其他服务。

109. ABCE 【解析】保险代理机构包括专门从事保险代理业务的保险专业代理机构和兼营保险代理业务的保险兼业代理机构。商业银行属于保险兼业代理机构,故选项D说法错误。

110. ACE 【解析】合格投资者是指具备相应风险识别能力和风险承受能力,投资于单只理财产品不低于一定金额且符合下列条件的自然人、法人或者依法成立的其他组织。①具有2年以上投资经历,且满足下列条件之一的自然人:家庭金融净资产不低于300万元人民币,家庭金融资产不低于500万元人民币,或者近3年本人年均收入不低于40万元人民币;②最近1年年末净资产不低于1000万元人民币的法人或者依法成立的其他组织;③国务院银行业监督管理机构规定的其他情形。

111. ABDE 【解析】中央银行一方面可以创造货币,通过控制现金发行,影响商业银行的准备金存款。另一方面可以通过调整法定准备金率、调节再贴现率、改变再贷款规模、在公开市场上买卖有价证券等手段,影响商业银行超额准备金数量的变化,从而影响商业银行的信用创造能力。

112. ACDE 【解析】银行业从业人员应当自觉遵守法律法规、行业自律规范和所在机构的各种规章制度,保护所在机构的商业秘密、知识产权和专有技术,自觉维护所在机构的形象和声誉。

113. ADE 【解析】遗嘱继承的效力优于法定继承,故选项B、选项C表述错误。

114. AD 【解析】甲自己印制存单属于伪造金融票证的行为,以伪造的银行存单骗取银行贷款,属于金融诈骗中的贷款诈骗行为。

115. ABCD 【解析】银行业从业人员应当尊重同业人员,公平竞争,禁止商业贿赂。公平竞争是指银行业金融机构及其从业人员以金融服务的种类、质量和效率等手段参与竞争,而不是靠低价销售、贬低对手、虚假宣传等不正当竞争方式。同时,应当尊重同业人员,共同建立合作共赢的良好行业风气。

116. BD 【解析】同事之间由于工作的原因会共享一些工作成果和相关资料。根据"尊重同事"原则要求,银行业从业人员对其他同事的工作成果,诸如研究报告、调研成果等不能予以侵占或剽窃。即便共同完成的某项成果在发表或引用时也应事先征得所在机构和同事的同意。

117. CD 【解析】委托贷款是指由政府部门、企事业单位及个人等委托人提供资金,由贷款人(即受托人)根据委托人确定的贷款对象、用途、金额、期限、利率等代为发放、监督使用并协助收回的贷款。贷款人(受托人)只收取手续费,不承担贷款风险。

118. BE 【解析】商业银行信用卡可以透支,有信用额度,不可以无限透支,故选项A、选项D表述错误。信用卡可以提现,故选项C表述错误。

119. ABCDE 【解析】商业银行自我监管通过内部治理、内部控制与内部审计实现,故选项A表述正确。银行监管的本质实际上是制度监管,故选项B表述正确。银行业外部监管是监管的最高层次,是由国务院授权成立的中国银行保险监督管理委员会统一监督管理银行、金融资产管理公司、信托投资公司及其他存款类金融机构,维护银行业的合法、稳健运行,故选项C表述正确。银行监管的四个层次包括银行自我监管、外部监管、行业自律和市场约束,故选项D表述正确。在银行监管理论不断发生变化的同时,银行监管的目标、体制及银行监管的方式、方法和手段都在随之不断变化和演进之中,故选项E表述正确。

120. CD 【解析】本币升值说明本国货币值钱,可以买进更多的外国商品,因此利于进口,不利于出口,容易产生贸易逆差。

121. ABCDE 【解析】基本建设资金可以存入专用存款账户,故选项A表述正确。临时存款账户的有效期最长不得超过2年,故选项B表述正确。企业、事业单位等可以自主选择一家商业银行的营业场所开立一个办理日常转账结算和现金收付的基本账户,故选项C表述正确。同一存款客户只能在商业银行开立一个基本存款账户,故选项D表述正确。一般存款账户可以办理现金缴存,但不得办理现金支取,故选项E表述正确。

122. ACDE 【解析】普通股股票享有的主要权利:①经营决策的参与权。②公司盈余的分配权。③剩余财产索取权。④优先认股权。

123. ABC 【解析】银行业从业人员不得接受现金、贵金属、消费卡、有价证券等违反商业道德的礼物;应当妥善保存客户资料及其交易信息档案。在受雇期间及离职后,均不得违反法律法规和所在机构关于客户隐私保护的规定,不得透露任何客户资料和交易信息。向客户推荐产品或提供服务时,银行业从业人员应当根据监管规定要求,对所推荐的产品及服务涉及的法律风险、政策风险以及市场风险等进行充分的提示,对客户提出的问题应当本着诚实信用的原则答复,不得为达成交易而隐瞒风险或进行虚假或误导性陈述,并不得向客户作出不符合有关法律法规及所在机构有关规章制度的承诺或保证。

124. BDE 【解析】不能用客户的信用评级代替对贷款的分类,信用评级只能作为贷款分类的参考因素。同笔贷款也不得进行拆分分类。故选项A表述错误。对贷款进行分类时,要以评估借款人的还款能力为核心,把借款人的正常营业收入作为贷款的主要还款来源,贷款的担保作为次要还款来源。故选项C表述错误。

125. ABCDE 【解析】金融机构在反洗钱方面的义务主要有以下内容:①建立健全反洗钱内控制度;②建立客户身份识别制度;③建立客户身份资料和交易记录保存制度;④执行大额交易和可疑交易报告制度;⑤反洗钱预防、监控制度。

126. ABCE 【解析】存款人以下特定用途的资金可以开立专用存款账户:基本建设资金,期货交易保证金,信托基金,金融机构存放同业资金,政策性房地产开发资金,单位银行卡备用金,住房基金,社会保障基金,收入汇缴资金和业务支出资金,党、团、工会设在单位的组织机构经费等。

127. ABCE 【解析】第二版巴塞尔资本协议中的第一支柱:最低资本要求。明确商业银行总资本充足率不得低于8%,核心资本充足率不得低于4%,资本要全面覆盖信用风险、市场风险和操作风险。

128. ABD 【解析】《商业银行流动性风险管理办法》规定,资产规模小于2000亿元人民币的商业银行应当持续达到优质流动性资产充足率、流动性比例和流动性匹配率的最低监管标准。

129. BCE 【解析】中国人民银行的主要职责有以下内容:①发布与履行其职责有关的命令和规章;②依法制定和执行货币政策;③发行人民币,管理人民币流通;④监督管理银行间同业拆借市场和银行间债券市场;⑤实施外汇管理,监督管理银行间外汇市场;⑥监督管理黄金市场;⑦持有、管理、经营国家外汇储备、黄金储备;⑧经理国库;⑨维护支付、清算系统的正常运行;⑩指导、部署金融业反洗钱工作,负责反洗钱的资金监测;⑪负责金融业的统计、调查、分析和预测;⑫作为国家的中央银行,从事有关的国际金融活动;⑬国务院规定的其他职责。

130. ABCE 【解析】银行业从业人员不得向监管人员行贿,提供相关便利。不得提供任何纪念品、礼品、礼金和各种有价证券,不得以任何名义给予监管人员加班费、奖金、补贴等,故选项D表述错误。

三、判断题

131. A 【解析】根据《中华人民共和国票据法》的规定,票据权利的取得有两项限制:①以欺诈、偷盗或者胁迫等手段取得票据的,或者明知有前列情形,出于恶意取得票据的,或者持票人因重大过失取得不符合《中华人民共和国票据法》规定的票据的,不得享有票据权利。②可以依法无偿取得票据的,不受给付对价的限制,但不得享有优于其前手的票据权利。

132. B 【解析】中国人民银行根据国务院授权，代表中国政府与外国政府和有关国际组织开展反洗钱合作。

133. B 【解析】作为抵押物的财产既可以是动产，也可以是不动产。以抵押方式设定的担保方式最突出的特点在于不转移财产的占有。

134. B 【解析】从企业法人角度划分，商业银行的组织架构可划分为统一法人制组织架构和多法人制组织架构。统一法人制组织架构是相对集权的组织形式。总部与分支机构之间是直接的隶属关系，分支机构在法律上不具备独立的法人资格，经营上接受总部的管理和指导。在这种情况下，总部的意志能够得到直接有效的贯彻，但分支机构的经营自主权相对较小。

135. B 【解析】商业银行的风险管理部门承担了风险识别、风险计量、风险监测和风险控制的重要职责。风险管理委员会则通常要求提供风险防控与化解报告，以协助制定风险管理策略等。

136. A 【解析】理财业务是商业银行的表外业务，商业银行开展理财业务时不得承诺保本保收益。出现兑付困难时，商业银行不得以任何形式垫资兑付。商业银行按照约定条件和实际投资收益情况向投资者支付收益，不保证本金支付和收益水平。

137. B 【解析】承诺生效时合同成立。合同成立是指合同订立过程的结束。合同生效是指已经成立的合同具有法律约束力。合同成立是合同生效的前提。合同成立不等于生效。

138. A 【解析】商业秘密是指不为公众所知悉、能为权利人带来经济利益，具有实用性并经权利人采取保密措施的设计资料、程序、产品设计与管理诀窍、客户名单、营销策略等技术信息和经营信息。

139. A 【解析】商业银行面临的主要风险是信用风险，即借款人或交易对手不能按照事先达成的协议履行义务的可能性。

140. A 【解析】按照基金合同约定，非公开募集基金可以由部分基金份额持有人作为基金管理人员负责基金的投资管理活动，并在基金财产不足以清偿其债务时对基金财产的债务承担无限连带责任。

141. A 【解析】失业率是指劳动力人口中失业人数所占的百分比，劳动力人口是指年龄在16周岁以上具有劳动能力的人的全体。我国统计部门公布的失业率为城镇登记失业率，即城镇登记失业人数占城镇从业人数与城镇登记失业人数之和的百分比。城镇登记失业人数是指拥有非农业户口，在一定的劳动年龄内有劳动能力，无业而要求就业，并在当地就业服务机构进行求职登记的人数。

142. A 【解析】审慎性原则要求内部控制应当坚持风险为本、审慎经营的理念，设立机构或开办业务均应坚持内控优先。

143. A 【解析】题干表述正确。

144. A 【解析】题干表述正确。

145. B 【解析】商业银行所面临的各种风险并不是孤立存在的，往往是相互联系、相互转化的。因此，商业银行在风险管理过程中应关注各类风险的内在联系，全面管理各种风险。

机考题库·真题试卷(四)

一、单项选择题

1. D 【解析】货币执行贮藏手段的特点：①必须是现实的、足值的货币。②必须是退出流通领域处于静止状态的货币。

2. D 【解析】M_1被称为狭义货币，是现实购买力，M_2被称为广义货币；M_2与M_1之差被称为准货币，是潜在购买力。由于M_2通常反映社会总需求变化和未来通货膨胀的压力状况，因此，一般所说的货币供应量是指M_2。

3. D 【解析】根据《中华人民共和国商业银行法》第40条的规定，商业银行不得向关系人发放信用贷款。向关系人发放担保贷款的条件不得优于其他借款人同类贷款的条件。其中，关系人是指商业银行的董事、监事、管理人员、信贷业务人员及其近亲属，以及前述人员投资或者担任高级管理职务的公司、企业和其他经济组织。

4. B 【解析】中国农业发展银行于1994年挂牌成立，是直属国务院领导的农业政策性银行，主要职责是按照国家的法律法规和方针政策，以国家信用为基础筹集资金，承担农业政策性金融业务，代理财政支农资金的拨付，为农业和农村经济发展服务。

5. D 【解析】信用风险是指借款人或交易对手不能按照事先达成的协议履行义务的可能性。这些风险不仅存在于银行的贷款业务中，也存在于其他表内和表外业务中，如担保、承兑和证券投资等。题干中所说的因房地产市场产生的风险正是属于信用风险。

6. B 【解析】商业银行提供现金满足客户提取存款的要求和支付到期债务本息，这部分现金称为“基本流动性”，“基本流动性”加上为贷款需求提供的现金称为“充足流动性”。

7. D 【解析】根据《商业银行理财产品销售管理办法》的规定，理财产品的风险评级结果由低到高应当至少包括5个等级，即从风险1级至风险5级。商业银行理财产品风险评级等级超过5级的，应同时对外披露其与5个风险等级的对应关系。

8. A 【解析】现金支票只能用于支付现金；转账支票只能用于转账；普通支票既可以用于支取现金，也可以用于转账。支票不受金额起点限制。

9. D 【解析】同业拆借、同业存款、同业借款、同业代付、买入返售（卖出回购）等属于同业融资业务。选项D属于同业投资业务。

10. D 【解析】《商业银行资本管理办法（试行）》第23条规定，商业银行各级资本充足率不得低于如下最低要求：①核心一级资本充足率不得低于5%。②一级资本充足率不得低于6%。③资本充足率不得低于8%。

11. C 【解析】通货膨胀是指一般物价水平在一段时间内持续、普遍上涨的经济现象。

12. A 【解析】从事金融市场业务交易的人员需要的是具体产品头寸报告；风险管理委员会则通常要求提供风险防控与化解报告，以协助制定风险管理策略等。

13. C 【解析】进口押汇是指信用证项下单据到，并经审核无误后，开证申请人因资金周转关系，无法及时对外付款赎单，以该信用证项下代表货权的单据为质押，并同时提供必要的抵押/质押或其他担保，由银行先行代为对外付款。

14. A 【解析】《中华人民共和国票据法》第21条规定，汇票的出票人必须与付款人具有真实的委托付款关系，并且具有支付汇票金额的可靠资金来源。

15. D 【解析】票据行为主要有4种：出票、背书、承兑、保证。出票是指出票人依照法定款式做成票据并交付于受款人的行为。背书是指持票人转让票据权利予他人的行为。承兑是指汇票的付款人承诺负担票据债务的行为。保证是指除票据债务人以外的人为担保票据债务的履行、以承担同一内容的票据债务为目的的一种附属票据行为。

16. B 【解析】《中华人民共和国民法典》规定以下财产不得抵押：①土地所有权；②宅基地、自留地、自留山等集体所有土地的使用权，但法律规定可以抵押的除外；③学校、幼儿园、医疗机构等以公益为目的成立的非营利法人的教育设施、医疗卫生设施和其他公益设施；④所有权、使用权不明或者有争议的财产；⑤依法被查封、扣押、监管的财产；⑥法律、行政法规规定不得抵押的其他财产。

17. A 【解析】单位活期存款账户又称为单位结算账户，包括基本存款账户、一般存款账户、专用存款账户和临时存款账户。

18. C 【解析】挪用资金罪是指非国有的公司、企业或者其他单位的工作人员，利用职务上的便利，挪用本单位资金归个人使用或者借贷给他人，数额较大、超过三个月未还的，或者虽未超过三个月，但数额较大、进行营利活动的，或者进行非法活动的行为。

19. D 【解析】社会责任类指标用于评价银行业金融机构提供金融服务、支持节能减排和环境保护、提高社会公众金融意识的情况，包括服务质量和公平对待消费者、绿色信贷、公众金融教育等。

20. A 【解析】中国人民银行的主要职责：①发布与履行其职责有关的命令和规章；②依法制定和执行货币政策；③发行人民币，管理人民币流通；④监督管理银行间同业拆借市场和银行间债券市场；⑤实施外汇管理，监督管理银行间外汇市场；⑥监督管理黄金市场；⑦持有、管理、经营国家外汇储备、黄金储备；⑧经理国库；⑨维护支付、清算系统的正常运行；⑩指导、部署金融业反洗钱工作，负责反洗钱的资金监测；⑪负责金融业的统计、调查、分析和预测；⑫作为国家的中央银行，从事有关的国际金融活动；⑬国务院规定的其他职责。

21. A 【解析】担保物权又可分为物的担保和财产权利担保两种方式，包括抵押权、质权和留置权。

22. B 【解析】中央银行提高再贴现率，会提高商业银行向中央银行融资的成本，降低商业银行向中央银行的借款意愿，减少向中央银行的借款或贴现。如果准备金不足，商业银行只能收缩对客户的贷款和投资规模，进而也就缩减了市场货币供应量。随着市场货币供应量的减少，市场利率相应上升，社会对货币的需求相应减少，整个社会的投资支出减少，经济增速放慢，最终实现货币政策目标。

23. A 【解析】代理是指代理人以被代理人（又称本人）的名义，在代理权限内与第三人（又称相对人）所为的法律行为，而其法律后果直接由被代理人承受的民事法律制度。

24. D 【解析】设立全国性商业银行的注册资本最低限额为10亿元人民币。设立城市商业银行的注册资本最低限额为1亿元人民币，设立农村商业银行的注册资本最低限额为5000万元人民币。注册资本应当是实缴资本。

25. A 【解析】市场风险是指因市场价格（利率、汇率、股票价格和商品价格）的不利变动而使银行表内和表外业务发生损失的风险。由于目前我国商业银行从事股票和商品交易业务有限，因此市场风险主要表现为利率风险和汇率风险。

26. B 【解析】正常时期我国系统重要性银行和非系统重要性银行的资本充足率要求分别为11.5%和10.5%。

27. B 【解析】公司设立是指公司发起人为促成公司

成立并取得法人资格,依照法律规定的条件和程序所必须完成的一系列法律行为的总称。

28. B 【解析】身份识别制度要求银行在与客户建立业务关系或者为客户提供规定金额以上的现金汇款、现钞兑换、票据兑付等一次性金融服务时,应当要求客户出示真实有效的身份证件或者其他身份证明文件,进行核对并登记。存款实名制要求个人在金融机构开立个人存款账户时,应当出示本人身份证件,使用实名。故选项 B 正确。

29. C 【解析】定价功能是指通过金融交易中买卖双方相互作用过程所形成的价格,使金融市场具有决定和发现利率、汇率、证券价格等金融资产价格的功能,为金融资产交易提供价格依据,并通过调节价格引导资源配置。

30. B 【解析】通货紧缩是指经济中货币供应量少于客观需要量,社会总需求小于总供给,导致单位货币升值、价格水平普遍和持续下降的经济现象。与通货膨胀一样,通货紧缩也是货币供求失衡、物价不稳定的一种表现,对整个经济增长同样有着不利的影响。

31. A 【解析】商业银行的内部控制措施之一是建立健全外包管理制度,明确外包管理组织架构和管理职责,并至少每年开展一次全面的外包业务风险评估。

32. D 【解析】进口押汇是指银行应进口申请人的要求,与其达成进口项下单据及货物的所有权归银行所有的协议后,银行以信托收据的方式向其释放单据并先行对外付款的行为。进口押汇包括进口信用证项下押汇和进口代收项下押汇。目前,银行主要办理进口信用证项下的进口押汇业务。

33. D 【解析】信用卡业务除了可刷卡消费、预借现金外,还具有存取现金、转账、支付结算、代收代付、通存通兑、网上购物等多样化功能。

34. D 【解析】有效民事法律行为应具备以下条件:①行为人具有相应的民事行为能力;②意思表示真实;③不违反法律、行政法规的强制性规定,不违背公序良俗。

35. B 【解析】政策性银行主要是指那些多由政府创立、参股或担保的,不以营利为目的,专门为贯彻并配合政府社会经济政策或意图,在特定的业务领域内,从事政策性融资活动,协助政府发展经济,进行宏观经济管理的金融机构。选项 A,我国商业银行以营利为主要经营目标,政策性银行坚持经济效益而不以营利为目的,两者的经营业务也不同。选项 C、选项 D 属于中央银行的职能。

36. B 【解析】金融犯罪的对象可以是人,也可以是各种金融工具。就作为金融犯罪对象的人而言,不仅包括自然人,也包括遭受金融诈骗的单位、非法吸收公众存款所涉及的"公众"等。就作为金融犯罪对象的金融工具而言,具体包括货币、各种金融票证(如汇票、本票、支票等)、有价证券、信用证、信用卡等。

37. C 【解析】票据的出票日期必须使用中文大写。为防止变造票据的出票日期,在填写月、日时,月为壹、贰和壹拾的,日为壹至玖和壹拾、贰拾和叁拾的,应在其前加"零";日为拾壹至拾玖的,应在其前加"壹"。

38. D 【解析】对非同业单一客户的贷款余额不得超过资本净额的 10%,对非同业单一客户的风险暴露不得超过一级资本净额的 15%。

39. A 【解析】票据贴现是指商业汇票的合法持票人,在商业汇票到期以前为获取票款,由持票人或第三人向金融机构贴付一定的利息后,以背书方式所做的票据转让。

40. B 【解析】安全权是银行业消费者作为消费主体享有的首要和必不可少的基本权利,如果人身和财产安全都得不到保障,其他权利根本无从谈起。

41. C 【解析】《中国人民银行关于人民币存贷款计结息问题的通知》中规定:从 2005 年 9 月 21 日起,我国对活期存款实行按季度结息,每季度末月的 20 日为结息日,次日付息。

42. C 【解析】合同是民事主体之间设立、变更、终止民事法律关系的协议。

43. A 【解析】固定汇率是指本国货币与其他国家货币之间维持一个固定比率,汇率波动只能限制在一定范围内,由官方干预来保证汇率的稳定。

44. A 【解析】同业存款,也称同业存放,全称是同业及其他金融机构存入款项,是指因支付清算和业务合作等的需要,由其他金融机构存放于商业银行的款项,属于商业银行的负债业务;与此相对应的概念是存放同业,即存放在其他商业银行的款项,属于商业银行的资产业务。

45. B 【解析】当资金结算业务发生在同一个银行系统,即同属一个总行的各个分支机构间的资金账务往来,称为联行往来。系统内联行清算包括全国联行往来、分行辖内往来和支行辖内往来。

46. C 【解析】中国人民银行为执行货币政策,运用存款准备金、利率、再贴现等货币政策工具时,可以规定具体的条件和程序,可以决定对商业银行贷款的数额、期限、利率和方式,但贷款的期限不得超过 1 年。

47. D 【解析】代理行为的法律后果直接归属于被代理人。

48. A 【解析】选项 B,信用风险缓释是指银行运用合格的抵质押品、净额结算、保证和信用衍生工具等方式转移或降低信用风险;选项 C,限额是指银行根据自身风险偏好、风险承担能力和风险管理策略,对银行承担的风险设定的上限,防止银行过度承担风险；选项D，信用风险是银行面临的一种成本，银行需要通过风险定价加以覆盖，并计提相应的风险准备金，以便在实际遭受损失时进行抵补。

49. C 【解析】以汇票、支票、本票、债券、存款单、仓单、提单出质的，当事人应当订立书面合同。质权自权利凭证交付质权人时设立；没有权利凭证的，质权自有关部门办理出质登记时设立。

50. C 【解析】《中华人民共和国民法典》规定，夫妻可以约定婚姻关系存续期间所得的财产以及婚前财产归各自所有、共同所有或部分各自所有、部分共同所有。约定应当采用书面形式。夫妻对婚姻关系存续期间所得的财产以及婚前财产的约定，对双方具有约束力。

51. D 【解析】在我国，贷款基础利率是指商业银行对其最优质客户执行的贷款利率，其他贷款利率可在此基础上加减点生成。

52. D 【解析】我国银行传统的监管工具主要包括流动性、不良贷款拨备覆盖率、风险集中度、不良资产率。近年来，在国际金融危机、第三版巴塞尔资本协议发布的背景下，原中国银监会于2011年4月27日公布了《中国银监会关于中国银行业实施新监管标准的指导意见》，陆续引入或更新了资本、拨备、流动性（LCR、NSFR）、银行账簿利率风险（IRRBB）、大额风险暴露、杠杆率等银行监管工具。

53. B 【解析】洗钱罪明确规定其对象是毒品犯罪、黑社会性质的组织犯罪、恐怖活动犯罪、走私犯罪、贪污贿赂犯罪、破坏金融管理秩序犯罪、金融诈骗犯罪的所得。

54. B 【解析】核心一级资本是银行资本中最核心的部分，承担风险和吸收损失的能力也最强。核心一级资本主要包括以下6部分：实收资本或普通股、资本公积、盈余公积、一般风险准备、未分配利润、少数股东资本可计入部分。

55. B 【解析】凡经银保监会批准成立的、具有独立法人资格的全国银行业金融机构以及在华外资金融机构，承认《中国银行业协会章程》，均可申请加入中国银行业协会成为会员。而并非银行业金融机构都必须参与中国银行业协会，因此B项错误。

56. D 【解析】从银行审慎、稳健经营的角度而言，银行持有的账面资本数量应大于经济资本。

57. B 【解析】我国《中华人民共和国民法典》规定，连带责任保证的保证人与债权人未约定保证期间的，债权人有权自主债务履行期届满之日起6个月内要求保证人承担保证责任。连带责任保证的债权人未在保证期间请求保证人承担保证责任的，保证人不再承担保证责任。故选项B表述错误。

58. B 【解析】基准利率有两重含义：①基准利率决定着一个国家的金融市场利率水平，是金融机构系统制定存款利率、贷款利率、有价证券利率的依据；②基准利率表明中央银行对于当期金融市场货币供求关系的总体判断，基准利率的变化趋势引导着一个国家利率的总体变化方向。

59. D 【解析】同业拆借市场是银行等金融机构间的短期资金借贷市场。同业拆借市场是金融机构进行流动性管理的重要场所，主要满足金融机构日常资金的支付清算和短期融通需要。

60. A 【解析】洗钱是指为了掩饰犯罪收益的真实来源和存在，通过各种手段使犯罪收益表面合法化的行为。犯罪收益通常被称为“脏钱”“黑钱”，对犯罪收益进行清洗并使之披上合法外衣的行为被人们形象地称为“洗钱”。

61. D 【解析】2001年中国人民银行制定了《贷款风险分类指导原则》，采用以风险为基础的分类方法，把贷款分为正常、关注、次级、可疑和损失五类，后三类合称为不良贷款，该方法于2002年开始全面实施。

62. D 【解析】代理行为是指能够引起民事法律后果的民事法律行为。代理行为的法律后果直接归属于被代理人。王某是被代理人，故选项D正确。

63. B 【解析】商业银行是指能够吸收公众存款、发放贷款、办理结算等多种业务，以营利为主要经营目标，经营货币的金融企业。商业银行在银行体系中占有重要的地位，在信用活动中起着主导作用。

64. D 【解析】单位实施骗取贷款的行为，不能按照贷款诈骗罪追究刑事责任，符合条件的也只能按照合同诈骗罪定罪。

65. D 【解析】附条件的民事法律行为是指附有决定该行为效力发生或者消灭条件的民事法律行为。选项D属于附条件的民事法律行为。

66. C 【解析】GDP增长率是反映一定时期经济发展水平变化程度的动态指标。

67. D 【解析】银行业金融机构严重违反审慎经营规则的，根据《中华人民共和国银行业监督管理法》的规定，由国务院银行业监督管理机构责令改正，并处20万元以上50万元以下的罚款；情节特别严重或者逾期不改正的，可以责令停业整顿或者吊销其经营许可证；构成犯罪的，依法追究刑事责任。

68. B 【解析】风险对冲是指通过投资或购买与管理基础资产收益波动负相关的某种资产或金融衍生产品来冲销风险的一种风险管理策略。

69. D 【解析】债券回购是商业银行短期借款的重要方式，包括质押式回购与买断式回购两种。与纯粹以信用为基础、没有任何担保的同业拆借相比，债券回购的风险要低得多,对信用等级相同的金融机构来说,债券回购利率一般低于拆借利率,再贷款利率高于再贴现利率。

70. A 【解析】银行业从业人员应当自觉遵守法律法规、行业自律规范和所在机构的各种规章制度,保护所在机构的商业秘密、知识产权和专有技术,自觉维护所在机构的形象和声誉。

71. A 【解析】贷款申请是贷款全流程管理的首要环节。借款人需用贷款资金时,应按照贷款人要求的方式和内容提出贷款申请,并恪守诚实守信原则,承诺所提供材料的真实、完整、有效。故选项B、选项C、选项D说法均错误。

72. B 【解析】现钞买入价(钞买价)是指银行买入外币现钞的价格。

73. C 【解析】通货紧缩是货币供求失衡、物价不稳定的一种表现,对整个经济增长有着不利的影响。

74. B 【解析】出票是指出票人依照法定款式做成票据并交付于受款人的行为。它包括“做成”和“交付”两种行为。

75. A 【解析】根据《中华人民共和国公司法》第14条的规定,公司可以设立分公司,分公司不具有法人资格,其民事责任由公司承担,也不享有独立的财产权利,但分公司可以自己的名义从事法律行为。在民法上,分公司的性质属于法人分支机构,具有相应的行为能力。公司可以设立子公司,子公司具有企业法人资格,是完全独立的法律主体,依法独立承担民事责任,子公司也不承担母公司的民事责任。故选项A正确。

76. A 【解析】《中华人民共和国民法典》第116条规定,“物权的种类和内容,由法律规定”,这就是物权法定原则的体现。包括两层含义:一是物权种类法定,当事人不得自由创设法律未规定的新物权;二是物权内容法定,当事人不得在物权中自由创设新的内容。

77. C 【解析】《中华人民共和国商业银行法》规定了商业银行“三性四自”经营原则,即商业银行以安全性、流动性、效益性为经营原则,实行自主经营,自担风险,自负盈亏,自我约束。

78. C 【解析】以基金份额、股权出质的,当事人应当订立书面合同。以基金份额、证券登记结算机构登记的股权出质的,质权自证券登记结算机构办理出质登记时设立;以其他股权出质的,质权自工商行政管理部门办理出质登记时设立。

79. C 【解析】银行业从业人员应当公平对待所有客户,不得因客户的国籍、肤色、民族、性别、年龄、宗教信仰、残障及业务的繁简程度和金额大小等方面的差异而歧视客户,选项C做法错误。

80. B 【解析】定金和订金的区别如下:①性质不同。定金是一种担保方式,而订金一般认为具有预付款性质,不具有担保功能。②效力不同。收受定金的一方不履行约定的债务的,应当双倍返还定金;而收受订金的当事人一方不履行合同债务时,退还订金即可,无须双倍返还。③数额限制不同。《中华人民共和国民法典》规定,定金数额不超过主合同标的额的20%;而订金的数额依当事人之间自由约定,法律未作限制。

81. C 【解析】作为一名银行业从业人员,以下三个方面的知识是不可或缺的:①对宏观经济和金融状况有较为全面的认识和了解,并对银行在现代经济中所起的作用有所了解。②熟知与自身岗位相关的银行业务及与管理有关的法规,并对金融监管体制和所从事业务涉及的监管规定有较为深入的了解。③具备胜任本职工作的相关专业知识。

82. B 【解析】经济资本是指在一定的置信度水平下(如99%),为了应对未来一定期限内资产的非预期损失而应该持有或需要的资本金。

83. D 【解析】银行业从业人员应当具备岗位所需的专业知识、资格与能力。

84. B 【解析】内部控制应当坚持风险为本、审慎经营的理念,设立机构或开办业务均应坚持内控优先。

85. C 【解析】集资诈骗罪主观方面是故意,且要求是以非法占有为目的。是否具有非法占有他人财物的目的,是本罪区别于非法集资等行为(主要指《中华人民共和国刑法》第176条规定的非法吸收公众存款罪、第179条规定的擅自发行股票、公司、企业债券罪等)的重要特征之一。

86. C 【解析】《中华人民共和国民法典》第31条规定,对监护人的确定有争议的,由被监护人住所地的居民委员会、村民委员会或者民政部门指定监护人,有关当事人对指定不服的,可以向人民法院申请指定监护人;有关当事人也可以直接向人民法院申请指定监护人。

87. C 【解析】一般来说,一笔贷款的管理流程分为9个环节:①贷款申请;②受理与调查;③风险评价;④贷款审批;⑤合同签订;⑥贷款发放;⑦贷款支付;⑧贷后管理;⑨贷款回收与处置。

88. B 【解析】房地产开发贷款包括住房开发贷款和商业用房开发贷款两大类。对非住宅部分投资占总投资比例超过50%的综合性房地产项目,其贷款也视同商业用房开发贷款。

89. D 【解析】银行从业人员在办理业务时须遵循以下规则:①银行在与客户建立业务关系或者为客户提供规定金额以上的现金汇款、现钞兑换、票据兑付等一次性金融服务时,应当要求客户出示真实有效的身份证件或者其他身份证明文件,进行核对并登记。②客户由他人代理办理业务的,银行应当同时对代理人和被代理人的身份证件或者其他身份证明文件进行核对并登记。③银行不得为身份不明的客户提供服务或者与其进行交易，不得为客户开立匿名账户或者假名账户。故选项D不符合规定。

90. C 【解析】通货紧缩的影响：①导致社会总投资减少。一方面，通货紧缩会使实际利率提高，社会投资的实际成本上升，会导致投资下降。另一方面，由于预期价格下降，投资预期收益的减少，也会使企业投资意愿下降。②减少消费需求。在通货紧缩过程中，物价下跌使货币实际购买力不断提高，人们会尽可能地推迟支付，导致消费支出的延迟和消费规模的减小。③影响社会收入再分配。通货紧缩会使政府的收入向企业和个人转移，主要是通过降低所得税实现的；会使企业在价格下降中受到损失；会使工人的实际工资增加；会形成有利于债权人而不利于债务人的资金再分配。

二、多项选择题

91. ABCDE 【解析】商业银行应建立与其经营范围、组织结构和业务规模相适应的合规风险管理体系，包括以下基本要素：①合规政策；②合规管理部门的组织结构和资源；③合规风险管理计划；④合规风险识别和管理流程；⑤合规培训与教育制度。

92. DE 【解析】导致合同无效的原因：①一方以欺诈、胁迫的手段订立合同，损害国家利益；②恶意串通，损害国家、集体或者第三人利益；③以合法形式掩盖非法目的；④损害社会公共利益；⑤违反法律、行政法规的强制性规定。

93. CDE 【解析】单位存款又称对公存款，是机关、团体、部队、企业、事业单位和其他组织以及个体工商户将货币资金存入银行，并可以随时或按约定时间支取款项的一种信用行为。个人存款又称储蓄存款，是指居民个人将闲置不用的货币资金存入银行，并可以随时或按约定时间支取款项的一种信用行为，是银行对存款人的负债。故选项A、选项B表述错误。

94. ACDE 【解析】票据发行便利是一种具有法律约束力的中期周转性票据发行融资的承诺。故选项B说法错误。

95. ABDE 【解析】选项C，共同犯罪的成立条件是必须二人以上、必须有共同故意、必须有共同行为。

96. ACDE 【解析】直接性货币政策工具主要包括利率限制、信用配额、直接干预、流动性比例等。证券市场信用控制属于选择性货币政策工具。

97. ABC 【解析】货币执行贮藏手段的特点：①必须是现实的、足值的货币。②必须是退出流通领域处于静止状态的货币。

98. AE 【解析】自律组织对其会员的监管一般有两种方式：①对会员每年进行一次例行检查，包括对会员的财务状况、业务执行情况、对客户的服务质量等的检查；②对会员的日常业务活动进行监管，包括对其业务活动进行指导，协调会员之间的关系，对欺诈客户、操纵市场等违法违规行为进行调查处理。

99. ABCDE 【解析】影响货币需求的主要因素包括以下内容：①收入水平；②利率水平；③社会商品可供量、物价水平、货币流通速度；④信用制度发达程度；⑤汇率；⑥公众的预期和偏好。

100. CD 【解析】《中华人民共和国银行业监督管理法》规定，国务院银行业监督管理机构负责对全国银行业金融机构及其业务活动监督管理的工作，其法定监管目标：①促进银行业的合法、稳健运行，维护公众对银行业的信心；②保护银行业公平竞争，提高银行业竞争能力。

101. ABCDE 【解析】履约保函是对保函申请人诚信、善意、及时履行基础交易中约定义务的保证，故选项A正确。银行保函是指银行应申请人的要求，向受益人作出的书面付款保证承诺，银行将凭受益人提交的与保函条款相符的书面索赔履行担保支付或赔偿责任，故选项B正确。即期付款保函指保证申请人因购买商品、技术、专利或劳动合同项下的付款责任而出具的类同信用证性质的保函，故选项C正确。预付款保函指申请人一旦在基础交易项下违约，银行承担向受益人返还预付款的保证责任，故选项D正确。关税保函指为进出口物品缴纳关税提供的担保，故选项E正确。

102. ABCD 【解析】投融资和票据贴现业务管理要坚持科学规划、统一管理、集约经营、综合发展的原则，构建符合现代商业银行要求的投融资和票据转贴现业务管理体制和经营机制，实现对银行投融资和票据转贴现业务的制度规范、流程合规、价格引导、授权管理、计划管理和实时监督控制。

103. BDE 【解析】合规风险管理的基本制度主要包括三项：①建立对管理人员合规绩效的考核制度，体现倡导合规和惩处违规的价值观念。②建立有效的合规问责制度，严格对违规行为的责任认定与追究，并采取有效的纠正措施，及时改进经营管理流程，适时修订相关政策、程序和操作指南。③建立诚信举报制度，鼓励员工举报违法、违反职业操守或可疑的行为，并充分保护举报人。

104. ACDE 【解析】存在违法吸收存款行为的商业银行，由国务院银行业监督管理机构责令改正，有违法所得的，没收违法所得，违法所得50万元以上的，并处违法所得1倍以上5倍以下罚款；没有违法所得或者违法所得不足50万元的，处50万元以上200万元以下罚款；情节特别严重或者逾期不改正的，可以责令停业整顿或者吊销其经营许可证；构成犯罪的，依法追究刑事责任。

105. ACE 【解析】借记卡功能：①存取现金；②转账汇款；③刷卡消费；④代收代付；⑤资产管理；⑥其他服务。

106. ABC 【解析】货币政策中介目标的作用：①表明货币政策实施的进度；②为中央银行提供一个追踪观测的指标；③便于中央银行调整政策工具的使用。

107. BCDE 【解析】商业银行面临的主要风险是信用风险，即借款人或交易对手不能按照事先达成的协议履行义务的可能性。这些风险不仅存在于银行的贷款业务中，也存在于其他表内和表外业务中，如担保、承兑和证券投资等。

108. AC 【解析】货币政策操作目标是中央银行运用货币政策工具能够直接影响或控制的目标变量。它介于政策工具和中介目标之间，是货币政策工具影响中介目标的传导桥梁。通常被采用的操作目标主要有基础货币、存款准备金。

109. ABDE 【解析】我国银行业监管规则体系主要由法律、行政法规、部门规章、规范性文件四个层次构成，法律、行政法规是基础和主干，部门规章和规范性文件构成了实际监管工作中的依据和准绳。

110. BCE 【解析】商业银行理财产品销售文件包括理财产品销售协议书、理财产品说明书、风险揭示书、投资者权益须知等。

111. ADE 【解析】公证遗嘱是指经过国家公证机关依法认可其真实性与合法性的书面遗嘱，不需要见证人在场见证。自书遗嘱不需要见证人在场见证即具有法律效力。代书遗嘱应当有两个以上见证人在场见证，由其中一人代书，注明年、月、日，并由代书人、其他见证人和遗嘱人签名；以录音形式设立的遗嘱，应当有两个以上的见证人在场见证。口头遗嘱应当有两个以上见证人在场见证。

112. ABCE 【解析】票据行为是指以发生、变更或消灭票据的权利义务关系为目的的法律行为，包括出票、背书、承兑、保证。

113. CD 【解析】国际清算业务是国际银行间办理结算和支付中用以清讫双边或多边债权债务的过程和方法。国际清算的类型主要分为内部转账型和交换型两种。系统内联行清算和跨系统联行往来均属于国内联行清算的两种类型。

114. BD 【解析】单位通知存款是指单位类客户在存入款项时不约定存期，支取时需提前通知商业银行，并约定支取存款日期和金额方能支取的存款类型。不论实际存期多长，按存款人提前通知的期限长短，可再分为1天通知存款和7天通知存款两个品种。

115. ABCE 【解析】货币供应量中$M_2 = M_1 +$城乡居民储蓄存款+企业存款中具有定期性质的存款+外币存款+信托类存款；其中，M_0代表流通中现金；$M_1 = M_0 +$企业活期存款+机关团体部队存款+农村存款+个人持有的信用卡类存款。

116. BCE 【解析】通货膨胀对分配和消费的影响包括以下内容：①通货膨胀会引起不利于固定薪金收入阶层的国民收入的再分配。一般来说，依靠固定薪金收入的职员，往往是最主要的受害群体。那些经营垄断性商品、从事投机倒把、囤积居奇的投机商和不法经营者往往是最大受益者。②通货膨胀是有利于债务人而不利于债权人的分配。③通货膨胀降低消费规模。

117. CDE 【解析】银行业从业人员应当遵守法律法规、行业自律规范以及所在机构的规章制度。

118. BCDE 【解析】货币在与商品交换发展过程中，逐步形成了价值尺度、流通手段、贮藏手段、支付手段、世界货币等职能。

119. AE 【解析】中介目标主要包括货币供应量和利率。

120. ABCDE 【解析】下列债权、股权不得作为呆账核销：①借款人或者担保人有经济偿还能力，银行未按规定履行必要措施和实施必要程序追偿的债权。②违反法律法规的规定，以各种形式逃废或悬空的银行债权。③因行政干预造成逃废或悬空的银行债权。④银行未向借款人、担保人追偿的债权。⑤其他不应核销的银行债权、股权。

121. ABCDE 【解析】银行业监督管理机构的监督管理措施：①非现场监管措施；②现场检查措施；③对违反审慎经营规则的监管措施；④对问题银行业金融机构的接管、促成重组、撤销等监管措施；⑤其他监督管理措施。选项A、选项B、选项C、选项D、选项E均属于银行业监督管理机构的监督管理措施。

122. ABDE 【解析】《中华人民共和国民法典》第58条规定，法人应当依法成立。法人应当有自己的名称、组织机构、住所、财产或者经费。

123. ABDE 【解析】同一存款客户只能在商业银行开立一个基本存款账户。故选项C错误。

124. ACD 【解析】商业银行内部控制的目标包括四个方面：①保证国家有关法律法规及规章的贯彻执行（选项C）；②保证商业银行发展战略和经营目标的实现（选项D）；③保证商业银行风险管理

的有效性(选项 A);④保证商业银行业务记录、会计信息、财务信息和其他管理信息的真实、准确、完整和及时。

125. BCDE 【解析】我国开办的个人人民币存款业务包括活期存款、定期存款、定活两便存款、个人通知存款、教育储蓄存款和保证金存款。

126. ABCDE 【解析】依法成立的合同受法律保护,对当事人具有法律约束力。当事人应当按照合同约定履行自己的义务,不得擅自变更或者解除合同。民事主体从事民事活动应当遵循公平原则,合理确定各方的权利和义务。平等原则是指民事主体在法律地位上一律平等,也称法律地位平等原则。《中华人民共和国民法典》第 4 条规定,民事主体在民事活动中的法律地位一律平等。按照这一原则,在民事法律关系中,任何民事主体都是平等的,没有高低贵贱之分,也没有上下级之分,即使是国家作为民事主体参与民事活动,也与其他民事主体的法律地位平等。

127. ABDE 【解析】货币供给量在很大程度上能够被中央银行政策所调控,故选项 C 表述错误。

128. ABCD 【解析】金融机构不得向低风险承受等级的金融消费者推荐高风险金融产品,故选项 E 说法错误。

129. ABCDE 【解析】M_0:流通中现金;$M_1 = M_0$ + 企业活期存款 + 机关团体部队存款 + 农村存款 + 个人持有的信用卡类存款;$M_2 = M_1$ + 城乡居民储蓄存款 + 企业存款中具有定期性质的存款 + 外币存款 + 信托类存款。

130. ADE 【解析】主权信用风险暴露、金融机构信用风险暴露、公司信用风险暴露统称为非零售信用风险暴露。

三、判断题

131. A 【解析】信用卡持卡人在到期还款日前偿还所使用全部银行款项有困难的,可按照发卡银行规定的最低还款额还款,或者办理分期付款业务分次还款。

132. A 【解析】题干表述正确。

133. B 【解析】资产负债计划是资产负债管理的重要手段,主要包括资产负债总量计划和结构计划。通常,商业银行主要根据全行资本总量和资本充足率水平来确定资产负债总量计划。

134. B 【解析】风险监测是指通过对一些关键的风险指标和环节进行监测,关注银行风险变化的程度,建立风险预警机制;同时,向内外部不同层级的主体报告对风险的定性、定量评估结果,以及所采取的风险管控措施及其质量和效果。这里的关键的风险指标与关键风险指标是不同的,题干表述错误。

135. B 【解析】国际收支平衡是指国际收支差额处于一个相对合理的范围内,既无巨额的国际收支赤字,又无巨额的国际收支盈余。保持国际收支平衡是保证国民经济持续稳定增长和经济安全的重要条件。

136. B 【解析】信用风险是银行最为复杂的风险种类,也是当前银行面临的最主要的风险。

137. B 【解析】净额结算是指参与交易的机构以交易参与方为单位,对其买入和卖出交易的余额进行轧差,以轧差得到的净额组织交易参与方进行交割的制度。净额结算的缓释作用主要体现为降低违约风险暴露。

138. B 【解析】任何单位和个人不得强令商业银行发放贷款或者提供担保。商业银行有权拒绝任何单位和个人强令要求其发放贷款或者提供担保。

139. B 【解析】已满 12 周岁不满 14 周岁的人,犯故意杀人、故意伤害罪,致人死亡或者以特别残忍手段致人重伤造成严重残疾,情节恶劣,经最高人民检察院核准追诉的,应当负刑事责任。题干表述错误。

140. A 【解析】题干表述正确。

141. B 【解析】银行业外部监管是监管的最高层次。

142. B 【解析】银行业从业人员应当遵守法律法规及所在机构关于电子信息技术设备使用的规定以及有关安全规定,并做到如下规定:①按照有关规定安装使用各类安全防护系统,不在电子设备上安装盗版软件和其他未经安全检测的软件;②不得利用本机构的电子信息技术设备浏览不健康网页,下载不安全的、有害于本机构信息设备的软件;③不得实施其他有害于本机构电子信息技术设备的行为。

143. B 【解析】贷款诈骗罪,是指以非法占有为目的,采用虚构事实、隐瞒真相的方法,诈骗银行或者其他金融机构的贷款,数额较大的行为。金融诈骗罪是类罪名,是指在金融活动中,违反金融管理法规,采取虚构事实或者隐瞒真相的方法,以非法占有为目的,骗取数额较大的财物的行为。

144. A 【解析】流动性风险是指商业银行无法及时获得或以合理成本获得充足资金,用于偿付到期债务、履行其他支付义务或满足正常业务开展需要的风险。流动性风险如不能有效控制,将有可能损害商业银行的清偿能力;如果大量债权人在某一时刻要求兑现债权(挤兑),商业银行可能会陷入流动性危机。

145. A 【解析】题干表述正确。

未来教育
Future Education

银行业专业人员职业资格考试（初级）

机考题库与高频考点

银行业法律法规与综合能力

◆机考题库·真题试卷（五）
◆机考题库·真题试卷（六）
（含参考答案及解析）

《银行业法律法规与综合能力》机考题库·真题试卷

机考题库·真题试卷(五)

答题卡

本试卷采用虚拟答题卡技术，自动评分

考生扫描右侧二维码，将答题选项填入虚拟答题卡中，题库系统可自动统计答题得分，生成完整的答案及解析。题库系统根据考生答题数据，自动收集整理错题，记录考生薄弱知识点，方便考生在题库系统中查漏补缺。

一、单项选择题。以下各小题所给出的四个选项中，只有一项符合题目要求，请选择相应选项，不选、错选均不得分(共90题，每题0.5分，共45分)。

1. 以下关于拨贷比的表述，错误的是(　　)。
A. 在不良贷款拨备覆盖率普遍达标的情况下，拨贷比与不良贷款率的相关性不大
B. 拨贷比是商业银行不良贷款损失准备与各项贷款余额的比值
C. 拨贷比 = 不良贷款拨备覆盖率 × 不良贷款率
D. 拨贷比维持在一定水平的情况下，银行多发放贷款，就需要多计提拨备

2. 票据的流通性是指(　　)。
A. 必须根据法律规定的必要形式制作
B. 如果票据记载的文义与记载人的真实意思有出入，以记载为准
C. 除票据特别注明外，票据在到期前，可以通过背书方式转让而流通
D. 票据一经做成，票据上的权利便随之而确立

3. 我国持有、管理和经营国家外汇储备和黄金储备的机构是(　　)。
A. 财政部　　B. 中国银行保险监督管理委员会
C. 中国人民银行　　D. 中国证券监督管理委员会

4. 下列行为中，违反银行业从业人员“职业操守”规定的是(　　)。
A. 尊重同业人员　　B. 在朋友聚会时，谈论客户存款信息
C. 交流先进经验　　D. 组织行业力量，采取联合行动维护权益

5. 下列不属于《中华人民共和国刑法》中明确规定的洗钱罪对象的是(　　)。
A. 贪污贿赂犯罪所得　　B. 破坏金融管理秩序犯罪所得
C. 盗窃犯罪所得　　D. 毒品犯罪所得

6. 银行风险是(　　)。
A. 主要由于银行自身管理不善造成的
B. 由于各种确定性因素的影响而造成的损失
C. 银行在经营过程中蒙受损失的可能性
D. 银行在经营过程中蒙受的实际损失

7. 下列人员中，(　　)不可能成为危害货币管理罪的主体。
A. 年满18周岁，具有辨认控制能力的银行工作人员
B. 年满18周岁，具有辨认控制能力的其他金融机构的工作人员
C. 金融机构
D. 年满16周岁，具有辨认控制能力的自然人

8. 甲商业银行向乙企业发放设备贷款300万元，期限5年，由丙公司做保证担保。3年后，甲商业银行将上述贷款转让给了丁商业银行，丁商业银行另外还对乙企业追加了20万元流动资金贷款。丙公司对丁商业银行的担保责任是(　　)。
A. 丙公司不再承担保证责任，因为甲与乙变更债权主体未得到丙的同意
B. 丙公司对3年前的保证承担责任，对3年后的保证不承担责任

C. 丙公司继续对设备贷款300万元承担保证责任,对追加的20万元不承担保证责任

D. 丙公司对全部320万元贷款承担保证责任

9. 在未来一段时间内,一定置信度下,银行承担的风险可能超出预期损失的损失水平称为(　　)。

A. 预期损失　　B. 非预期损失

C. 极端损失　　D. 平均损失

10. 国家工作人员或者受国有单位委派管理、经营国有财产的工作人员,利用职务之便,非法将国有财产占为己有,构成贪污罪,情节特别严重的最高可以处以(　　)。

A. 死刑　　B. 无期徒刑

C. 10年以上的有期徒刑　　D. 5年以上的有期徒刑

11. 甲向乙银行贷款50万元,合同约定2015年6月1日还款,丙为保证人,保证合同中写明:"若甲不能履行债务时,由丙承担保证责任。"6月1日,甲未清偿。乙银行找到丙,要求丙还款50万元。下列表述正确的是(　　)。

A. 该保证是连带保证　　B. 丙有权要求乙银行先对甲追索

C. 丙不需要承担保证责任　　D. 丙要承担立即还款责任

12. 下列关于商业银行基本存款账户的表述,正确的是(　　)。

A. 客户为了业务方便可以开立多个基本存款账户

B. 只能用于非现金结算

C. 可以用于提取现金

D. 可以吸收个人定期存款

13. 下列属于同业拆借市场特点的是(　　)。

A. 在无担保条件下进行的资金与信用的直接交换,要求拆借主体具有较低的信用等级

B. 在无担保条件下进行的资金与信用的直接交换,要求拆借主体具有较高的信用等级

C. 在有担保条件下进行的资金与信用的直接交换,要求拆借主体具有较高的信用等级

D. 在有担保条件下进行的资金与信用的直接交换,要求拆借主体具有较低的信用等级

14. 王某以高利率吸引公众存款,而后以更高利率将吸收的存款贷给一些公司与企业。王某的这一行为构成(　　)。

A. 违法发放贷款罪　　B. 擅自设立金融机构罪

C. 高利转贷罪　　D. 非法吸收公众存款罪

15. 民事行为被确认无效或者被撤销后,有过错的一方应当赔偿对方因此所受的损失,双方都有过错的,应当各自承担(　　)的责任。

A. 相应　　B. 相同　　C. 共同　　D. 相等

16. 甲公司向乙银行交付35万元,申请签发银行汇票向丙公司付款。这份汇票的当事人为(　　)。

A. 出票人甲公司,付款人甲公司,收款人丙公司

B. 出票人乙银行,付款人甲公司,收款人丙公司

C. 出票人乙银行,付款人乙银行,收款人丙公司

D. 出票人甲公司,付款人乙银行,收款人丙公司

17. 世界银行常驻哈萨克斯坦代表谢尔盖·沙塔洛夫2007年3月1日在新闻发布会上表示,世界银行将参与亚欧运输走廊的建设。据估计,走廊建设投资将超过20亿美元。世界银行以信贷方式参与走廊建设,其融资方式的性质是(　　)。

A. 项目融资　　B. 中期流动资金贷款

C. 短期流动资金贷款　　D. 贸易融资

18. 银行因资产到期不能足额收回,进而无法偿付到期债务、履行其他支付义务或满足正常业务开展需要,从而给银行带来损失,这类风险属于(　　)。

A. 市场风险　　B. 流动性风险

C. 信用风险　　D. 操作风险

19. 下列属于中国人民银行职责的是(　　)。

A. 经营存款业务　　B. 经理国库

C. 现场检查银行业金融机构经营风险　　D. 审批银行业金融机构的设立

20. 银行承兑汇票的出票人是(　　)。
A. 包括银行在内的企业和其他组织
B. 中央银行
C. 商业银行
D. 银行以外的企业和其他组织
21. 商业银行自我监管的实现途径不包括(　　)。
A. 内部治理
B. 内部控制
C. 内部自律
D. 内部审计
22. 下列关于可撤销的备用信用证和不可撤销的备用信用证的说法,不正确的是(　　)。
A. 可撤销的备用信用证旨在保护受益人的利益
B. 可撤销的备用信用证不会被开证银行随意撤销
C. 不可撤销的备用信用证是指开证行不可以单方面撤销或修改信用证
D. 可撤销的备用信用证是指附有申请人财务状况出现某种变化时可撤销或修改条款的信用证
23. 中国人民银行公布的当日外汇牌价是(　　)。
A. 现钞卖出价
B. 现钞买入价
C. 现汇买入价
D. 中间价
24. 发挥流通手段职能的货币具有的特点是(　　)。
A. 可以是观念形态的货币
B. 必须是现实的货币,不能用价值符号代替
C. 必须是现实的,可以是不足值的货币
D. 必须是现实的、足值的货币
25. 由银行作为出票人签发,银行在见票时按照实际结算金额无条件支付给收款人或者持票人的票据是(　　)。
A. 商业汇票
B. 支票
C. 银行汇票
D. 本票
26. 开立专用存款账户的特定用途资金不包括(　　)。
A. 信托基金
B. 期货交易保证金
C. 基本建设资金
D. 注册验资资金
27. 持有、使用假币罪是指(　　)。
A. 银行或者其他金融机构人员购买伪造货币,或者利用职务上的便利,以伪造的货币换取货币的行为
B. 违反货币管理法规,依照货币的样式,制造假货币冒充真货币的行为
C. 出售、购买伪造的货币,或者明知是伪造的货币而运输,数额较大的行为
D. 违反货币管理法规,明知是伪造的货币而持有、使用,数额较大的行为
28. 下列关于合同生效要件的表述,错误的是(　　)。
A. 合同标的须确定和可能
B. 当事人意思表示真实
C. 合同标的合法,即当事人签订的合同不违反法律和社会公共利益
D. 至少有一方当事人具有相应的民事行为能力
29. 巴塞尔新资本协议中,风险加权资产的计算公式为(　　)。
A. 信用风险加权资产 + 市场风险资本
B. 信用风险加权资产 + 市场风险资本 + 操作风险资本
C. (信用风险加权资产 + 市场风险资本 + 操作风险资本) × 12.5
D. 信用风险加权资产 + (市场风险资本 + 操作风险资本) × 12.5
30. 近年来,银行案件时有发生,商业贿赂屡禁不止,这些现象的产生主要是由于(　　)。
A. 银行业员工学历偏低
B. 银行业相关法律法规尚不完备
C. 银行业务单一
D. 银行业从业人员职业操守教育薄弱
31. 票据的出票日期必须使用中文大写,因此,11 月 20 日的正确写法是(　　)。
A. 零壹拾壹月零贰拾日
B. 壹拾壹月零贰拾日
C. 壹拾壹月贰拾日
D. 零壹拾壹月贰拾日
32. 下列行为不符合银行业从业人员职业操守要求的是(　　)。
A. 可透露执法机关的活动信息

B. 应了解协助执行的法定程序
C. 应了解哪些机关有权查询、冻结、扣划客户资产
D. 应了解金融机构和个人在协助执行中的有关职责

33. 中央银行的公开市场业务的优点是(　　)。
A. 主动权在政府　　B. 主动权在企业
C. 主动权在商业银行　　D. 主动权在中央银行

34. 商业银行是(　　)。
A. 机关法人　　B. 企业法人
C. 事业单位法人　　D. 社会团体法人

35. 公司以贴现方式出售给投资者的短期无担保的信用凭证是(　　)。
A. 公司债券　　B. 银行承兑汇票
C. 大额可转让定期存单　　D. 商业票据

36. 下列关于金融工具流动性的表述,正确的是(　　)。
A. 债务人信誉越高流动性越好
B. 偿还期越短流动性越差
C. 与企业债券相比,金融债券的流动性一般较差
D. 银行贷款的流动性要高于国债

37. 建立在劳动合同关系、合伙关系、工作职务关系等特定基础法律关系之上的代理是(　　)。
A. 表见代理　　B. 法定代理　　C. 委托代理　　D. 指定代理

38. 企业为出票人、银行为承兑人的汇票是(　　)。
A. 银行承兑汇票　　B. 银行汇票
C. 商业承兑汇票　　D. 银行本票

39. 一国货币对外升值后,下列关于对进出口贸易影响的说法,正确的是(　　)。
A. 有利于本国商品的出口　　B. 有利于外国商品的进口
C. 有利于减少贸易逆差　　D. 有利于增加贸易顺差

40. 2009 年 6 月,某企业在商业银行办理贷款 2000 万元并以商业用房抵押,但由于手续欠缺,尚未办理房屋他项权证。该笔贷款发放后,该公司发生重大事故,法人代表车祸死亡,经营活动停止,因此,该笔贷款无抵押物,处于高风险状态,这是(　　)引起的操作风险。
A. 外部程序　　B. 内部程序　　C. 人员　　D. 系统

41. 已知某银行当期营业利润为 3000 万元,提取的拨备为 1200 万元,那么该银行的拨备前利润为(　　)万元。
A. 1200　　B. 1800　　C. 3000　　D. 4200

42. 中国银行保险监督管理委员会对涉嫌转移或者隐匿违法资金的银行业金融机构工作人员的账户可以予以(　　)。
A. 扣划　　B. 冻结　　C. 销户　　D. 查询

43. 下列关于犯罪的预备、未遂和中止,说法错误的是(　　)。
A. 盗窃分子练习偷盗技巧是犯罪预备
B. 犯罪预备行为不具有社会危害性
C. 已经着手实行犯罪,由于犯罪分子意志以外的原因而未得逞的,是犯罪未遂
D. 在犯罪过程中,自动放弃犯罪或者自动有效地防止犯罪结果发生的,是犯罪中止

44. 甲公司委托乙银行为代理人向其客户提供服务,下列情形中甲公司不需要对此服务过程承担民事责任的是(　　)。
A. 乙银行知道甲公司要求的代理内容属于违法行为,仍然进行代理活动
B. 甲公司知道乙银行在提供服务的过程中行为违法,但不表示反对
C. 甲公司知道乙银行在提供服务的过程中超越了其代理权限,但未作否认表示
D. 代理期限已过,但乙银行继续向甲公司客户提供服务

45. 在下列金融犯罪中,犯罪主观方面可以是过失的是(　　)。
A. 变造货币罪　　B. 对违法票据承兑、付款、保证罪
C. 违规出具金融票证罪　　D. 洗钱罪

46. 钱某持盗来的身份证及伪造的空头支票，骗取某音像中心 VCD 光盘 4000 张，支票票面金额 4 万元。据此，下列表述正确的是(　　)。

A. 钱某的行为涉嫌构成金融凭证诈骗罪

B. 钱某的行为涉嫌构成票据诈骗罪

C. 钱某的行为不构成犯罪

D. 钱某的行为涉嫌构成盗窃罪

47. 某银行员工勤奋好学，经常向另一部门其他岗位的同事学习业务知识，在同事偶尔外出时还主动提出代为履行职责，这种行为(　　)。

A. 体现了同事之间的团结合作精神，应该得到鼓励

B. 体现了该员工的勤勉尽职精神，应该得到表扬

C. 在该员工的技能和知识达到其同事岗位要求的情况下是可以的

D. 是不可以的，除非经过适当批准

48. 信用证项下单据到，并经审核无误后，开证申请人因资金周转关系，无法及时对外付款赎单，以该信用证项下代表货权的单据为质押，并同时提供必要的抵押/质押或其他担保，由银行先行代为对外付款的行为是(　　)。

A. 保付代理　　B. 打包放款　　C. 进口押汇　　D. 出口押汇

49. 假定金融机构的法定准备金率为 20%，超额准备金率为 2%，现金漏损率为 3%，不考虑定期存款的存款准备金率，则存款乘数为(　　)。

A. 4.00　　B. 4.12　　C. 5.00　　D. 20.00

50. 国有银行的工作人员在金融业务活动中索取他人财物或者非法收受他人财物，为他人谋取利益的，或者违反国家规定，收受各种名义的回扣、手续费，归个人所有的，涉嫌构成(　　)。

A. 贪污罪　　B. 受贿罪

C. 非国家工作人员受贿罪　　D. 职务侵占罪

51. 某人向银行贷款，约定以珠宝做质押，由于银行保管不当，造成珠宝价值下降。则下列表述正确的是(　　)。

A. 珠宝不能作为质押物　　B. 银行不需要承担赔偿责任

C. 银行应当承担赔偿责任　　D. 银行应当尽快返还质押物

52. 以证券交易为中心，有组织机构和人员，有专门设备的交易市场是(　　)。

A. 场内交易市场　　B. 场外交易市场

C. 柜台交易市场　　D. OTC 市场

53. 以下无民事行为能力人的民事活动具有法律效力的情况是(　　)。

A. 取得法定代理人授权　　B. 通过完全民事行为能力人代理

C. 征得法定代理人的同意　　D. 通过法定代理人代理

54. 下列关于境内机构外汇账户的表述，错误的是(　　)。

A. 境内机构原则上只能开立一个经常项目外汇账户

B. 境内机构经常项目外汇账户的限额可以采用欧元核定

C. 境内机构经常项目外汇账户的限额统一采用美元核定

D. 境内机构可以开立多个资本项目外汇账户

55. 当本国利率水平高于外国利率时，会引起(　　)。

A. 对本国货币需求增大　　B. 外汇升值，本币贬值

C. 对外汇需求增大　　D. 资本流出

56. 商业银行对国际贸易延期付款方式中出口商持有的远期承兑汇票或本票进行无追索权的贴现是(　　)。

A. 信用证业务　　B. 国际保理　　C. 押汇业务　　D. 福费廷

57. 下列属于《中华人民共和国票据法》规定的汇票必须记载事项的是(　　)。

A. 用途　　B. 付款地　　C. 出票日期　　D. 付款日期

58. 定期存款是个人事先约定偿还期的存款，其利率视期限长短而定。其中，(　　)最为常见，是定期存款的典型代表。

A. 整存整取　　B. 零存整取　　C. 整存零取　　D. 存本取息

59. 王某欲将儿子从美国汇来的美元汇票直接存入银行,银行应当将王某的美元汇票存入其(　　)。
A. 现钞账户　　B. 现汇账户
C. 可兑换货币账户　　D. 人民币账户

60. 下列关于宏观经济发展目标及其衡量指标的表述中,错误的是(　　)。
A. 衡量物价稳定的宏观经济指标是通货膨胀率
B. 国内生产总值(GDP)增长率是反映一定时期经济发展水平变化程度的动态指标
C. 国际收支平衡是指国际收支差额处于一个相对合理的范围内,无巨额国际收支赤字与盈余
D. 失业率是指年龄在18周岁以上具有劳动能力人口中失业人数所占的百分比

61. 下列关于回购交易的表述,正确的是(　　)。
A. 债券回购是金融机构之间以债券为抵押的短期资金的融通,风险较低
B. 其标的物一般是信用等级高的金融债券
C. 在回购交易中,交易双方是以长期融资为目的
D. 债券回购一般以小额交易为主

62. 下列银行卡中,(　　)不可以透支。
A. 借记卡　　B. 准贷记卡　　C. 信用卡　　D. 贷记卡

63. 下列属于中央银行对金融机构发放贷款的形式的是(　　)。
A. 贴现　　B. 转贴现　　C. 抵押　　D. 再贴现

64. 为治理通货膨胀,中央银行一般会在市场上(　　)。
A. 出售有价证券　　B. 购入有价证券
C. 加大货币投放量　　D. 降低利率

65. (　　)是国际银行间办理结算和支付中用以清讫双边或多边债权债务的过程和方法。
A. 联行清算　　B. 支付结算
C. 国际清算业务　　D. 定时清算

66. 下列属于中国人民银行主要职能的是(　　)。
A. 防范和化解金融风险,维护金融稳定　　B. 银行业监督管理
C. 证券业监督管理　　D. 保险业监督管理

67. 有限责任公司的权力机构是(　　)。
A. 监事会　　B. 股东会　　C. 董事会　　D. 股东大会

68. 下列关于留置权与抵押权、质权关系的描述中,正确的是(　　)。
A. 留置权优先于抵押权,但处于质权之后　　B. 质权优先于抵押权和留置权
C. 留置权优先于抵押权和质权　　D. 抵押权优先于留置权和质权

69. 根据所承担风险的大小,某商业银行自行计算需要保有的最低资本量为100亿美元,这100亿美元属于(　　)。
A. 经济资本　　B. 会计资本　　C. 资产规模　　D. 监管资本

70. 如果外汇储备货币的汇率上升,下列说法正确的是(　　)。
A. 外汇储备规模增加　　B. 外汇储备的实际价值减少
C. 外汇储备的实际价值增加　　D. 外汇储备规模减小

71. 以人民币标明面值,以外币认购和进行交易,专供外国和我国香港、澳门、台湾地区的投资者买卖的股票是(　　)。
A. A股　　B. B股　　C. N股　　D. H股

72. 因利率、汇率、股票价格和商品价格的不利变动而使商业银行发生损失的可能性属于(　　)。
A. 信用风险　　B. 市场风险　　C. 价格风险　　D. 流动性风险

73. (　　)存在于商业银行业务和管理的各个方面,经常与其他风险交织并发。
A. 操作风险　　B. 流动性风险
C. 市场风险　　D. 信用风险

74. 下列选项中,属于出资人在商业银行资产中享有的经济利益,反映了银行实际拥有的资本水平的是(　　)。
A. 经济资本　　B. 风险资本　　C. 监管资本　　D. 账面资本

75. 历史上，巴林银行倒闭的直接原因是其新加坡分行衍生品交易负责人里森投机失败，导致损失逾10亿美元之巨。他判断日经指数期货将要上涨，伪造文件、私设账户挪用大量的资金买进日经指数期货。该案例中里森的行为主要属于银行的（　　）。
A. 市场风险　　B. 流动性风险
C. 操作风险　　D. 国家风险
76. 下列关于我国境内两家不同商业银行之间清算渠道的表述，正确的是（　　）。
A. 必须通过财政部进行　　B. 必须通过中国人民银行进行
C. 可以两家银行之间相互自主清算　　D. 商业银行自由选择清算途径
77. 以下哪项不是留置权的主要特征（　　）。
A. 留置权只能发生在特定的合同关系中，如保管合同、运输合同和加工承揽合同
B. 留置权具有不可分性，即债权得到全部清偿之前，留置权人无权留置全部标的物
C. 留置权实现时，留置权人必须确定债务人履行债务的宽限期
D. 留置权发生两次效力，即留置标的物和变价并优先受偿
78. 由中国境内注册的公司发行、直接在美国纽约上市的股票是（　　）。
A. A股　　B. B股　　C. H股　　D. N股
79. 优先股股票享有的权利是（　　）。
A. 收益分配随利润变动而变动　　B. 优先清偿权
C. 经营决策的参与权　　D. 优先认股权
80. 货币的本质决定了货币是（　　）。
A. 是固定充当一般等价物的特殊商品　　B. 具有使用价值的普通商品
C. 是固定充当一般等价物的普通商品　　D. 具有价值和使用价值的普通商品
81. 下列不属于操作风险表现形式的是（　　）。
A. 实物价格波动　　B. 实物资产损坏
C. 内部欺诈　　D. 外部欺诈
82. 按照《中华人民共和国银行业监督管理法》的规定，对发生风险的银行业金融机构进行处置的方式不包括（　　）。
A. 出售　　B. 接管　　C. 重组　　D. 撤销
83. 在经济周期的下降阶段，食品业的销售收入和利润会（　　）。
A. 上升　　B. 下降　　C. 基本稳定　　D. 难以预测
84.（　　）是银行业从业人员的立身之本和基本要求，也是维护商业银行声誉的根本所在。
A. 勤勉尽职　　B. 礼貌服务
C. 品行正直　　D. 协助执行
85. 下列选项中不属于第二版巴塞尔资本协议第一支柱覆盖的风险是（　　）。
A. 操作风险　　B. 声誉风险
C. 信用风险　　D. 市场风险
86. 我国商业银行的贷款利率由（　　）确定。
A. 中国银行保险监督管理委员会　　B. 商业银行与客户协商
C. 商业银行自由　　D. 国家发展和改革委员会
87. 中央银行在市场上买卖政府债券，属于中央银行调控措施中的（　　）。
A. 公开市场业务　　B. 再贷款　　C. 窗口指导　　D. 再贴现
88. 根据我国刑法的规定，国家工作人员不能作为（　　）的犯罪主体。
A. 贷款诈骗罪　　B. 挪用资金罪
C. 非法吸收公众存款罪　　D. 洗钱罪
89. 现有一张为期3个月、面值100万元的票据，贴现利率为3%。当持票人持有票据1个月，要求银行贴现时，贴现价格是（　　）万元。
A. 97.5　　B. 95.5　　C. 93.5　　D. 99.5
90. 商业银行是通过承担风险获取相应回报的特殊经营主体。以下关于风险的理解，错误的是（　　）。
A. 承担风险既可能获得收益，也可能遭受损失

B. 强调不确定性带来的不利后果,即导致行为主体遭受损失或损害的可能性
C. 强调结果的不确定性,结果的变动程度越大则相应的风险就越大
D. 风险的不确定性带来的后果只可能是不利的

二、多项选择题。以下各小题所给出的五个选项中,有两项或两项以上符合题目的要求,请选择相应选项,多选、少选、错选均不得分(共40题,每题1分,共40分)。

91. 信托与委托的区别有(　　)。
A. 财产所有权变化不同　　B. 权限不同
C. 期限的稳定性不同　　D. 成立的条件不同
E. 名义不同

92. 我国商业银行不得在境内进行的业务有(　　)。
A. 代售基金　　B. 黄金交易　　C. 证券经营
D. 外汇买卖　　E. 信托投资

93. 银行的效率指标包括(　　)。
A. 人均净利润　　B. 市盈率　　C. 成本收入比
D. 市净率　　E. 不良贷款率

94. 下列关于货币产生的表述,正确的有(　　)。
A. 是随着商品经济发展由国家规定而产生的
B. 是价值表现形式发展的必然结果
C. 是随着商品经济发展由商品中分离出来的
D. 是商品经济内在矛盾的产物
E. 固定作为商品交换媒介的特殊商品

95. 小王是某商业银行客户经理,他应该接受(　　)监督。
A. 社会公众
B. 其所在地区的银行业协会
C. 银行业监督管理机构派驻当地的分支机构
D. 国家外汇管理部门
E. 所在商业银行

96. 原中国银监会发布的《个人贷款管理暂行办法》所称个人贷款,是指贷款人向符合条件的自然人发放的用于(　　)等用途的本外币贷款。
A. 投资理财　　B. 代人融资　　C. 生产经营
D. 资金周转　　E. 个人消费

97. 下列关于个人存款账户实名制度的表述,正确的有(　　)。
A. 个人在金融机构开立个人存款账户时,应当出示本人身份证件,使用实名
B. 在金融机构开立个人存款账户的,金融机构应当要求其出示本人身份证件,进行核对,并登记身份证件上的姓名和号码
C. 不出示本人身份证件或者不使用证件上的姓名的,但有证据证明其开户用途合理合法的,金融机构可酌情为其开立个人存款账户
D. 代理他人在金融机构开立个人存款账户的,代理人应当出示被代理人和代理人的身份证件
E. 代理他人在金融机构开立个人存款账户的,金融机构应当要求其出示被代理人和代理人身份证件,进行核对,并登记被代理人和代理人的身份证件上的姓名和号码

98. 债券的发行是通过债券发行市场即一级市场来完成。下列关于债券的发行表述正确的是(　　)。
A. 间接发行主要有承购包销、招标发行等方式
B. 可以通过直接发行方式发行
C. 直接发行主要有承购包销、招标发行等方式
D. 间接发行节约发行成本
E. 可以通过间接发行方式发行

99. 货币充当支付手段的积极作用表现在(　　)。
A. 可以把一切商品的价值表现为同名的量　　B. 扩大了商品经济的矛盾

C. 促进了商品生产和流通的发展　　D. 可以节约现金流通费用
E. 可以自发调节流通中的货币量

100.《中华人民共和国公司法》规定,公司解散的情形包括(　　)。
A. 公司法人代表死亡　　B. 股东大会决议解散
C. 公司亏损　　D. 公司章程规定的营业期届满
E. 依法被吊销营业执照

101. 根据银行业从业人员行为规范的相关规定,下列行为中违反行为规范的有(　　)。
A. 如实反馈信息　　B. 非法利益输送交易
C. 实施履职回避　　D. 违规兼职谋利
E. 抵制贿赂

102. 下列违背银行业从业人员职业操守基本准则的行为有(　　)。
A. 接受客户馈赠的消费卡
B. 把客户的交易信息告知同机构的同事
C. 给客户介绍本行新推出的理财产品
D. 如实告知客户本行理财产品所面临的风险
E. 把客户的婚姻及家庭状况告知自己的家人

103. 银行工作人员受理来自人民法院对某单位存款的查询,以下做法正确的有(　　)。
A. 要求查询人出具县级(含)以上人民法院签发的"协助查询存款通知书"
B. 拒绝人民法院带走被查询人存款资料原件
C. 要求查询人出示本人工作证或执行公务证
D. 银行工作人员知道查询人为人民法院的,为配合其工作,可以不要求其出示相关证件
E. 查询人为全面查询单位存款的相关情况,经银行行长批准,可以借走凭证原件,但必须妥善保管并按期归还

104. 下列关于商业银行单位存款业务的表述,正确的有(　　)。
A. 一般存款账户可以提取现金
B. 存款人对特定用途的资金可以开立专用存款账户
C. 单位设立临时机构可以开立临时存款账户
D. 同一存款客户只能在商业银行开立一个基本存款账户
E. 一般存款账户可以缴存现金

105. 根据《中华人民共和国合同法》的规定,合同的内容包括(　　)。
A. 违约责任　　B. 当事人的名称或者姓名和住所
C. 价款或者报酬　　D. 数量
E. 标的

106. 下列关于单位协定存款的表述,正确的有(　　)。
A. 超过基本存款额度的存款按定期存款利率计付利息
B. 超过基本存款额度的存款按活期存款利率计付利息
C. 需要保留的基本存款额度通过合同约定
D. 基本存款额度按活期存款率计付利息
E. 基本存款额度按中国人民银行规定的上浮利率计付利息

107. 以下属于破坏银行和其他金融机构管理类犯罪的有(　　)。
A. 违规出具金融票证罪　　B. 高利转贷罪
C. 洗钱罪　　D. 非法吸收公众存款罪
E. 吸收客户资金不入账罪

108. 根据《中华人民共和国中国人民银行法》的有关规定,中国人民银行可以运用的货币政策工具包括(　　)。
A. 向商业银行提供贷款
B. 确定中央银行基准利率

C. 为在中国人民银行开立账户的银行业金融机构办理再贴现
D. 在公开市场上买卖国债、其他政府债券和金融债券及外汇
E. 要求银行业金融机构按照规定的比例交存存款准备金

109. 下列贷款业务中,属于个人消费贷款的有(　　)。
A. 个人住房装修贷款　　B. 个人汽车贷款
C. 国家助学贷款　　D. 个人经营贷款
E. 个人住房贷款

110. 下列关于银行资本作用的表述,正确的有(　　)。
A. 资本既是银行维持日常运营的资金来源,也能为银行发放贷款和其他投资提供资金
B. 资本充足的银行有助于树立和增强公众对银行的信心
C. 资本是银行保护债权人、使债权人免遭损失的"缓冲器"
D. 资本是承担风险和吸收损失的第一资金来源
E. 资本具有约束银行盲目扩张、过度承担风险的重要功能

111. 不可抗力的要件包括(　　)。
A. 不能预见　　B. 不能避免　　C. 不能克服
D. 客观情况　　E. 主观情况

112. 设立公司必须依法制定公司章程,公司章程对(　　)具有约束力。
A. 公司　　B. 董事　　C. 股东
D. 监事　　E. 员工

113. 下列有关票据权利的表述,正确的有(　　)。
A. 票据权利的取得方式包括原始取得和继受取得
B. 票据权利包括付款请求权和追索权
C. 票据权利在持票人自票据到期日起2年内不行使而消灭
D. 持票人对支票出票人的票据权利,自出票日起6个月不行使而消灭
E. 追索权是第一顺序请求权

114. 在直接标价法下,以一定单位的外国货币为标准来计算的应付本国货币数额增加一般表示为(　　)。
A. 本币汇率下跌　　B. 本币升值
C. 外汇汇率上涨　　D. 本币汇率上涨
E. 外币升值

115. 物的担保方式主要有(　　)。
A. 处分权　　B. 留置权　　C. 质押权
D. 抵押权　　E. 书面承诺权

116. 目前,我国商业银行开展的资产托管业务主要有(　　)。
A. 证券投资基金托管业务　　B. QFII 资产托管业务
C. 信托资产托管业务　　D. 企业年金基金托管业务
E. QDII 资产托管业务

117. 下列关于风险与损失的说法,不正确的有(　　)。
A. 风险是一个事前概念,损失是一个事后概念
B. 风险的概念不涵盖损失发生概率的高低
C. 通常将金融风险造成的损失分为预期损失、非预期损失和极端损失
D. 风险等同于损失
E. 风险的概念涵盖了未来可能损失的大小

118. 下列关于银行合规管理的说法,正确的是(　　)。
A. 董事会应贯彻执行合规政策,高管层应监督合规政策的有效实施,使合规缺陷得到及时有效的解决
B. 合规管理部门应制订并执行效益为本的合规管理计划,实施合规风险识别和管理流程,开展员工的合规培训与教育

C. 建立有利于合规风险管理的基本制度，主要包括对管理人员合规绩效的考核制度、有效的合规问责制度、诚信举报制度

D. 董事会和高级管理层应确定合规的基调，确立全员主动合规、合规创造价值等合规理念，提高全体员工的合规意识

E. 建立合规管理部门的组织结构，并配备充分和适当的资源，确保发现违规事件时及时采取适当的纠正措施

119. 下列中央银行的信贷调控手段中，属于减少流通中货币的有(　　)。

A. 提高法定存款准备金率　　B. 降低法定存款准备金率
C. 买入有价证券　　D. 卖出有价证券
E. 提高再贴现率

120. 下列品种中，客户可以在商业银行营业机构的柜台直接购买的有(　　)。

A. 政策性银行债　　B. 股票
C. 保险　　D. 开放式基金
E. 国债

121. 商业银行代理中央银行业务主要包括(　　)。

A. 代理国库　　B. 代理专项资金管理
C. 代理财政性存款　　D. 代理金银
E. 代理贷款项目管理

122. 下列涉嫌构成非法吸收公众存款罪的行为有(　　)。

A. 商业银行在客户存款时许诺先付利息
B. 个人私设银行、钱庄
C. 农村资金互助社吸收社员以外的公众存款
D. 银行吸收客户资金不入账
E. 企事业单位私设储蓄所

123. 影响行业兴衰的主要因素包括(　　)。

A. 技术进步　　B. 社会习惯改变　　C. 政府政策
D. 行业组织创新　　E. 经济全球化

124. 市场风险是指因市场价格的不利变动而使银行表内和表外业务发生损失的风险。以下选项中，属于市场风险类型的有(　　)。

A. 利率风险　　B. 股票价格风险　　C. 房产价格风险
D. 汇率风险　　E. 商品价格风险

125. 下列关于第三版巴塞尔资本协议的表述，正确的有(　　)。

A. 提高监管资本的最低要求，将普通股一级资本充足率由原来的2%提高至4.5%
B. 在资本要求、杠杆率监管和损失拨备制度等方面采取措施，抑制银行体系的顺周期性
C. 提出系统重要性银行除满足最低资本要求外，应具有更强的损失吸收能力
D. 强化流动性风险管理，建立了 LCR 和 NSFR 两个定量监管指标
E. 提高场外交易风险暴露的资本要求

126. 票据是由出票人依法签发，由自己无条件支付或委托他人无条件支付一定金额的有价证券，其最重要的特征主要有(　　)。

A. 有因性　　B. 要式性　　C. 无因性
D. 文义性　　E. 流通性

127. 关于质押，下列说法正确的有(　　)。

A. 除合同另有约定外，质权人有权收取质押财产的孳息，该孳息应当先充抵收取孳息的费用
B. 债务人以自己的财产出质，质权人放弃该质权的，其他担保人在质权人丧失优先受偿权益的范围内免除担保责任，但其他担保人承诺仍然提供担保的除外
C. 质权自出质人交付质押财产时设立，质押合同自质权设立时生效
D. 出质人负有妥善保管质押财产的义务；因保管不善致使质押财产毁损、灭失的，应当承担赔偿责任
E. 以应收账款出质的，质权自信贷征信机构办理出质登记时设立

128. 下列关于中国人民银行说法正确的是(　　)。
A. 不再直接审批金融机构
B. 在特定情况下,经国务院批准,有权对银行业金融机构进行检查监督
C. 有权对银行业金融机构执行有关存款准备金管理规定的行为进行检查监督
D. 根据执行货币政策和维护金融稳定的需要,可以建议国务院银行业监督管理机构对银行业金融机构进行检查监督
E. 负责监督管理银行间同业拆借市场和银行间债券市场

129. 下列关于操作风险管理工具的表述,正确的有(　　)。
A. 关键岗位人员未按规定进行轮岗或强制休假的比例不是反映关键岗位风险情况的关键指标
B. 操作风险与控制自我评估主要包括风险评估和控制评价两个方面内容
C. 关键风险指标是指对业务活动和控制环境进行日常监控的指标体系,能够反映系统、流程、产品、人员等风险信息的变化情况
D. 操作风险损失数据一般通过日常的风险报告制度、检查审计、历史损失数据收集等内部方式来累积,银行也可获取一些外部数据来弥补自身数据的不足
E. 操作风险管理工具和手段主要有风险与控制自我评估(RCSA)、关键风险指标(KRI)、损失数据库(LD)等

130. 下列关于商业银行会计资本的表述,正确的有(　　)。
A. 是对银行资本金的动态反映
B. 等于银行资产负债表中资产减去负债后的余额,即所有者权益
C. 反映商业银行应该拥有的资本水平
D. 也被称为账面资本
E. 会计资本与银行的实际风险密切相关

三、判断题。请对以下各项描述做出判断,正确的为 A,错误的为 B(共 15 题,每题 1 分,共 15 分)。

131. 浮动汇率指由市场供求关系决定的汇率,其涨落自由,中央银行没有干预的必要。(　　)
132. 根据《中华人民共和国商业银行法》的规定,办理个人储蓄存款业务,应当遵循"存款自愿、取款自由、存款有息、为存款人保密"的原则。(　　)
133. 留置权是指债权人按照合同的约定占有债务人的动产,债务人未履行到期债务的,债权人有权依照法律规定留置财产,并有权就该动产优先受偿。(　　)
134. 在我国擅自设立银行或者非法从事银行业务活动的,由公安机关予以取缔。(　　)
135. 违规出具金融票证罪侵犯的客体是国家对金融票证的管理制度。(　　)
136. 根据《中华人民共和国银行业监督管理法》的规定,中国银行业监督管理机构负责对全国银行业金融机构及其业务活动监督管理的工作。据此我国现行银行业的监管为单一监管模式。(　　)
137. 商业银行能对本行信贷人员发放信用贷款。(　　)
138. 金融诈骗罪是指在金融活动中,违反金融管理法规,采取虚构事实或者隐瞒真相的方法,不以非法占有为目的,骗取数额较大的财物的行为。(　　)
139. 通过账户间划拨和转移,可以最大限度地节约现钞使用和降低流通成本,加快结算过程和货币资本的周转。(　　)
140. 中国的银行业目前实施混业经营。(　　)
141. 中国银行业协会是由中国银行业监督管理机构主管,并协助其工作的辅助监管部门。(　　)
142. 商业银行可以向关系人发放信用贷款,但向关系人发放贷款的条件不得优于其他借款人同类贷款的条件。(　　)
143. 优先股是股份有限公司发行的具有收益分配和剩余财产分配优先权的股票,优先股股东和普通股股东一样,有参与公司决策的表决权。(　　)
144. 巴塞尔委员会将商业银行面临的风险分为信用风险、市场风险、合规风险、流动性风险、国家风险、声誉风险、法律风险和战略风险八个主要类型。(　　)
145. 中国人民银行及其分支机构,可以依法对金融机构履行反洗钱义务的情况进行监督、检查。(　　)

机考题库·真题试卷(六)

答题卡

本试卷采用虚拟答题卡技术，自动评分

考生扫描右侧二维码，将答题选项填入虚拟答题卡中，题库系统可自动统计答题得分，生成完整的答案及解析。题库系统根据考生答题数据，自动收集整理错题，记录考生薄弱知识点，方便考生在题库系统中查漏补缺。

一、单项选择题。以下各小题所给出的四个选项中，只有一项符合题目要求，请选择相应选项，不选、错选均不得分(共90题，每题0.5分，共45分)。

1. 下列关于商业银行风险的表述，错误的是(　　)。

A. 从某种意义上讲，商业银行就是经营风险的金融机构

B. 银行风险是指使其资产和预期收益蒙受损失的可能性

C. 风险等同于损失

D. 风险既是商业银行损失的来源，同时也是盈利的基础

2. 我国传统的监管工具不包括(　　)。

A. 流动性　　B. 不良贷款拨备覆盖率

C. 不良资产率　　D. 杠杆率

3. 商业银行办理贷款业务必须遵守的规定是(　　)。

A. 只能采用担保的方式发放贷款

B. 对同一借款人贷款余额与商业银行资本余额的比例不得超过10%

C. 不得向关系人发放贷款

D. 不得向事业单位发放贷款

4. 钱先生在2016年2月1日存入一笔1000元的活期存款，3月1日取出全部本金。如果按照积数计息法计算，假设年利率为0.72%，暂免征收利息税，他能取回的全部金额是(　　)元。

A. 1000.53　　B. 1000.60

C. 1000.56　　D. 1000.48

5. 在某年年终决算时，多家银行出现头寸紧张的情形，与其良好的业绩形成鲜明对比。银行存款来源多元化，存款活期化、短期化等趋势明显，有资产负债错配等现象，从而导致头寸波动性明显增强。上述材料中涉及的主要风险是(　　)。

A. 操作风险　　B. 法律风险

C. 流动性风险　　D. 市场风险

6. 根据2003年12月27日修订后的《中华人民共和国中国人民银行法》的有关规定，中国人民银行制定和执行货币政策的目标是(　　)。

A. 保持汇率水平的稳定，并以此促进经济增长

B. 保持国际收支的稳定，并以此促进经济增长

C. 保持物价水平的稳定，并以此促进充分就业

D. 保持货币币值的稳定，并以此促进经济增长

7. 银行业金融机构按照规定如实向社会公众披露的信息不包括(　　)。

A. 企业文化活动　　B. 风险管理状况

C. 财务会计报告　　D. 董事和高级管理人员变更

8. 下列选项中，不属于商业银行建立垂直化风险管理体系内容的是(　　)。

A. 将风险管理职能进一步向总行本部集中，减少不必要的中间层级

B. 提高风险管理的专业化水平

C. 建立垂直化的组织运作机制

D. 风险管理部门与客户部门共同维护客户关系,提高效率

9. 巨额的国际收支逆差可能导致(　　)。

A. 外汇储备的急剧上升　　B. 资本的大量回流

C. 外汇市场对本币信心的丧失　　D. 本币的大幅升值

10. 商业银行办理结算和支付中用以清讫双边和多边债权债务的过程是(　　)。

A. 清算　　B. 交易　　C. 结算　　D. 负债

11. 下列银行卡中(　　)没有信用额度。

A. 信用卡　　B. 准贷记卡

C. 贷记卡　　D. 借记卡

12. 下列表述符合商业银行合规风险管理目标的是(　　)。

A. 促进业务快速发展　　B. 规避监管部门监管

C. 确保依法合规经营　　D. 规避法律监管

13. 商业银行办理活期存款业务通常是(　　)。

A. 1 元起存,只以银行卡为存取凭证

B. 1 元起存,以存折或银行卡为存取凭证

C. 10 元起存,以存折或银行卡为存取凭证

D. 1 元起存,只以存折为存取凭证

14. 下列行为中,符合银行业从业人员职业操守中关于禁止“内幕交易”规定的是(　　)。

A. 与同事交流自己服务客户的大额交易信息

B. 与客户交流个人对宏观经济走势的看法

C. 未经批准公布本行内部信息

D. 利用所了解的本行内幕信息指导客户股票交易

15. 下列选项中,不属于金融市场功能的是(　　)。

A. 货币资金融通功能　　B. 优化资源配置功能

C. 交易及定价功能　　D. 抑制通货膨胀的功能

16. 依据《中华人民共和国合同法》的规定,当事人对下列(　　)可以请求人民法院或仲裁机构予以撤销。

A. 无权代理订立的合同

B. 因欺诈而订立的合同

C. 包含因重大过失造成对方财产损失的免责条款的合同

D. 违反法律强制性规定的合同

17. 负责对全国银行业金融机构及其业务活动监督管理的机构是(　　)。

A. 国务院银行业监督管理机构　　B. 中国人民银行

C. 国家发展和改革委员会　　D. 中国银行业协会

18. 我国人民币汇率采用的标价方法是(　　)。

A. 双向标价法　　B. 应收标价法

C. 直接标价法　　D. 间接标价法

19. 在贷款的五级分类中,尽管借款人目前有能力偿还贷款本息,但存在一些可能对偿还产生不利影响因素的贷款是(　　)。

A. 关注类贷款　　B. 次级类贷款

C. 损失类贷款　　D. 可疑类贷款

20. 下列不属于银行业金融机构的是(　　)。

A. 政策性银行　　B. 农村信用合作社

C. 城市信用合作社　　D. 保险资产管理公司

21. 下列属于商业银行托管业务品种的是(　　)。
A. 代理证券业务　　B. 个人理财业务
C. 票据发行便利　　D. 代保管业务
22. 下列关于权利质押的表述,正确的是(　　)。
A. 知识产权中的财产权出质后,出质人不得转让,但可以许可他人使用
B. 以基金份额、股权出质的,当事人只用移交相应份额,无须书面合同
C. 应收账款出质后,不得转让
D. 票据的出质属于权利质押
23. 吸收客户资金不入账罪侵犯的客体是(　　)。
A. 国家对存款的管理制度　　B. 国家对金融机构的设立管理制度
C. 国家对贷款的管理制度　　D. 国家对金融机构的准入管理制度
24. 下列关于“银行业从业人员与所在机构”职业操守要求的表述,正确的是(　　)。
A. 将单位的专有技术透露给同业的朋友
B. 遵守所在机构纪律和规章制度
C. 利用从业经验在企业兼职
D. 在公共场合对损害本机构的言论不予理睬
25. 下列不属于商业银行市场风险的是(　　)。
A. 股票价格风险　　B. 汇率风险
C. 违约风险　　D. 利率风险
26. 某设备制造企业为了改善设备设施,扩大经营面积,需投资1000万元,该公司可以申请的银行贷款是(　　)。
A. 流动资金贷款　　B. 贸易融资
C. 房地产开发贷款　　D. 固定资产贷款
27. 下列业务中,我国商业银行目前在境内可以从事的业务是(　　)。
A. 向非金融机构和企业投资　　B. 信托或者股票业务
C. 购置非自用不动产　　D. 同业拆借
28. 定期存款和活期存款是按照(　　)区分的。
A. 客户类型不同　　B. 存款币种不同
C. 账户种类不同　　D. 存款期限不同
29. 存款人对其特定用途的资金进行专项管理和使用而开立的银行结算账户是(　　)。
A. 一般存款账户　　B. 临时存款账户
C. 基本存款账户　　D. 专用存款账户
30. 下列关于垄断竞争的行业的说法中,错误的是(　　)。
A. 垄断竞争的行业,是指一个市场中许多生产者生产同种但不同质产品的市场情形
B. 在垄断竞争的市场上,每个厂商都在市场上具有一定的垄断能力,且它们之间不存在着激烈的竞争
C. 垄断竞争的行业特点是生产者众多,各种生产资料可以流动
D. 对自己经营的产品的价格有一定的控制力
31. 下列关于物价稳定与通货膨胀率的说法中,正确的是(　　)。
A. 物价稳定是要保持物价总水平的大体稳定,避免出现通货膨胀
B. 通货膨胀是指一般物价水平在一段时间内持续、普遍、明显下降
C. 衡量物价稳定的宏观经济指标是通货膨胀率
D. 衡量通货膨胀最常用的指标是生产者物价指数
32. 下列罪名中,个人不能构成犯罪主体的是(　　)。
A. 背信运用受托财产罪　　B. 违法发放贷款罪

C. 吸收客户资金不入账罪　　D. 违规出具金融票证罪

33. 下列不属于贷款承诺业务的是(　　)。

A. 客户授信额度　　B. 融资租赁

C. 开立信贷证明　　D. 项目贷款承诺

34. 下列行为中,符合银行业从业人员职业操守关于"诚实守信"规定的是(　　)。

A. 在公共场合发表对同业机构的负面言论

B. 真诚对待客户

C. 将原单位的专有技术透露给他人

D. 坚决不换岗位

35. 下列关于国家风险的表述,正确的是(　　)。

A. 国家风险由债权人所在国家的行为引起

B. 在同一个国家范围内的经济金融活动不存在国家风险

C. 个人不会遭受国家风险带来的损失

D. 通常在债权人的控制范围之内

36. 某商业银行对贷款进行审批,下列做法正确的是(　　)。

A. 贷款批准必须集体做出

B. 审查与批准一般由两个不同的岗位完成

C. 贷款审查一般由客户经理完成

D. 贷款审批可以与贷款调查同为一个部门

37. 在我国货币供应量统计监测指标中的 M_0 是指(　　)。

A. 现金 + 企业活期存款 + 城乡居民储蓄存款

B. 现金 + 企业活期存款

C. 现金 + 企业活期存款 + 城乡居民储蓄存款 + 企业定期存款

D. 流通中的现金

38. 下列能够影响货币需求增加的因素是(　　)。

A. 货币流通速度加快　　B. 利息率下降

C. 居民、企业等经济主体的收入减少　　D. 社会商品可供量减少

39. 金融机构通过第三方识别客户身份,而第三方未采取符合《中华人民共和国反洗钱法》要求的客户身份识别措施的,由(　　)承担未履行客户身份识别义务的责任。

A. 第三方　　B. 客户

C. 该金融机构　　D. 该金融机构和第三方按比例

40. 下列关于我国储蓄存款利率的表述,正确的是(　　)。

A. 存期越长,利率越低

B. 没有上限,但有下限

C. 由中国人民银行规定具体利率

D. 在中国人民银行公布的基准利率基础上可以上浮也可以下调

41. 将款项和证券等金融工具的交割放在成交后的某一约定时间(如 1 个月、2 个月、3 个月或半年等,一般在 1 个月以上、1 年之内)进行的市场是(　　)。

A. 流通市场　　B. 期货市场

C. 发行市场　　D. 现货市场

42. 商业银行设立的分支行是(　　)。

A. 非法人组织　　B. 公司法人

C. 社会团体法人　　D. 单一企业法人

43. 商业银行的经济资本又称为(　　)。

A. 附属资本　　B. 风险资本

C. 监管资本　　D. 核心资本

44. 下列行为中违反银行业从业人员行为准则关于“保护客户信息”规定的是(　　)。
A. 出于好奇向其他同事打听某客户的个人信息
B. 依法向有权机构提供客户账户信息
C. 与本行专家讨论某股票的走势
D. 向反洗钱主管机构提供反洗钱需要的资料

45. 下列关于内部控制措施的表述,错误的是(　　)。
A. 明确哪些是重要岗位,对重要岗位人员实行轮岗或强制休假制度,不相容岗位人员之间应该轮岗
B. 合理确定各项业务活动和管理活动的风险控制点,采取适当的控制措施,执行标准统一的业务流程和管理流程,确保规范运作
C. 建立相应的授权体系,明确各级机构、部门、岗位、人员办理业务和事项的权限,并实施动态调整
D. 建立健全内部控制制度体系,对各项业务活动和管理活动制定全面、系统、规范的业务制度和管理制度,并定期进行评估

46. 从2005年9月21日起,我国对活期存款实行按季度结息,每季度(　　)付息。
A. 末月20日　　B. 首月20日
C. 首月21日　　D. 末月21日

47. 对于开放度较高的国家,在国际经济不景气的情况下,国内市场也会受到很大的影响。主要表现在出口(　　),外资流入减少,导致国内供给(　　)、需求减少,产品价格下降。
A. 增加;增加　　B. 增加;减少
C. 下降;增加　　D. 下降;减少

48. 某商业银行工作人员违反银行规定私自操作给银行造成重大经济损失,该风险属于(　　)。
A. 市场风险　　B. 法律风险
C. 操作风险　　D. 信用风险

49. 下列对我国活期存款计息规则的表述,正确的是(　　)。
A. 存款的计息起点为元,元以下角分不计利息
B. 存款的计息起点为元,所有存款一律不计复利
C. 存款的计息起点为分位,分以下尾数四舍五入
D. 存款的计息起点为元,利息金额算至角位,分以下尾数四舍五入

50. 下列不属于商业银行资本管理范畴的是(　　)。
A. 监管资本管理　　B. 经济资本管理
C. 风险资本管理　　D. 账面资本管理

51. 为了满足监管要求、促进银行审慎经营、维持金融体系稳定而规定的商业银行必须持有的最低资本要求是(　　)。
A. 账面资本　　B. 监管资本
C. 经济资本　　D. 会计资本

52. 下列不属于政策性银行职能的是(　　)。
A. 执行货币政策　　B. 经济调控职能
C. 政策导向职能　　D. 金融服务职能

53. 当前,我国商业银行最主要的资金来源是(　　)。
A. 公众存款　　B. 对外借款
C. 向中央银行借款　　D. 金融债券

54. 信用卡免息还款期最短为(　　)天。
A. 10　　B. 15　　C. 20　　D. 25

55. 第二版巴塞尔资本协议的“三大支柱”不包括(　　)。

A. 内控管理　　B. 市场约束

C. 最低资本要求　　D. 监督检查

56. 下列不属于通货紧缩过程中出现的现象的是(　　)。

A. 社会总需求小于总供给　　B. 单位货币升值

C. 价格水平普遍和持续下降　　D. 货币供应量大于客观需要量

57. 下列商业银行业务中,只收取手续费不承担信用风险的是(　　)。

A. 银团贷款　　B. 科技开发贷款

C. 流动资金贷款　　D. 委托贷款

58. 商业银行员工故意骗取、盗用财产或者违反监管规章、法律或公司政策导致的损失属于操作风险事件中的(　　)。

A. 内部欺诈　　B. 失职违规

C. 关键人员流失　　D. 知识技能匮乏

59. 收入状况是决定货币需求的主要因素之一,在一般情况下,货币需求量与收入水平(　　)。

A. 正相关　　B. 负相关　　C. 无关　　D. 不确定

60. 下列行为中,符合银行业从业人员遵守业务操作指引要求的是(　　)。

A. 因同事生病,主动为同事代岗

B. 遵循岗位职责划分,不做职责和权限以外之事

C. 全方位了解银行运作,包括打听与自身工作无关的信息

D. 与同事交流自身职责相关机密信息,以便更好地改进工作

61. 1983 年年底,美国大陆伊利诺银行大规模依赖通过易变现负债的融资来支撑其业务的扩张,融资渠道主要是发行大额可转让存单、借入欧洲美元和隔夜同业拆借。核心存款占资金来源总额的 25%,“游资”却占到高达 64% 的比重。从 1984 年 3 月到 4 月,银行大约 120 亿美元的存款被客户提走,而且 5 月到期的大额可转让存单和欧洲美元存单的持有者完全拒绝展期,仅为此,该银行在几天之内要对外履约支付的头寸高达 36 亿美元,挤兑的浪潮也越来越难以控制,这个大银行面临倒闭的危机。该银行所面临的风险是(　　)。

A. 操作风险　　B. 国家风险

C. 法律风险　　D. 流动性风险

62. 经济全球化产生的影响表现在(　　)。

A. 导致金融管制逐步严格　　B. 使各国间经济的相互依赖程度日益加深

C. 促使各国经济日益独立　　D. 对发展中国家经济发展必然有利

63. 下列关于个人助学贷款的表述,错误的是(　　)。

A. 可用于支付学杂费和生活费

B. 个人助学贷款分为国家助学贷款和一般商业性助学贷款

C. 一般商业性助学贷款可以向在校初、高中生发放

D. 可发放给我国境内高等学校中经济困难的全日制普通本科生和研究生

64. 李某的朋友张某长期从事假人民币的买卖,关于李某的下列行为说法正确的是(　　)。

A. 可以只帮助张某运输而不买卖假人民币,不会构成犯罪

B. 可以从张某处以低价购买假人民币自己使用,不会构成犯罪

C. 可以以朋友身份协助张某共同出售,只要不收取报酬就不会构成犯罪

D. 以上行为都构成犯罪

65. 按照金融工具交易的阶段性划分,金融市场可以分为发行市场和(　　)。

A. 初级市场　　B. 现货市场　　C. 流通市场　　D. 一级市场

66. 从业务运作的实质来看,福费廷是(　　)。

A. 银行保函　　B. 保付代理　　C. 远期票据贴现　　D. 质押贷款

67. 银行以年贴现率10%为顾客的一张面额为10000元、72天后才到期的票据办理贴现，贴现付款额应为(　　)元。

A. 8900　　B. 9800　　C. 8800　　D. 9900

68. GDP增长率是反映一定时期(　　)变化程度的指标。

A. 经济发展水平　　B. 国际收支状况
C. 物价稳定状况　　D. 社会稳定水平

69. 关于“金融凭证诈骗罪”，下列不属于行为人犯罪对象的是(　　)。

A. 票据　　B. 汇款凭证
C. 银行存单　　D. 委托收款凭证

70. 由政府制定和公布，并只能在一定幅度内波动的汇率称为(　　)。

A. 固定汇率　　B. 官方汇率
C. 浮动汇率　　D. 基本汇率

71. 下列关于商业银行关系人的表述，错误的是(　　)。

A. 商业银行不得向关系人发放信用贷款　　B. 关系人不包括商业银行的长期客户
C. 商业银行不得向关系人发放担保贷款　　D. 关系人包括商业银行的董事及其近亲属

72. 下列银行从业人员的行为中，合法合规的是(　　)。

A. 将客户信息提供给合作的保险公司
B. 为践行节能减排，将客户开户申请书再度用作打印纸
C. 将客户信息和交易信息提供给反洗钱监管机构
D. 出于好奇向其他同事打听客户的个人信息

73. 银行业金融机构严重违反审慎经营规则的，根据《中华人民共和国银行业监督管理法》的规定，由国务院银行业监督管理机构责令改正，并处(　　)万元以上(　　)万元以下罚款。

A. 10;20　　B. 10;50　　C. 20;50　　D. 20;100

74. 银行账户(　　)是指因利率水平、期限结构等要素的不利变动，而导致银行账户遭受损失的风险。

A. 信用风险　　B. 汇率风险　　C. 操作风险　　D. 利率风险

75. 已知某商业银行总资产为2.5亿元，总负债为2亿元。其中，流动性资产为0.5亿元，流动性负债为1.5亿元。则该银行流动性比例为(　　)。

A. 20%　　B. 25%　　C. 33.3%　　D. 80%

76. 下列银行从业人员在向客户营销时的做法，不妥的是(　　)。

A. 强调金融产品特有的风险
B. 告诉客户产品合约基本都是一样的，没有必要仔细阅读
C. 强调合约中的免责条款
D. 从有利和不利两方面介绍产品

77. 由出票人签发，委托出票人开户银行在见票时无条件支付确定的金额给收款人或持票人的票据是(　　)。

A. 支票　　B. 本票　　C. 银行汇票　　D. 商业汇票

78. 由银行签发，承诺自己在见票时无条件支付确定金额给收款人或者持票人的票据是(　　)。

A. 支票　　B. 商业汇票　　C. 银行本票　　D. 汇款

79. 下列不属于票据丧失后的补救措施的是(　　)。

A. 挂失止付　　B. 提起诉讼
C. 登报声明作废　　D. 公示催告

80. 存款客户向存款机构提供的转账凭证或填写的存款凭条是借款合同缔结过程中的(　　)阶段。

A. 邀请　　B. 要约　　C. 承诺　　D. 合同

81. 保证人与债权人未约定保证期间的，法律规定的保证期间是(　　)。
A. 保证合同签订之日起6个月
B. 保证合同签订之日起12个月
C. 主债务履行期届满之日起6个月
D. 主债务履行期届满之日起12个月

82. 下列关于留置权说法错误的是(　　)。
A. 留置权只能发生在特定的合同关系中
B. 留置权发生两次效力
C. 留置权具有可分性
D. 留置权实现时，留置权人必须确定债务人履行债务的宽限期

83. 采用数据电文形式订立合同，收件人指定计算机系统接收数据电文的，视为要约到达受要约人的时间是(　　)。
A. 该数据电文进入该特定系统的时间
B. 该数据电文为收件人第一次阅读的时间
C. 该数据电文被发件人发送完毕的时间
D. 该数据电文为收件人接收的首次时间

84. 下列不属于合同可撤销的原因的是(　　)。
A. 以合法形式掩盖非法目的而订立的合同
B. 显失公平的合同
C. 因胁迫而订立的合同
D. 乘人之危的合同

85. 下列关于抵销的说法中，不正确的是(　　)。
A. 抵销分为法定抵销与约定抵销
B. 抵销具有简化交易程序，降低交易成本，提高交易安全性的作用
C. 抵销可以附条件或者附期限
D. 当事人互负债务，标的物种类、品质不相同的，经双方协商一致，也可以抵销

86. 下列关于遗嘱的说法中，不正确的是(　　)。
A. 遗嘱继承的效力优于法定继承
B. 立有数份遗嘱，内容相抵触的，以最开始的遗嘱为准
C. 遗嘱有自书遗嘱、代书遗嘱、打印遗嘱、录音录像遗嘱、口头遗嘱、公证遗嘱等多种形式
D. 遗嘱人可以撤回、变更自己所立的遗嘱

87. 若A持有一张本票，出票日期为2009年1月1日，则持票人对出票人的权利消灭日期为(　　)。
A. 2011年1月1日
B. 2010年1月1日
C. 2009年4月1日
D. 2009年7月1日

88. 下列不属于背信运用受托财产罪中所指的受托财产的是(　　)。
A. 信托业务中的信托财产
B. 委托理财业务中的客户资产
C. 非公开发售募集的客户资金
D. 证券投资业务中的客户交易资金

89. 按我国现行规定，可以向商业银行申请贴现的票据必须是(　　)。
A. 已到期的未承兑票据
B. 未到期的未承兑票据
C. 已到期的已承兑票据
D. 未到期的已承兑票据

90. 国有独资公司是一类特殊的(　　)。
A. 封闭式公司
B. 股份有限公司
C. 有限责任公司
D. 两合公司

二、多项选择题。以下各小题所给出的五个选项中，有两项或两项以上符合题目的要求，请选择相应选项，多选、少选、错选均不得分(共40题，每题1分，共40分)。

91. 中央银行业务活动的特征包括(　　)。
A. 在制定和执行国家货币方针政策时具有完全独立性
B. 不以营利为目的
C. 易受到地方政府的干涉

D. 在制定和执行国家货币方针政策时具有相对独立性
E. 不经营普通银行业务

92. 银行作为信用中介所克服的企业之间直接借贷的局限性包括(　　)。
A. 借贷时间不一致　　B. 不了解信用能力
C. 资本数量不一致　　D. 空间上不一致
E. 企业经营管理不一致

93. 以下关于流动性风险管理的表述,正确的有(　　)。
A. 银行应加强融资渠道管理,积极维护与主要融资交易对手的关系,保持在市场上的适当活跃程度
B. 商业银行要制订有效的流动性风险应急计划,确保其可以应对紧急情况下的流动性需求
C. 银行应以其融资能力和风险承受能力为基础设定现金流期限错配限额
D. 银行应当根据其业务规模、性质、复杂程度、流动性风险偏好和外部市场发展变化情况,设定流动性风险限额
E. 银行应通过流动性风险压力测试分析其承受短期和中长期压力情景的能力,以提高在流动性压力情况下履行其支付义务的能力

94. 关于要约与承诺,以下说法错误的是(　　)。
A. 确定了承诺期限的要约不能撤销
B. 受要约人在承诺期限届满后作出承诺,要约失效,此时形成新的要约
C. 要约的内容需具体明确,因此要约应当采取书面的形式
D. 要约人在要约到达受要约人后,受要约人承诺之前,可以将要约撤回
E. 受要约人对要约的内容作出变更,则要约失效

95. 销售人员从事理财产品销售活动,不得有下列(　　)情形。
A. 擅自更改客户交易指令
B. 在销售活动中为自己或他人牟取不正当利益
C. 诋毁其他机构的理财产品或销售人员
D. 接受客户全权委托,私自代理客户进行理财产品认购、申购、赎回等交易
E. 对客户做出盈亏承诺,与客户以口头或书面形式约定利益分成或盈亏分担

96. 下列属于刑罚的有(　　)。
A. 有期徒刑　　B. 行政拘留　　C. 无期徒刑
D. 死刑　　E. 行政罚款

97. 未经国务院银行业监督管理机构批准在名称中使用“银行”字样的,依法承担的法律责任可能有(　　)。
A. 违法所得 5 万元以上的,并处违法所得 1 倍以上 5 倍以下罚款
B. 有违法所得的,没收违法所得
C. 没有违法所得或者违法所得不足 5 万元的,处 5 万元以上 50 万元以下罚款
D. 停业
E. 责令改正

98. 一家国有银行的支行业务部客户经理在办理贷款业务中,收受客户好处费 9 万元。对该案例分析正确的是(　　)。
A. 该行为构成违规出具金融票证罪　　B. 该行为构成贪污罪
C. 该行为构成非国家工作人员受贿罪　　D. 属于职务犯罪
E. 该行为不构成犯罪

99. 下列关于汇率变动对外汇储备影响的表述,正确的有(　　)。
A. 如果本币升值,将刺激进口,不利于增加外汇储备
B. 如果储备货币的汇率下跌,存量外汇储备的实际价值增加

C. 如果本币贬值,将刺激出口,有利于增加外汇储备
D. 如果储备货币的汇率上升,存量外汇储备的实际价值增加
E. 如果储备货币的汇率上升,存量外汇储备的实际价值减少

100. 回购市场是指对回购协议进行交易的市场,下列对回购市场表述正确的有(　　)。
A. 回购市场属于短期融资的市场
B. 以回购方式融资其实是一种信用贷款
C. 债券回购以大宗交易为主
D. 以回购方式融资其实是一种有担保的贷款
E. 债券回购是金融机构之间的资金的融通

101. (　　)属于银行业自律规范。
A.《中国银行业自律公约》
B.《银行业协会工作指引》
C.《中国银行业反商业贿赂承诺》
D.《商业银行合规风险管理指引》
E.《商业银行监管评级内部指引》

102. 信息披露监管要求银行业金融机构如实披露(　　)。
A. 高级管理人员变更情况
B. 业务管理信息系统变更情况
C. 财务会计报告
D. 风险管理状况
E. 董事变更情况

103. 经监管部门批准,融资性担保公司可以兼营以下部分或全部业务(　　)。
A. 诉讼保全担保
B. 以自有资金进行投资
C. 预付款担保
D. 投标担保
E. 工程履约担保

104. 信用卡的主要功能有(　　)。
A. 预借现金
B. 理财投资
C. 存取现金
D. 消费购物
E. 通存通兑

105. 下列财产中,可以用于抵押的有(　　)。
A. 公立医院的仪器设备
B. 公立学校的教学楼
C. 抵押人所有的土地所有权
D. 抵押人所有的机器、交通运输工具和其他财产
E. 抵押人所有的房屋和其他土地附着物

106. 利率水平变动会影响汇率变动,当一国提高利率水平或本国利率水平高于外国利率时,对汇率的影响包括(　　)。
A. 会引起资本流出,使本币升值,外汇贬值
B. 会引起资本从本国流出,外汇升值,本币贬值
C. 会引起资本流入,使本币升值,外汇贬值
D. 会引起对本国货币需求增大,使本币升值,外汇贬值
E. 会引起外汇需求增大,外汇升值,本币贬值

107. 根据原银监会2012年颁布的《商业银行资本管理办法(试行)》,我国商业银行计算资本充足率时的风险加权资产包括(　　)。
A. 信用风险加权资产
B. 操作风险加权资产
C. 市场风险加权资产
D. 利率风险加权资产
E. 流动性风险加权资产

108. 下列不属于中国人民银行职责的有(　　)。
A. 指导、部署金融业反洗钱工作,负责反洗钱的资金监测
B. 制定支付结算规则,维护支付、清算系统的正常运行
C. 监督管理银行间外汇市场
D. 对银行业金融机构的董事和高级管理人员实行任职资格管理

E. 对银行业自律组织的活动进行指导和监督

109. 下列关于商业银行办理个人存款业务的表述,正确的有(　　)。

A. 使用匿名　　B. 使用实名
C. 大额现金取款可以拒绝　　D. 存款自愿
E. 大额现金取款需预约

110. 下列属于中国银行保险监督管理委员会监管的非银行金融机构的有(　　)。

A. 企业集团财务公司　　B. 金融资产管理公司
C. 证券公司　　D. 信托公司
E. 期货公司

111. 2016 年春节,刘女士看中了一辆标价为 2 万元的钻石项链,经过讨价还价,张先生支付 1.8 万元买下该项链。材料中,货币执行了(　　)职能。

A. 价值尺度　　B. 流通手段　　C. 价格尺度
D. 贮藏手段　　E. 支付手段

112. 下列属于伪造、变造金融票证的行为有(　　)。

A. 克隆银行本票　　B. 汇票附件不完整
C. 汇款凭证的印鉴与预留印鉴不一致　　D. 伪造信用卡
E. 伪造信用证随附的单据

113. 下列关于汇率风险的表述,正确的有(　　)。

A. 商业银行发放外币贷款时,汇率波动可能导致信用风险增加
B. 黄金被纳入汇率风险考虑,其原因在于黄金曾长时间在国际结算体系中发挥国际货币职能,从而充当外汇资产的作用
C. 汇率风险是指由于汇率的不利变动导致银行业务发生损失的风险
D. 人民币升值,会降低我国商业银行面临的汇率风险
E. 根据产生的原因,汇率风险可以分为两类:外汇交易风险和外汇结构性风险

114.《中华人民共和国公司法》主要根据股东承担责任的范围、股东人数多少,将公司分为(　　)。

A. 无限责任公司　　B. 股份有限公司　　C. 两合公司
D. 有限责任公司　　E. 开放式公司

115. 金融工具的风险主要有(　　)。

A. 信用风险　　B. 声誉风险　　C. 市场风险
D. 法律风险　　E. 战略风险

116. 关于中央银行的产生,下列说法正确的有(　　)。

A. 是集中统一银行券发行的需要
B. 是统一票据交换及清算的需要
C. 是贯彻并配合政府社会经济政策或意图的需要
D. 是对金融业统一管理的需要
E. 是充当支付中介的需要

117. 下列属于商业银行单位资本项目外汇账户的有(　　)。

A. 还贷专户　　B. B 股交易专户
C. 外汇储蓄账户　　D. 贷款(外债及转贷款)专户
E. 发行外币股票专户

118. 工人得到现金工资 8000 元后,发生了到商店购买商品、缴纳电费、以活期存款方式存入银行等行为,在上述这些行为中,货币发挥的职能有(　　)。

A. 贮藏手段职能　　B. 流通手段职能
C. 世界货币职能　　D. 价值尺度职能

E. 支付手段职能

119. 保险公司作为保险关系中的保险人,其权利、义务包括(　　)。

A. 有权对政策性保险和强制保险进行业务监管

B. 有权审查、认定各类保险机构高级管理人员的任职资格

C. 当保险事故发生时,有义务赔偿被保险人的经济损失

D. 享有收取保险费的权利

E. 享有建立保险费基金的权利

120. 李某因出差借款,单位财务部门按规定给李某开具了一张载明金额1万元的现金支票。李某持支票到银行取款,银行实习生王某向李某提出了下列问题:你真的是李某吗?为什么要借1万元?李某拒绝回答,王某遂拒绝付款。根据票据法原理,王某的行为(　　)。

A. 违反票据流通性原理　　B. 侵犯持票人权利

C. 违反现金支票见票即付规则　　D. 侵犯李某人格尊严

E. 违反票据无因性原理

121. 下列关于存款利率的说法中,正确的有(　　)。

A. 存款利率越高,银行的融资成本越高

B. 存款利率越高,银行的利润越高

C. 存款利率的高低直接决定了存款人的利息收益

D. 存款利率越高,存款人的利息收入越多

E. 存款利率的高低直接决定了金融机构的融资成本

122. 下列属于公司董事会职责的有(　　)。

A. 制定公司基本管理制度　　B. 决定公司组织变更、解散、清算

C. 召集股东会,并向股东会报告工作　　D. 聘任或者解聘公司经理

E. 执行股东大会决议,负责公司日常经营决策

123.《中华人民共和国银行业监督管理法》适用于对(　　)的监管。

A. 我国境内设立的商业银行　　B. 香港地区财务公司

C. 我国境内设立的农村信用合作社　　D. 我国境内设立的城市信用合作社

E. 我国境内设立的金融资产管理公司

124. 下列关于金融市场的表述,正确的有(　　)。

A. 金融市场的参与者既可以是资金的供给者,也可以是资金的需求者

B. 融资行为包括间接融资行为

C. 参与者一般包括工商企业、金融机构、中央银行、居民个人与家庭、政府、海外投资者等

D. 融资行为包括直接融资行为

E. 金融市场的交易对象是货币资金,通常以金融工具为载体

125. 下列关于银行外汇牌价表中现钞的表述,正确的有(　　)。

A. 可自由兑换的外币支票　　B. 可自由兑换的外币票据

C. 可自由兑换的外币汇票　　D. 可自由兑换的外国硬币

E. 可自由兑换的外国纸币

126. 一国货币对外贬值对进出口贸易的影响包括(　　)。

A. 有利于外国商品的进口　　B. 不利于外国商品的进口

C. 增加贸易顺差和减少贸易逆差　　D. 有利于本国商品的出口

E. 不利于本国商品的出口

127. 商业银行的战略风险主要来源于(　　)。

A. 战略实施过程的质量　　B. 国家政局变动和政策变动

C. 为实现银行战略目标而制定的经营战略　　D. 银行战略目标的整体兼容性

E. 为实现战略目标和经营目标而动用的资源

128. 关于商业银行贷款业务，下列说法正确的有（　　）。

A. 上级领导机关强令其提供担保的，商业银行无权拒绝

B. 借款人应当按期归还贷款的本金和利息

C. 对同一借款人的贷款余额与商业银行资本余额的比例不得超过10%

D. 商业银行可以向关系人发放信用贷款

E. 商业银行不得向任何人发放信用贷款

129. 国际收支是影响外汇收支及汇率变动的重要因素。当一国存在较大国际收支逆差时，下列表述正确的有（　　）。

A. 会造成本币对外贬值

B. 会造成外汇汇率上涨

C. 会造成本国外汇收入比外汇支出少

D. 会造成对外汇的需求小于外汇供给

E. 会造成外汇汇率下跌

130. 商业银行的拆入资金可用于（　　）。

A. 投资

B. 解决中长期资金的需要

C. 弥补票据结算的不足

D. 解决临时性周转资金的需要

E. 弥补联行汇差头寸的不足

三、判断题。请对以下各项描述做出判断，正确的为A，错误的为B（共15题，每题1分，共15分）。

131. 根据《中华人民共和国证券投资基金法》及其相关法律法规的规定，证券投资基金、企业年金、社保基金等都必须指定一家商业银行作为托管人。（　　）

132. 公司被吊销营业执照时，其法人资格并未消灭。（　　）

133. 市场流动性风险是指商业银行在不影响日常经营或财务状况的情况下，无法及时有效满足资金需求的风险。（　　）

134. 同一存款客户只能在商业银行开立一个一般存款账户。（　　）

135. 中国人民银行根据履行职责需要，有权要求银行业金融机构报送必要的资产负债表、利润表及其他财务会计、统计报表和资料。（　　）

136. 按投资者所拥有的权利划分，金融工具可分为债权工具、股权工具和混合工具，其中可转换公司债券属于债权工具。（　　）

137. 人民币活期存款1元起存，个人活期存款按季结息，按结息日挂牌活期利率计息。（　　）

138. 教育储蓄是指父母为其子女接受义务教育积蓄资金，到期支取本息的一种定期储蓄。（　　）

139. 操作风险具有普遍性，广泛存在于银行业务和管理的各个方面，操作风险具有营利性，能为商业银行带来利润，所以银行要积极管理操作风险。（　　）

140. 因被所在机构开除、除名、辞退或因工资、福利发生的争议，在内部调解不成的情况下，从业人员也可以向专门的劳动争议仲裁委员会申请仲裁。当事人对仲裁裁决不服的，自收到裁决书之日起30日内，可以向人民法院起诉。（　　）

141. 金融工作人员购买假币、以假币换取货币罪，是指银行或者其他金融机构工作人员购买伪造的货币或者利用职务上的便利，以伪造的货币换取货币的行为。（　　）

142. 银行提取准备金是为了覆盖银行所面临的非预期损失。（　　）

143. 银行资本是承担风险和吸收损失的第一资金来源，因此，银行一旦遭受损失，首先消耗的是银行的资本。（　　）

144. 保证期间，债权人许可债务人转让债务的，应当取得保证人书面同意，保证人对未经其同意转让的债务，不再承担保证责任。（　　）

145. 按是否向发卡银行交存备用金，银行卡分为白金卡、金卡、普通卡等不同等级。（　　）

机考题库·真题试卷参考答案及解析

机考题库·真题试卷(五)

一、单项选择题

1. A 【解析】拨贷比,是商业银行不良贷款损失准备与各项贷款余额的比值。计算公式:拨贷比=不良贷款损失准备/各项贷款余额×100%。该公式也可以表述为:拨贷比=不良贷款拨备覆盖率×不良贷款率,在不良贷款拨备覆盖率不变的情况下,拨贷比与不良贷款率存在正相关关系。

2. C 【解析】选项A是票据的要式性;选项B是票据的文义性;选项D表明票据是设权证券。

3. C 【解析】中国人民银行的主要职责:①发布与履行其职责有关的命令和规章;②依法制定和执行货币政策;③发行人民币,管理人民币流通;④监督管理银行间同业拆借市场和银行间债券市场;⑤实施外汇管理,监督管理银行间外汇市场;⑥监督管理黄金市场;⑦持有、管理、经营国家外汇储备、黄金储备;⑧经理国库;⑨维护支付、清算系统的正常运行;⑩指导、部署金融业反洗钱工作,负责反洗钱的资金监测;⑪负责金融业的统计、调查、分析和预测;⑫作为国家的中央银行,从事有关的国际金融活动;⑬国务院规定的其他职责。

4. B 【解析】银行业从业人员应当谨慎负责,严格保守工作中知悉的国家秘密、商业秘密、工作秘密和客户隐私,坚决抵制泄密、窃密等违法违规行为。

5. C 【解析】《中华人民共和国刑法》中的洗钱罪明确规定其对象是毒品犯罪、黑社会性质的组织犯罪、恐怖活动犯罪、走私犯罪、贪污贿赂犯罪、破坏金融管理秩序犯罪、金融诈骗犯罪的所得,除这几种违法所得之外,其他犯罪所得都不能成为洗钱罪的对象,也就不能构成洗钱罪。

6. C 【解析】银行风险是指银行在经营过程中,由于一系列不确定因素的影响,导致资产和预期收益蒙受损失的可能性。

7. C 【解析】危害货币管理罪主要包括金融机构工作人员购买假币、以假币换取货币罪和持有、使用假币罪。其中,金融机构工作人员购买假币、以假币换取货币罪的主体是特殊主体,为年满16周岁、具有辨认控制能力的银行或者其他金融机构的工作人员;持有、使用假币罪的主体是一般主体,为年满16周岁、具有辨认控制能力的自然人。

8. C 【解析】保证期间,债权人依法将主债权转让给第三人的,保证人在原保证担保的范围内继续承担保证责任。因此,丙公司继续对设备贷款300万元承担保证责任,对追加的20万元不承担保证责任。

9. B 【解析】非预期损失是指在未来一段时间内,一定置信度(如99.9%)下,银行承担的风险可能超出预期损失的损失水平。从风险管理的角度看,银行承担的非预期损失要靠银行持有的资本进行覆盖。

10. A 【解析】贪污罪,情节特别严重的可以处死刑。

11. B 【解析】当事人在保证合同中约定,债务人不能履行债务时,由保证人承担保证责任的,为一般保证。一般保证的保证人在主合同纠纷未经审判或者仲裁,并就债务人财产依法强制执行仍不能履行债务前,对债权人可以拒绝承担保证责任。

12. C 【解析】基本存款账户简称基本户,是指存款人因办理日常转账结算和现金收付需要开立的银行结算账户。故选项B表述错误,选项C表述正确。基本存款账户是存款人的主办账户,企业、事业单位等可以自主选择一家商业银行的营业场所开立一个办理日常转账结算和现金收付的基本账户,同一存款客户只能在商业银行开立一个基本存款账户。选项A、选项D表述错误。

13. B 【解析】同业拆借是在无担保条件下进行的资金与信用的直接交换,潜在信用风险较高,因此要求拆借主体具有较高的信用等级。

14. D 【解析】非法吸收公众存款罪,是指非法吸收公众存款或者变相吸收公众存款,扰乱金融秩序的行为。

15. A 【解析】民事行为被确认为无效或者被撤销后,有过错的一方应当赔偿对方因此所受的损失,双方都有过错的,应当各自承担相应的责任。

16. C 【解析】银行汇票是由出票银行签发的,由其在见票时按照实际结算金额无条件支付给收款人或持票人的票据。故选项C正确。

17. A 【解析】在国内外商业实践中,对于投资大、回收期长的大型能源开发、资源开发和基础设施建设类项目,以及不确定性大、风险高的文化创意和新技术开发项目,通常都采取项目融资的方式筹措资金。项目融资是指符合以下特征的贷款:①贷款用途通常是用于建造一个或一组大型生产装置、基础设施、房地产项目或其他项目,包括对在建或已建项目的再融资;②借款人通常是为建设、经营该项目或为该项目融资而专门组建的企事业法人,包括主要从事该项目建设、经营或融资的既有企事业法人；③还款资金来源主要依赖该项目产生的销售收入、补贴收入或其他收入，一般不具备其他还款来源。

18. B 【解析】流动性风险是指商业银行无法及时获得或以合理成本获得充足资金，用于偿付到期债务、履行其他支付义务或满足正常业务开展需要的风险。

19. B 【解析】中国人民银行的主要职责：①发布与履行其职责有关的命令和规章；②依法制定和执行货币政策；③发行人民币，管理人民币流通；④监督管理银行间同业拆借市场和银行间债券市场；⑤实施外汇管理，监督管理银行间外汇市场；⑥监督管理黄金市场；⑦持有、管理、经营国家外汇储备、黄金储备；⑧经理国库；⑨维护支付、清算系统的正常运行；⑩指导、部署金融业反洗钱工作，负责反洗钱的资金监测；⑪负责金融业的统计、调查、分析和预测；⑫作为国家的中央银行，从事有关的国际金融活动；⑬国务院规定的其他职责。

20. D 【解析】《中华人民共和国票据法》第19条规定，汇票分为银行汇票和商业汇票：前者的出票人是银行；后者的出票人是非银行企业，一般是企业。商业汇票又分为商业承兑汇票（由银行以外的付款人承兑）和银行承兑汇票（由银行承兑）两种。

21. C 【解析】商业银行自我监管通过内部治理、内部控制与内部审计实现。

22. A 【解析】可撤销的备用信用证是指附有申请人财务状况出现某种变化时可撤销或修改条款的信用证。这种信用证旨在保护开证行的利益，开证行是根据申请人的请求和指示开证的，如果没有申请人的指示，开证行是不会随意撤销信用证的。故选项A说法错误。

23. D 【解析】中间价（基准价）是指中国人民银行授权外汇交易中心对外公布的当日外汇牌价。

24. C 【解析】在商品交换中，当货币作为交换的媒介实现商品的价值时，执行流通手段的职能。货币执行流通手段的特点：①必须是现实的货币。②不需要足值，可以用符号代替。

25. C 【解析】银行汇票是由出票银行签发的，由其在见票时按照实际结算金额无条件支付给收款人或持票人的票据。

26. D 【解析】存款人以下特定用途的资金可以开立专用存款账户：基本建设资金，期货交易保证金，信托基金，金融机构存放同业资金，政策性房地产开发资金，单位银行卡备用金，住房基金，社会保障基金，收入汇缴资金和业务支出资金，党、团、工会设在单位的组织机构经费等。

27. D 【解析】持有、使用假币罪是指违反货币管理法规，明知是伪造的货币而持有、使用，数额较大的行为。

28. D 【解析】合同生效的要件：①当事人必须具有相应的民事行为能力；②当事人意思表示真实；③合同标的合法，即当事人签订的合同不违反法律和社会公共利益；④合同标的须确定和可能。

29. D 【解析】选项D，式中12.5即为8%的倒数。按最低资本要求（8%的资本充足率）所计算出的市场风险和操作风险所需资本，再乘12.5倍即将两项资本之和换算为风险加权资产。最后，再与信用风险加权资产相加，即全部风险加权资产。

30. D 【解析】银行案件时有发生、商业贿赂屡禁不止现象的主要原因是银行业在从业人员职业操守方面的教育做得不够，以诚信、合规尽职为核心的职业价值理念没有明确树立起来。

31. B 【解析】票据的出票日期必须使用中文大写。为防止变造票据的出票日期，在填写月、日时，月为壹、贰和壹拾的，日为壹至玖和壹拾、贰拾和叁拾的，应在其前加“零”；日为拾壹至拾玖的，应在其前加“壹”，故选项B正确。

32. A 【解析】银行业从业人员应当熟知银行承担的依法协助执行的义务，在严格保守客户隐私的同时，了解有权对客户信息进行查询、对客户资产进行冻结和扣划的国家机关，按法定程序积极协助执法机关的执法活动，不泄露执法活动信息，不协助客户隐匿、转移资产。

33. D 【解析】公开市场业务是指中央银行在金融市场上卖出或买进有价证券，吞吐基础货币，以改变商业银行等金融机构的可用资金，进而影响货币供应量和利率，实现货币政策目标的一种政策措施。公开市场业务的优点之一是具有主动权，主动权在中央银行。

34. B 【解析】商业银行是依照《中华人民共和国公司法》设立的独立企业法人，具备独立性、营利性、经营性等公司制企业法人特征。

35. D 【解析】商业票据由于期限较短，以30天以下的票据交易为主，所以一般只有发行市场，少有二级市场。这时的商业票据市场指由具有高信用等级的大企业和财务公司发行短期无担保债券筹措资金的短期融资场所。

36. A 【解析】流动性是指信用工具迅速变现而不致遭受损失的能力。流动性包含两方面含义：①能否方便地随时变现；②变现过程中损失的程度和所耗费的交易成本的大小。一般来说，流动性与偿还期限成反比，而与债务人的信用能力成正比。偿还期越短、债务人信誉越高，流动性越大。故选项A正确。

37. C 【解析】委托代理是根据委托人的委托授权而产生的代理关系。委托代理一般建立在特定的基础法律关系之上，可以是劳动合同关系、合伙关系、工作职务关系，而多数是委托合同关系。

38. A 【解析】汇票分银行汇票和商业汇票。银行汇票是由出票银行签发的；商业汇票是由出票人签发的,商业汇票又分为商业承兑汇票(由银行以外的付款人承兑)和银行承兑汇票(由银行承兑)两种。

39. B 【解析】当一国货币对外贬值时,出口商所换回的外汇可以在国内兑换更多的本国货币,而进口商则需要支付更多的本国货币兑换进口所需的外汇,因此,一国货币对外贬值会刺激出口、抑制进口。反之,若一国货币对外升值,不利出口,有利进口,导致该国贸易收支的恶化。

40. C 【解析】操作风险是指由不完善或有问题的内部程序、人员和信息科技系统,以及外部事件所造成损失的风险,包括法律风险,但不包括战略风险和声誉风险。本题属于人员引起的操作风险。

41. D 【解析】拨备前利润 = 当期营业利润 + 当期提取拨备 = 3000 + 1200 = 4200(万元)。

42. B 【解析】经银保监会或者其省一级派出机构负责人批准,银保监会及其派出机构有权查询涉嫌金融违法的银行业金融机构及其工作人员以及关联行为人的账户;对涉嫌转移或者隐匿违法资金的,经银保监会及其派出机构负责人批准,可以申请司法机关予以冻结。

43. B 【解析】选项B,犯罪预备行为虽然尚未直接侵害犯罪客体,但已经使犯罪客体面临即将实现的现实危险,因而同样具有社会危害性。因此,犯罪预备行为同样具有可罚性,应当追究刑事责任。同时考虑到犯罪预备行为毕竟尚未实行犯罪,还没有实际造成社会危害,因此,对于预备犯,可以比照既遂犯从轻、减轻处罚或者免除处罚。

44. D 【解析】选项D,因为代理期限已过,所以乙为无权代理。没有代理权、超越代理权或者代理权终止后的行为,只有经过被代理人的追认,被代理人才承担民事责任。

45. B 【解析】对违法票据承兑、付款、保证罪,是指银行或其他金融机构的工作人员在票据业务中,对违反《中华人民共和国票据法》规定的票据予以承兑、付款或者保证,造成重大损失的行为。本罪主体是特殊主体,为银行或其他金融机构及其工作人员。本罪主观方面一般是故意,也可能是过失。

46. B 【解析】票据诈骗罪是指以非法占有为目的,采用虚构事实、隐瞒真相的方法,利用金融票据进行诈骗活动,数额较大的行为。本罪客观表现:①明知是伪造、变造的汇票、本票、支票而使用;②明知是作废的汇票、本票、支票而使用;③冒用他人的汇票、本票、支票;④签发空头支票或者与其预留印鉴不符的支票,骗取财物;⑤汇票、本票的出票人签发无资金保证的汇票、本票或者在出票时作虚假记载,骗取财物。

47. D 【解析】"岗位职责"要求银行业从业人员需遵循银行岗位职责划分和风险隔离的操作规程,确保客户交易安全,除非经内部职责调整或经过适当批准,不代其他岗位人员履行职责或将本人工作委托他人代为履行。

48. C 【解析】进口押汇是指信用证项下单据到,并经审核无误后,开证申请人因资金周转关系,无法及时对外付款赎单,以该信用证项下代表货权的单据为质押,并同时提供必要的抵押/质押或其他担保,由银行先行代为对外付款。

49. A 【解析】考虑定期存款的存款准备金率,则存款乘数 $K = 1/(r + e + c)$,其中 r 代表法定准备金率,e 代表超额准备金率,c 代表现金漏损率。题中,$r = 20\%$,$e = 2\%$,$c = 3\%$,故存款乘数 $K = 1/(20\% + 2\% + 3\%) = 4.00$。

50. B 【解析】受贿罪指国家工作人员利用职务上的便利,索取他人财物,或者非法收受他人财物,为他人谋取利益的行为。

51. C 【解析】质权人负有妥善保管质押财产的义务;因保管不善致使质押财产毁损、灭失的,应当承担赔偿责任。

52. A 【解析】有形市场是指有固定场所、有专门的组织机构和人员、有专门设备的金融交易市场,如股票交易所。一般也称为场内交易市场。

53. D 【解析】法定代理是根据法律的规定而直接产生的代理关系。主要是为保护无民事行为能力人和限制民事行为能力人的合法权益而设定的。

54. B 【解析】境内机构原则上只能开立一个经常项目外汇账户。境内机构经常项目外汇账户的限额统一采用美元核定。

55. A 【解析】当一国提高利率水平或本国利率高于外国利率时,会引起资本流入,由此对本国货币需求增大,使本币升值,外汇贬值;反之,当一国降低利率或本国利率低于外国利率时,会引起资本从本国流出,由此对外汇需求增大,外汇升值,本币贬值。

56. D 【解析】福费廷是指包买商从出口商那里无追索地购买已经承兑的,并通常由进口商所在地银行担保的远期汇票或本票的业务。

57. C 【解析】根据《中华人民共和国票据法》,汇票必须记载下列事项:①表明"汇票"的字样;②无条件支付的委托;③确定的金额;④付款人名称;⑤收款人名称;⑥出票日期;⑦出票人签章。汇票上未记载以上规定事项之一的,汇票无效。

58. A 【解析】定期存款是个人事先约定偿还期的存款,其利率视期限长短而定。根据不同的存取方式,定期存款分为四种:整存整取、零存整取、整存零取、存本取息,其中,整存整取最为常见,是定期存款的典型代表。故选项A正确。

59. B 【解析】本题考查的是外汇现汇与现钞的区分。现汇是指可以自由兑换的汇票、支票等外币票据;现钞是具体的、实在的外国纸币、硬币。本题中王某儿子从美国汇来的美元汇票属于现汇,应存入现汇账户。

60. D 【解析】失业率是指劳动力人口中失业人数所占的百分比,劳动力人口是指年龄在16周岁以上具有劳动能力的人的全体。故选项D表述错误。

61. A 【解析】债券回购是金融机构之间以债券为抵押的短期资金的融通,风险较低,其标的物一般是信用等级高的政府债券。由于回购利率较低,对少量资金而言,交易成本高,因此,债券回购以大宗交易为主。

62. A 【解析】借记卡是指银行发行的一种要求先存款后使用的银行卡。借记卡与储户的活期储蓄存款账户相联结,卡内消费、转账、ATM取款等都直接从存款账户扣划,不具备透支功能,需要先存款后消费。

63. D 【解析】商业银行向中央银行借款有再贴现和再贷款两种途径。

64. A 【解析】治理通货膨胀的对策有紧缩的货币政策和紧缩的财政政策,其中,紧缩的货币政策包括减少货币供应量和提高利率。中央银行可以通过在公开市场上出售有价证券来减少货币供应量。

65. C 【解析】国际清算业务是国际银行间办理结算和支付中用以清讫双边或多边债权债务的过程和方法。

66. A 【解析】根据《中华人民共和国中国人民银行法》的规定,中国人民银行在国务院领导下履行职责,开展业务,依法制定和执行货币政策,防范和化解金融风险,维护金融稳定,不受地方政府、各级政府部门、社会团体和个人的干涉。同时,中国人民银行担负有监督管理金融市场等金融监督管理职能,是重要的金融监管机构。

67. B 【解析】股东会是有限责任公司的权力机构。

68. C 【解析】同一财产法定登记的抵押权与质权并存时,抵押权人优先于质权人受偿。同一财产抵押权与留置权并存时,留置权人优先于抵押权人受偿。但对同时存在质权和留置权的情况规定,只能按照该受偿原则推定留置权优于抵押权,抵押权优于质权,因此,留置权必然优于质权。

69. D 【解析】监管资本涉及两个层次的概念:一是银行实际持有的符合监管规定的合格资本;二是银行按照监管要求应当持有的最低资本量或最低资本要求。最低资本要求是监管规定的,用于覆盖银行面临主要风险损失所必须持有的资本数量。

70. C 【解析】汇率变动对一国国际储备的影响,可以表现为对国际储备存量和增量的影响。一方面,从对国际储备存量的影响来看,一国外汇储备中,如果储备货币的汇率上升,外汇储备的实际价值增加。反之,外汇储备的实际价值减少。另一方面,从国际储备的增量来看。在不考虑其他因素的情况下,如果本币贬值,将刺激出口,使外汇收入和外汇储备增加。反之,情况恰好相反。

71. B 【解析】B股又称为人民币特种股票,是指以人民币标明面值、以外币认购和进行交易、专供外国和我国香港、澳门、台湾地区的投资者买卖的股票,故选项B正确。

72. B 【解析】市场风险是指因市场价格(利率、汇率、股票价格和商品价格)的不利变动而使银行表内和表外业务发生损失的风险,故选项B正确。

73. A 【解析】操作风险是指由不完善或有问题的内部程序、人员和信息科技系统,以及外部事件所造成损失的风险。操作风险具有普遍性,广泛存在于银行业务和管理的各个方面。故选项A正确。

74. D 【解析】账面资本反映了银行实际拥有的资本水平,是银行资本金的静态反映。故选项D正确。

75. C 【解析】题干所述属于操作风险中人员因素导致的风险。主要是因银行内部员工发生内部欺诈、失职违规,以及因员工的知识或技能匮乏、关键人员流失、违反用工法、劳动力中断等造成损失或者不良影响的风险,故选项C正确。

76. B 【解析】跨系统联行往来是指结算业务发生在两家不同的银行间的清算业务,其资金清算必须通过中国人民银行办理,故选项B正确。

77. B 【解析】留置权有以下主要特征:留置权只能发生在特定的合同关系中,如保管合同、运输合同和加工承揽合同;留置权发生两次效力,即留置标的物和变价并优先受偿;留置权具有不可分性,即债权得到全部清偿之前,留置权人有权留置全部标的物;留置权实现时,留置权人必须确定债务人履行债务的宽限期。故选项B错误。

78. D 【解析】N股是指由中国境内注册的公司发行、直接在美国纽约上市的股票。

79. B 【解析】优先股股票享有的主要权利有优先按约定方式领取股息;优先清偿权;限制参与经营决策;优先股股息是固定的。

80. A 【解析】货币的本质表现在货币是一般等价物,是固定充当一般等价物的特殊商品,体现商品生产者之间的社会关系。

81. A 【解析】实物价格波动应该属于市场风险的商品价格风险。

82. A 【解析】根据《中华人民共和国银行业监督管理法》,对问题银行业金融机构进行处置的方式主要有接管、促成重组和撤销。

83. C 【解析】食品业属于防守型行业,防守型行业所提供的产品需求相对稳定,不受经济周期变化影响,无论在经济周期上升阶段还是下降阶段,由于稳定的需求和价格,行业的销售收入和利润会呈现基本稳定的态势。

84. C 【解析】声誉是银行的生命线。银行业从业人员的诚信问题直接关系到其所服务机构的声誉。品行正直是银行业从业人员的立身之本和基本要求,也是维护商业银行声誉的根本所在。

85. B 【解析】第二版巴塞尔资本协议的第一支柱是最低资本要求。明确商业银行总资本充足率不得低于8%,核心资本充足率不得低于4%,资本要全面覆盖信用风险、市场风险和操作风险。

86. C 【解析】我国银行体系贷款已经实现了由市场主体自主定价。

87. A 【解析】公开市场业务是指中央银行在金融市场上卖出或买进有价证券,吞吐基础货币,以改变商业银行等金融机构的可用资金,进而影响货币供应量和利率,实现货币政策目标的一种政策措施。这里的有价证券主要是政府公债和国库券。

88. B 【解析】挪用资金罪的犯罪主体是特殊主体,即非国有公司、企业或者其他单位的非国家工作人员。

89. D 【解析】贴现是指商业票据的持票人将其持有的未到期商业票据转让给银行,银行扣除贴息后将余款支付给持票人。贴现利息 = 100 × 3% × 60 ÷ 360 = 0.5(万元);贴现价格 = 100 - 0.5 = 99.5(万元)。

90. D 【解析】银行风险的定义可从以下两方面理解:①强调结果的不确定性;②强调不确定性带来的不利后果。故选项D表述错误。

二、多项选择题

91. ABCDE 【解析】信托与委托的区别:①当事人数量不同;②财产所有权变化不同;③成立的条件不同;④名义不同;⑤权限不同;⑥期限的稳定性不同。

92. CE 【解析】根据《中华人民共和国商业银行法》的规定:商业银行在中华人民共和国境内不得从事信托投资和证券经营业务,不得向非自用不动产投资或者向非银行金融机构和企业投资,但国家另有规定的除外。

93. AC 【解析】选项B、选项D属于银行的市场指标;选项E属于银行的安全性指标。

94. BCDE 【解析】货币是在商品交换出现以后,随着商品交换的发展,从商品分离出来的、固定作为商品交换媒介的特殊商品。它是商品经济内在矛盾的产物,是价值表现形式发展的必然结果。

95. ABCDE 【解析】银行业从业人员应当遵守《银行业从业人员职业操守和行为准则》,并接受所在机构、银行业自律组织、监管机构和社会公众的监督。其中,监管机构既包括国务院银行业监督管理机构,也包括中国人民银行、国家外汇管理局等行使监督管理职能的部门及其分支机构。

96. CE 【解析】个人贷款是指贷款人向符合条件的自然人发放的用于个人消费、生产经营等用途的本外币贷款。

97. ABDE 【解析】不出示本人身份证件或者不使用本人身份证件上的姓名的,金融机构不得为其开立个人存款账户。

98. ABE 【解析】间接发行是指发行人不直接向投资者推销,而是委托中介机构进行承购推销。间接发行的优点是可以通过掌握金融业务的专业机构及人员,使债券发行迅速而稳定,有利于保证按期有效完成发行任务。现代债券发行,特别是国债发行大部分是采取间接发行的方式,主要有承购包销、招标发行等方式。故选项A表述正确,选项C表述错误。直接发行是指债券发行人直接向投资者推销债券,而不需要中介机构进行承销。采用直接发行可以节省中介机构的承销、包销费用,节约发行成本。选项D表述错误。

99. CD 【解析】货币充当支付手段具有积极和消极两方面的作用。积极作用表现:①使商品生产和商品流通突破了现货交易的限制,促进了商品生产和流通的发展;②借助于货币的支付手段,一部分债权债务关系可以相互抵销,可以节约现金流通费用。

100. BDE 【解析】《中华人民共和国公司法》规定,公司有下列情形之一,可以解散:①公司章程规定的营业期限届满或者公司章程规定的其他解散事由出现;②股东会或股东大会决议解散;③因公司合并或者分立需要解散;④依法被吊销营业执照、责令关闭或被撤销;⑤人民法院依法予以解散。

101. BD 【解析】银行业从业人员严禁非法利益输送交易和违规兼职谋利。故选项B、选项D违反行为规范。

102. ABE 【解析】选项A违背了礼物收、送的基本准则;选项B、选项E违背了信息保密的基本准则。

103. ACE 【解析】具体而言,在实践工作中,从业人员应该做到以下几点:①不向不应该知道的人透露协助执行方面的信息;②面对有关机关协助执行的要求时,及时向内部支持部门寻求支持,确保获得专业指导;③按照法律规定及内部工作流程确认来人的身份,审核来函的法定要件,并按照规定进行保存和归档;④确保要求协助执行的事项属于该请求机关法定权限以内;⑤审核协助执行的具体事项,协助执行的范围严格限定在法律文书载明的事项,不应根据执法人员口头请求而超范围协助执行;⑥以专业、中立的态度对待任何协助执行请求,不搪塞、不推诿,更不应该采取向客户通风报信、协助转移资产等方式对抗协助执行活动,使其所在机构或个人承担责任。

104. BCDE 【解析】一般存款账户简称一般户,是指存款人因借款或其他结算需要,在基本存款账户开户银行以外的银行营业机构开立的银行结算账户。一般存款账户可以办理现金缴存,但不得办理现金支取。故选项A表述错误。

105. ABCDE 【解析】合同的内容由当事人约定,一般包括以下条款:①当事人的名称或者姓名和住所;②标的;③数量;④质量;⑤价款或者报酬;⑥履行期限、地点和方式;⑦违约责任;⑧解决争议的方法。当事人可以参照各类合同的示范文本订立合同。

106. CD 【解析】单位协定存款是一种单位类客户通过与商业银行签订合同的形式约定合同期限、确定结算账户需要保留的基本存款额度,对超过基本存款额度的存款按中国人民银行规定的上浮利率计付利息、对基本存款额度按活期存款利率付息的存款类型。

107. ABCDE 【解析】破坏银行和其他金融机构管理类犯罪包括非法吸收公众存款罪;高利转贷罪;违法发放贷款罪;吸收客户资金不入账罪;伪造、变造金融票证罪;违规出具金融票证罪;对违法票据承兑、付款、保证罪;骗取贷款、票据承兑、金融票证罪;背信运用受托财产罪;洗钱罪。

108. ABCDE 【解析】中国人民银行为执行货币政策,可以运用下列货币政策工具:①要求银行业金融机构按照规定的比例交存存款准备金;②确定中央银行基准利率;③为在中国人民银行开立账户的银行业金融机构办理再贴现;④向商业银行提供贷款;⑤在公开市场上买卖国债、其他政府债券和金融债券及外汇;⑥国务院确定的其他货币政策工具。

109. ABC 【解析】个人消费贷款一般包括个人汽车贷款、助学贷款、个人消费额度贷款、个人住房装修贷款、个人耐用消费品贷款、个人权利质押贷款等。

110. ABCDE 【解析】银行资本的作用主要体现在以下几个方面:①为银行提供融资。资本既是银行维持日常运营的资金来源,也为银行发放贷款和其他投资提供资金,它和商业银行负债一样肩负着为资产提供融资的使命(选项 A 正确)。②吸收和消化损失。资本是承担风险和吸收损失的第一资金来源。商业银行一旦破产,首先消耗的是银行的资本。因此,资本又被称为保护债权人、使债权人免遭损失的"缓冲器"(选项 C、选项 D 正确)。③限制业务过度扩张。银行要满足最低资本要求,资本充足率达到监管要求,就要做到风险与资本之间的平衡,要想扩大业务规模就必须有充足的资本,这使资本具有了约束银行盲目扩张、过度承担风险的重要功能(选项 E 正确)。④维持市场信心。资本充足的银行有助于树立和增强公众对银行的信心,消除债权人对银行损失吸收能力的疑虑,从而在市场上能够赢得公众的青睐,获取更多的发展机会(选项 B 正确)。

111. ABCD 【解析】不可抗力,是指不能预见、不能避免且不能克服的客观情况。不可抗力的要件包括以下内容:①不能预见,即当事人无法知道事件是否发生、何时何地发生、发生的情况如何;②不能避免,即无论当事人采取什么措施,或即使尽了最大努力,也不能防止或避免事件的发生;③不能克服,即以当事人自身的能力和条件无法战胜这种客观力量;④客观情况,即外在于当事人的行为的客观现象(包括第三人的行为)。

112. ABCD 【解析】公司章程是股东共同一致的意思表示,载明了公司组织和活动的基本准则,对公司、股东、董事、监事、高级管理人员具有约束力,是公司的宪章。

113. ABCD 【解析】追索权是持票人被拒绝承兑或得不到付款时,向其他票据债务人请求支付票据金额的权利。付款请求权是第一顺序请求权,追索权是在付款请求权得不到实现后才能行使的权利,是第二顺序请求权。故选项 E 表述错误。

114. ACE 【解析】在直接标价法下,以外币的数额作为标准保持固定不变,应付本币金额随着外币和本币币值的变化而变动。一定单位的外币折算成的本币数量比原来多,说明外币汇率上升或本币汇率下跌,即外币币值上升或本币币值下跌。反之,一定单位的外币折算成的本国货币数量比原来减少,说明外币汇率下降或本币汇率上升,即外币贬值或本币升值。

115. BCD 【解析】担保的种类主要有人的担保、物的担保、定金担保。其中,物的担保方式主要有抵押权和质押权以及留置权,但操作手续较为烦琐。

116. ABCDE 【解析】目前,国内商业银行资产托管业务品种主要包括证券投资基金托管、保险资产托管、社保基金托管、企业年金基金托管、券商资产管理计划资产托管、信托资产托管、商业银行人民币理财产品托管、QFII(合格境外机构投资者)资产托管、QDII(合格境内机构投资者)资产托管等。

117. BD 【解析】选项 B、选项 D,风险不等同于损失本身,风险是一个事前概念,损失是一个事后概念,风险的概念既涵盖了未来可能损失的大小,又涵盖了损失发生概率的高低。

118. CDE 【解析】董事会应监督合规政策的有效实施,以使合规缺陷得到及时有效的解决。高级管理层应贯彻执行合规政策,建立合规管理部门的组织结构,并配备充分和适当的资源,确保发现违规事件时及时采取适当的纠正措施,故选项 A 说法错误。合规管理部门应在合规负责人的管理下,协助高级管理层有效管理合规风险,制订并执行风险为本的合规管理计划,实施合规风险识别和管理流程,开展员工的合规培训。故选项 B 说法错误。

119. ADE 【解析】中央银行可以通过提高法定存款准备金率、提高再贴现率或利用公开市场操作卖出证券来减少货币供应量。

120. DE 【解析】开放式基金代销业务是指银行利用其网点柜台或电话银行、网上银行等销售渠道代理销售开放式基金产品的经营活动。银行客户可以通过银行营业网点购买、兑付、查询凭证式国债、储蓄国债(电子式)以及柜台记账式国债。

121. ACD 【解析】代理中央银行业务主要包括代理财政性存款、代理国库、代理金银等业务。

122. ABCE 【解析】非法吸收公众存款罪,是指非法吸收公众存款或者变相吸收公众存款,扰乱金融秩序的行为。"非法"包括主体不合法和方式不合法两种情况:一种是行为人不具有吸收公众存款的法定主体资格而吸收公众存款,如个人私设银行、钱庄,企事业单位私设银行、储蓄所等,非法办理存款贷款业务,吸收公众存款;另一种是行为人虽然有吸收公众存款的法定资格,但采取非法的方式吸收公众存款,如有些商业银行和信用社,为了争揽客户,以擅自提高利率或在存款时以先支付利息等手段吸收公众存款。选项D构成吸收客户资金不入账罪。

123. ABCDE 【解析】影响行业兴衰的主要因素包括技术进步、政府政策、行业组织创新、社会变化(社会观念、社会习惯等)、经济全球化。

124. ABDE 【解析】市场风险是指因市场价格(利率、汇率、股票价格和商品价格)的不利变动而使银行表内和表外业务发生损失的风险。

125. BCDE 【解析】第三版巴塞尔资本协议明确了三个层次的最低资本要求:核心一级资本充足率为4.5%,一级资本充足率为6%,总资本充足率为8%,并规定商业银行资本充足率不得低于最低资本要求。故选项A表述错误。

126. BCDE 【解析】票据的特点:①票据是完全有价证券;②票据是要式证券;③票据是一种无因证券;④票据是流通证券;⑤票据是文义证券;⑥票据是设权证券;⑦票据是债权证券。

127. ABDE 【解析】质权自出质人交付质押财产时设立,质押合同自质物移交于质权人占有时生效。故选项C说法错误。

128. ABCDE 【解析】中国人民银行不再直接审批、监管金融机构,而主要专注于货币政策的制定和执行。选项A正确。《中华人民共和国中国人民银行法》规定,当银行业金融机构出现支付困难,可能引发金融风险时,为了维护金融稳定,中国人民银行经国务院批准,有权对银行业金融机构进行检查监督。选项B正确。中国人民银行根据执行货币政策和维护金融稳定的需要,可以建议国务院银行业监督管理机构对银行业金融机构进行检查监督。选项D正确。《中华人民共和国中国人民银行法》规定中国人民银行有权对金融机构以及其他单位和个人的下列行为进行检查监督:①执行有关存款准备金管理规定的行为;②与中国人民银行特种贷款有关的行为,其中中国人民银行特种贷款是指国务院决定的由中国人民银行向金融机构发放的用于特定目的的贷款;③执行有关人民币管理规定的行为;④执行有关银行间同业拆借市场、银行间债券市场管理规定的行为;⑤执行有关外汇管理规定的行为;⑥执行有关黄金管理规定的行为;⑦代理中国人民银行经理国库的行为;⑧执行有关清算管理规定的行为;⑨执行有关反洗钱规定的行为。选项C、选项E正确。

129. BCDE 【解析】关键风险指标是指对业务活动和控制环境进行日常监控的指标体系,能够反映系统、流程、产品、人员等风险信息的变化情况,对于风险预警、日常监控具有重要作用。例如,关键岗位人员未按规定进行轮岗或强制休假的比例就是一个关键风险指标,可反映关键岗位的风险情况,故选项A表述错误。

130. BD 【解析】账面资本又称为会计资本,属于会计学概念,是指商业银行持股人的永久性资本投入,即出资人在商业银行资产中享有的经济利益,其金额等于资产减去负债后的余额,包括实收资本或普通股、资本公积、盈余公积、未分配利润等。选项B、选项D表述正确。

三、判断题

131. B 【解析】浮动汇率是本国货币与其他国家货币之间的汇率,不由官方制定,而由外汇市场供求关系决定,可以自由浮动,官方在汇率出现过度波动时才干预市场。

132. A 【解析】题干表述正确。

133. A 【解析】题干表述正确。

134. B 【解析】擅自设立银行业金融机构或者非法从事银行业金融机构的业务活动的,由国务院银行业监督管理机构予以取缔。

135. A 【解析】违规出具金融票证罪是指银行或者其他金融机构的工作人员违反规定,为他人出具信用证或者其他保函、票据、存单、资信证明的行为。本罪侵犯的客体是国家对金融票证的管理制度。

136. B 【解析】银行监管的四个层次:银行自我监管、外部监管、行业自律和市场约束。其中,银行业外部监管是监管的最高层次,是由国务院授权成立的中国银行保险监督管理委员会统一监督管理银行、金融资产管理公司、信托投资公司及其他存款类金融机构,维护银行业的合法、稳健运行。

137. B 【解析】商业银行不得向关系人发放信用贷款;向关系人发放担保贷款的条件不得优于其他借款人同类贷款的条件。其中,关系人是指商业银行的董事、监事、管理人员、信贷业务人员及其近亲属,以及前述人员投资或者担任高级管理职务的公司、企业和其他经济组织。

138. B 【解析】金融诈骗罪是指在金融活动中,违反金融管理法规,采取虚构事实或者隐瞒真相的方法,以非法占有为目的,骗取数额较大的财物的行为。

139. A 【解析】商业银行为客户办理支付、结算等业务时，主要方式是账户间划拨和转移，从而最大限度地节约现钞使用和降低流通成本，加快结算过程和货币资本的周转，为社会化大生产的顺利进行提供有利条件。

140. B 【解析】中国的银行业目前依然实施分业经营，各银行不能经营其他非银行类金融业务，如证券、保险等。

141. A 【解析】中国银行业协会是我国银行业自律组织，是全国性非营利社会团体。自律组织即自我管理机构，是政府监管的重要辅助，也是监管机构进行监管的必要和有益的补充。

142. B 【解析】商业银行不得向关系人发放信用贷款；向关系人发放担保贷款的条件不得优于其他借款人同类贷款的条件。

143. B 【解析】优先股享有的主要权利有：优先按约定方式领取股息；优先清偿权；限制参与经营决策；优先股股息是固定的。

144. B 【解析】巴塞尔委员会将商业银行面临的风险分为信用风险、市场风险、操作风险、流动性风险、国家风险、声誉风险、法律风险和战略风险八个主要类型。

145. B 【解析】监督、检查金融机构履行反洗钱义务的情况，是中国人民银行的反洗钱职责，并不是中国人民银行其分支机构的反洗钱职责。

机考题库·真题试卷（六）

一、单项选择题

1. C 【解析】风险不等同于损失本身，风险是一个事前概念，损失是一个事后概念，风险的概念既涵盖了未来可能损失的大小，又涵盖了损失发生概率的高低。故选项 C 表述错误。

2. D 【解析】我国传统的监管工具主要包括流动性（选项 A）、不良贷款拨备覆盖率（选项 B）、风险集中度、不良资产率（选项 C）。

3. B 【解析】商业银行开展贷款业务应当遵守下列资产负债比例管理的规定：①资本充足率不得低于 8%；②贷款余额与存款余额的比例不得超过 75%；③流动性资产余额与流动性负债余额的比例不得低于 25%；④对同一借款人的贷款余额与商业银行资本余额的比例不得超过 10%；⑤国务院银行业监督管理机构对资产负债比例管理的其他规定。故选择选项 B。

4. C 【解析】若使用积数计息法，则按实际天数每日累计账户余额，以累计积数乘以日利率计算利息。计息公式：利息 = 累计计息积数 × 日利率。其中，累计计息积数 = 每日余额合计数，日利率 = 年利率（%）÷360。计算过程中，利息金额算至分位，分以下尾数四舍五入。本题中，计息天数为 28 天。因此，钱先生取回的全部金额为：$1000 + 1000 \times 28 \div 360 \times 0.72\% = 1000.56$（元）。

5. C 【解析】流动性风险是指商业银行无法及时获得或以合理成本获得充足资金，用于偿付到期债务、履行其他支付义务或满足正常业务开展需要的风险。

6. D 【解析】根据《中华人民共和国中国人民银行法》，中国人民银行的职能：在国务院领导下，制定和执行货币政策，防范和化解金融风险，维护金融稳定。其中，制定和执行货币政策的目标是保持货币币值稳定，并以此促进经济增长。

7. A 【解析】银保监会及其派出机构应当责令银行业金融机构按照规定，如实向社会公众披露财务会计报告、风险管理状况、董事和高级管理人员变更以及其他重大事项等信息。

8. D 【解析】建立垂直化风险管理体系表现在以下方面：①建立垂直化的组织运作机制；②要将风险管理职能进一步向总行本部集中，减少不必要的中间层级，逐步形成横向延展、纵向深入的扁平化矩阵模式；③要提高风险管理的专业化水平，在总行本部设立专业化评估中心和审批中心，不仅要实现评审分离和审贷分离，还要建立对审批人和风险经理的长期考核和监督机制。

9. C 【解析】巨额的国际收支逆差可能导致外汇市场对本币信心的丧失、资本的大量外流、外汇储备的急剧下降、本币的大幅贬值，甚至导致严重的货币和金融危机。

10. A 【解析】银行清算业务是指银行间通过账户或有关货币当地清算系统，在办理结算和支付中用以清讫双边或多边债权债务的过程和方法。

11. D 【解析】借记卡是指银行发行的一种要求先存款后使用的银行卡。借记卡与储户的活期储蓄存款账户相联结，卡内消费、转账、ATM 取款等都直接从存款账户扣划，不具备透支功能，需要先存款后消费，没有信用额度。

12. C 【解析】合规管理的目标是建立健全合规风险管理框架，实现对合规风险的有效识别和管理，促进全面风险管理体系建设，确保依法合规经营。

13. B 【解析】活期存款是指不规定存款期限，客户可以随时存取的存款。在现实中，活期存款通常 1 元起存，以存折或银行卡作为存取凭证，部分银行的客户可凭存折或银行卡在全国各网点通存通兑。

14. B 【解析】银行业从业人员在业务活动中应当遵

守有关禁止内幕交易的规定,不得将内幕信息以明显或暗示形式告之法律和所在机构允许范围以外的人员,不得利用内幕信息获取个人利益,也不得基于内幕信息为他人提供理财或投资方面的建议。

15. D 【解析】金融市场是金融工具的场所,具有货币资金融通功能、优化资源配置功能、风险分散与风险管理功能、经济调节功能、交易及定价功能和反映经济运行的功能。

16. B 【解析】可变更、可撤销合同的类型主要包括以下内容:①因重大误解订立的合同;②显失公平的合同;③因欺诈而订立的合同;④因胁迫而订立的合同;⑤乘人之危的合同。

17. A 【解析】国务院银行业监督管理机构负责对全国银行业金融机构及其业务活动监督管理的工作。

18. C 【解析】汇率有不同的标价方法。最通常使用的是直接标价法和间接标价法。目前,世界上绝大多数国家都采用直接标价法,我国人民币汇率也采用这种标价方法。间接标价法又称为应收标价法。

19. A 【解析】关注类贷款是指借款人目前有能力偿还贷款本息,但存在一些可能对偿还产生不利影响因素的贷款。

20. D 【解析】银行业金融机构是指在中华人民共和国境内设立的商业银行、城市信用合作社、农村信用合作社等吸收公众存款的金融机构以及政策性银行。保险资产管理公司属于保险类金融机构。

21. D 【解析】托管业务包括资产托管业务和代保管业务。

22. D 【解析】知识产权中的财产权出质后,出质人不得转让或者许可他人使用,但经出质人与质权人协商同意的除外。以基金份额、股权出质的,当事人应当订立书面合同。应收账款出质后,不得转让,但经出质人与质权人协商同意的除外。

23. A 【解析】吸收客户资金不入账罪侵犯的客体是国家对存款的管理制度。

24. B 【解析】银行业从业人员应当自觉遵守法律法规、行业自律规范和所在机构的各种规章制度,保护所在机构的商业秘密、知识产权和专有技术,自觉维护所在机构的形象和声誉。

25. C 【解析】市场风险是指因市场价格(利率、汇率、股票价格和商品价格)的不利变动而使银行表内和表外业务发生损失的风险。

26. D 【解析】固定资产贷款是指商业银行向企(事)业法人或国家规定可以作为借款人的其他组织发放的,用于借款人固定资产投资的本外币贷款。根据国家统计局的定义和口径,固定资产投资是指建造和购置固定资产的活动,是社会固定资产再生产的主要手段。故选项D正确。

27. D 【解析】根据《中华人民共和国商业银行法》的规定,商业银行可以经营下列部分或者全部业务:①吸收公众存款;②发放短期、中期和长期贷款;③办理国内外结算;④办理票据承兑与贴现;⑤发行金融债券;⑥代理发行、代理兑付、承销政府债券;⑦买卖政府债券、金融债券;⑧从事同业拆借;⑨买卖、代理买卖外汇;⑩从事银行卡业务;⑪提供信用证服务及担保;⑫代理收付款项及代理保险业务;⑬提供保管箱服务;⑭经国务院银行业监督管理机构批准的其他业务。

28. D 【解析】存款按存款期限可分为活期存款和定期存款。

29. D 【解析】专用存款账户是指存款人对其特定用途的资金进行专项管理和使用而开立的银行结算账户。

30. B 【解析】在垄断竞争的市场上,每个厂商都在市场上具有一定的垄断能力,但它们之间又存在着激烈的竞争。故选项B表述错误。

31. C 【解析】物价稳定是要保持物价总水平的大体稳定,避免出现高通货膨胀,故选项A表述错误;通货紧缩是指一般物价水平在一段时间内持续、普遍、明显下降,故选项B表述错误;衡量通货膨胀常用的指标有消费者物价指数、生产者物价指数和国内生产总值物价平减指数等三种,其中,消费者物价指数使用得最多、最普遍,故选项D表述错误。

32. A 【解析】背信运用受托财产罪,本罪的犯罪主体为特殊主体,即为"商业银行、证券交易所、期货交易所、证券公司、期货经纪公司、保险公司或者其他金融机构",个人不能构成本罪的主体。

33. B 【解析】贷款承诺业务可以分为项目贷款承诺、客户授信额度和票据发行便利及开立信贷证明。

34. B 【解析】银行业从业人员应当恪守诚实信用原则,真诚对待客户,珍视声誉、信守承诺,践行"三严三实"的要求,发扬银行业"三铁"精神,谋事要实,创业要实,做人要实,通过踏实劳动实现职业理想和人生价值。

35. B 【解析】国家风险通常是由债务人所在国家(或地区)的行为引起的,超出了债权人控制范围。国家风险有两个特点:①国家风险发生在国际经济金融活动中,在同一个国家范围内的经济金融活动不存在国家风险;②在国际经济金融活动中,不论是政府、银行、企业还是个人,都可能遭受国家风险所带来的损失。

36. B 【解析】商业银行贷款,应当对借款人的借款用途、偿还能力、还款方式等情况进行严格审查。商业银行贷款,应当实行审贷分离、分级审批的制度。

37. D 【解析】现阶段,我国按流动性不同将货币供应量划分为三个层次:M_0 = 流通中现金;$M_1 = M_0$ + 企业活期存款 + 机关团体部队存款 + 农村存款 + 个人持有的信用卡类存款；$M_2 = M_1$ + 城乡居民储蓄存款 + 企业存款中具有定期性质的存款 + 外币存款 + 信托类存款。

38. B 【解析】货币流通速度同货币需求成反比。利息率下降，货币需求增加，利息率与货币需求呈负相关关系。收入减少时，对货币的需求也会减少。物价水平和社会商品可供给量同货币需求成正比。

39. C 【解析】金融机构通过第三方识别客户身份的，应当确保第三方已经采取符合《中华人民共和国反洗钱法》要求的客户身份识别措施；第三方未采取符合《中华人民共和国反洗钱法》要求的客户身份识别措施的，由该金融机构承担未履行客户身份识别义务的责任。

40. D 【解析】定期存款利率视期限长短而定，通常期限越长利率越高。商业银行应当按照中国人民银行规定的存款利率的上下限，确定存款利率，并予以公告。

41. B 【解析】期货市场是进行期货交易的场所，是将款项和证券等金融工具的交割放在成交后的某一约定时间（如1个月、2个月、2个月或半年等，一般在1个月以上、1年之内）进行的市场。

42. A 【解析】商业银行分支机构不具有法人资格，在总行授权范围内依法开展业务，其民事责任由总行承担。

43. B 【解析】经济资本本质上是一个风险概念，因而又称为风险资本。

44. A 【解析】银行业从业人员应当妥善保存客户资料及其交易信息档案。在受雇期间及离职后，均不得违反法律法规和所在机构关于客户隐私保护的规定，不得透露任何客户资料和交易信息。

45. A 【解析】选项A应为"需要明确哪些是重要岗位，并制定相应的内部控制要求；对重要岗位人员实行轮岗或强制休假制度，原则上不相容岗位人员之间不得轮岗"。

46. D 【解析】从2005年9月21日起，我国对活期存款实行按季度结息，每季度末月的20日为结息日，次日付息。

47. C 【解析】对于开放度较高的国家，在国际经济不景气的情况下，国内市场也会受到很大的影响。主要表现在出口下降，外资流入减少，导致国内供给增加、需求减少，产品价格下降。故选项C正确。

48. C 【解析】操作风险是指由不完善或有问题的内部程序、人员及系统或外部事件所造成损失的风险。本题为员工引发的操作风险。

49. A 【解析】存款的计息起点为元，元以下角分不计利息。利息金额算至分位，分以下尾数四舍五入。分段计息算至厘位，合计利息后分以下四舍五入。除活期存款在每季结息日时将利息计入本金作为下季的本金计算复利外，其他存款不论存期多长，一律不计复利。

50. C 【解析】商业银行资本管理的范畴一般包括监管资本管理、经济资本管理和账面资本管理三个方面。

51. B 【解析】监管资本涉及两个层次的概念：①银行实际持有的符合监管规定的合格资本；②银行按照监管要求应当持有的最低资本量或最低资本要求。

52. A 【解析】政策性银行的职能包括经济调控职能、政策导向职能、补充性职能、金融服务职能。

53. A 【解析】存款是银行较为基本的负债业务之一，是商业银行最主要的资金来源，是银行持续经营的基础。

54. C 【解析】信用卡一般具有无抵押、无担保贷款性质，通常是短期、小额、无指定用途的信用类消费。发卡银行一般给予持卡人20～56天的免息期，持卡人的信用额度一般在10万元人民币以内，客户刷卡消费一般使用循环额度，在客户还款后额度可恢复，为客户用卡提供方便。

55. A 【解析】第二版巴塞尔资本协议的"三大支柱"分别为：第一支柱，最低资本要求；第二支柱，监督检查；第三支柱，市场纪律。第三支柱又称市场约束、信息披露。

56. D 【解析】通货紧缩是指经济中货币供应量少于客观需要量，社会总需求小于总供给，导致单位货币升值、价格水平普遍和持续下降的经济现象。

57. D 【解析】委托贷款是指由政府部门、企事业单位及个人等委托人提供资金，由贷款人（即受托人）根据委托人确定的贷款对象、用途、金额、期限、利率等代为发放、监督使用并协助收回的贷款。贷款人（受托人）只收取手续费，不承担贷款风险。

58. A 【解析】内部欺诈是指员工故意骗取、盗用财产或违反监管规章、法律或公司政策导致的损失。

59. A 【解析】收入状况是决定货币需求的主要因素之一。在一般情况下，货币需求量与收入水平成正比，当居民、企业等经济主体的收入增加时，他们对货币的需求也会增加；当其收入减少时，他们对货币的需求也会减少。

60. B 【解析】银行业从业人员应当遵守业务操作指引，遵循银行岗位职责划分和风险隔离的操作规程，确保客户交易安全：①不打听与自身工作无关的信息；②除非经内部职责调整或经过适当批准，不代其他岗位人员履行职责或将本人工作委托他人代为履行。

61. D 【解析】流动性风险是指商业银行无法及时获得或以合理成本获得充足资金，用于偿付到期债务、履行其他支付义务或满足正常业务开展需要的风险。

62. B 【解析】经济全球化是指商品、服务、生产要素与信息跨国界流动的规模与形式不断增加，通过国际分工，在世界市场范围内提高资源配置的效率,从而使各国间经济的相互依赖程度日益加深的趋势。

63. C 【解析】助学贷款包括国家助学贷款和一般商业性助学贷款两类。一般商业性助学贷款是指金融机构对正在接受非义务教育学习的学生或其直系亲属、法定监护人发放的商业性贷款,该贷款只能用于学生的学杂费、生活费以及其他与学习有关的费用。

64. D 【解析】选项A、选项C运输、出售假人民币的行为,构成"出售、购买、运输假币罪"。选项B购买假币后使用的行为,构成购买假币罪。

65. C 【解析】按金融工具发行和流通的阶段划分可分为发行市场和流通市场。

66. C 【解析】福费廷是指银行(或包买人)对国际贸易延期付款方式中出口商持有的远期承兑汇票或本票进行无追索权的贴现(即买断)。故从业务运作实质来看,福费廷就是远期票据贴现。

67. B 【解析】贴现付款额 = 10000 × (1 - 10% × 72 ÷ 360) = 9800(元)。

68. A 【解析】GDP是衡量一国(或地区)整体经济状况的主要指标,CDP增长率是反映一定时期经济发展水平变化程度的动态指标。

69. A 【解析】从广义上说,汇票、本票、支票都属于银行的结算凭证,但作为金融凭证诈骗罪行为对象的金融凭证,则仅指伪造、变造的委托收款凭证、汇款凭证及银行存单等其他银行结算凭证。

70. A 【解析】固定汇率是指本国货币与其他国家货币之间维持一个固定比率,汇率波动只能限制在一定范围内的汇率,由官方干预来保证汇率的稳定。

71. C 【解析】商业银行不得向关系人发放信用贷款;向关系人发放担保贷款的条件不得优于其他借款人同类贷款的条件。

72. C 【解析】银行业从业人员的下述行为明显违反信息保密的规定:①向与业务无关人员或其他组织,包括向其所在机构同事透露客户的个人信息,如婚姻状况、家庭住址、电话号码、身份证号码、财产、住房,以及其他客户不愿让他人知晓的信息;②出于好奇或其他目的向其他同事打听客户的个人信息和交易信息;③不妥善保管或销毁填有客户信息的单据、凭证、开户申请书或交易指令等,如将这些书面材料随意扔在废纸篓里,或将这些资料再度用作打印纸,使得无关人员有机会接触到客户的个人信息;④将客户信息用于未经客户许可的其他目的。

73. C 【解析】银行业金融机构严重违反审慎经营规则的,根据《中华人民共和国银行业监督管理法》的规定,由国务院银行业监督管理机构责令改正,并处20万元以上50万元以下罚款;情节特别严重或者逾期不改正的,可以责令停业整顿或者吊销其经营许可证;构成犯罪的,依法追究刑事责任。

74. D 【解析】银行账户利率风险是指因利率水平、期限结构等要素发生不利变动,导致银行账户整体收益和经济价值遭受损失的风险。

75. C 【解析】流动性比例是最常用的财务指标,它用于测量企业偿还短期债务的能力。计算公式为:流动性比例 = 流动性资产余额/流动性负债余额 × 100%。所以,该银行流动性比例 = 0.5 ÷ 1.5 × 100% ≈ 33.3%。

76. B 【解析】银行业从业人员在向客户进行营销活动之时,应该坚持以下做法:①应从有利和不利两个方面向客户作出全面的产品介绍;②对产品涉及的主要风险尤其是该产品特有的风险进行特别提示;③提醒客户留意合约中的免责条款;④在客户提出问题之时,应本着诚实信用的原则解答,不应为完成销售任务,对产品存在的风险视而不见,或者刻意隐瞒。

77. A 【解析】支票是出票人签发的,委托出票人支票账户所在的银行在见票时无条件支付确定的金额给收款人或持票人的票据,可用于单位和个人的各种款项结算。

78. C 【解析】银行本票是银行签发的,承诺在见票时无条件支付确定金额给收款人或者持票人的票据。

79. C 【解析】票据丧失的补救措施有挂失止付、公示催告、提起诉讼。

80. B 【解析】根据《中华人民共和国民法典》的规定,要约是希望和他人订立合同的意思表示。存款合同的订立须经要约和承诺两个阶段,存款客户向存款机构提供的转账凭证或填写的存款凭条是要约。本题中"要约人"为存款客户,"受要约人"为存款机构。

81. C 【解析】根据《中华人民共和国民法典》的规定,债权人与保证人可以约定保证期间,但是约定的保证期间早于主债务履行期限或者与主债务履行期限同时届满的,视为没有约定;没有约定或者约定不明确的,保证期间为主债务履行期限届满之日起6个月。

82. C 【解析】选项C,留置权具有不可分性,即债权得到全部清偿之前,留置权人有权留置全部标的物。

83. A 【解析】采用数据电文形式订立合同,收件人指定特定系统接收数据电文的,该数据电文进入该特定系统的时间,视为到达时间;未指定特定系统的,该数据电文进入收件人的任何系统的首次时间,视为到达时间。

84. A 【解析】根据《中华人民共和国合同法》的规定,可撤销合同的类型有以下几种:①因重大误解订立的合同;②显失公平的合同;③因欺诈而订立的合同;④因胁迫而订立的合同;⑤乘人之危的合同。选项A,以合法形式掩盖非法目的而订立的合同属于无效合同。

85. C 【解析】选项C,抵销不得附条件或者附期限。

86. B 【解析】立有数份遗嘱,内容相抵触的,以最后的遗嘱为准。故选项B说法错误。选项A、选项C、选项D说法均正确。

87. A 【解析】票据权利在下列期限内不行使而消灭:持票人对票据的出票人和承兑人的权利,自票据到期日起2年,见票即付的汇票、本票,自出票日起2年;持票人对支票出票人的权利,自出票日起6个月;持票人对前手的追索权,自被拒绝承兑或者被拒绝付款之日起6个月;持票人对前手的再追索权,自清偿日或者被提起诉讼之日起3个月。

88. C 【解析】"委托、信托的财产",主要是指在当前的委托理财业务中,存放在各类金融机构中的以下几类客户资金和资产:①证券投资业务中的客户交易资金;②委托理财业务中的客户资产;③信托业务中的信托财产,分为资金信托和一般财产信托;④证券投资基金,是指通过公开发售基金份额募集的客户资金。

89. D 【解析】票据贴现是指未到期票据的买卖行为,持有未到期票据的人通过卖出票据得到现款。向商业银行申请贴现的票据须是已承兑票据。承兑是指汇票的付款人承诺负担票据债务的行为。出票人签发汇票,并不等于付款人就一定付款,持票人为确定汇票到期时能得到付款,在汇票到期前向付款人进行承兑提示。付款人签字承兑,就是对汇票的到期付款承担责任。

90. C 【解析】国有独资公司是我国《中华人民共和国公司法》所规定的一类特殊的有限责任公司,它只有一个股东,即国家。

二、多项选择题

91. BDE 【解析】中央银行的业务活动具有不以营利为目的、不经营普通银行业务、在制定和执行国家货币方针政策时具有相对独立性等特征。

92. ABCD 【解析】银行作为信用中介,克服了企业之间直接借贷的种种局限性,如在资本数量、借贷时间、空间上不一致性及不了解信用能力等局限性。通过信用中介职能对资本进行再分配,使货币资本得到充分有效的运用,加速了资本的周转,促进了生产的发展。

93. ABCDE 【解析】选项A、选项B、选项C、选项D、选项E表述均正确。

94. CD 【解析】要约是希望和他人订立合同的意思表示,该意思表示应当符合下列规定:①内容具体确定;②表明经受要约人承诺,要约人即受该意思表示约束。故选项C说法错误。要约可以撤回。撤回要约的通知应当在要约到达受要约人之前或者与要约同时到达受要约人,故选项D说法错误。

95. ABCDE 【解析】销售人员从事理财产品销售活动,不得有下列情形:①在销售活动中为自己或他人牟取不正当利益,承诺进行利益输送,通过给予他人财物或利益,或接受他人给予的财物或利益等形式进行商业贿赂;②诋毁其他机构的理财产品或销售人员;③散布虚假信息,扰乱市场秩序;④违规接受投资者全权委托,私自代理投资者进行理财产品认购、赎回等交易;⑤违规对投资者作出盈亏承诺,或与投资者以口头或书面形式约定利益分成或亏损分担;⑥挪用投资者交易资金或理财产品;⑦擅自更改投资者交易指令;⑧其他可能有损投资者合法权益和所在机构声誉的行为。

96. ACD 【解析】我国的刑罚可以分为主刑和附加刑。主刑包括管制、拘役、有期徒刑、无期徒刑和死刑。附加刑包括罚金、剥夺政治权利和没收财产。

97. ABCE 【解析】未经批准在名称中使用"银行"字样的,由国务院银行业监督管理机构责令改正,有违法所得的,没收违法所得,违法所得5万元以上的,并处违法所得1倍以上5倍以下罚款;没有违法所得或者违法所得不足5万元的,处5万元以上50万元以下罚款。

98. CD 【解析】非国家工作人员受贿罪是指非国有的公司、企业或者其他单位的非国家工作人员利用职务上的便利,索取他人财物或非法收受他人财物,为他人谋取利益,数额较大的行为。银行人员职务犯罪又称为内部犯罪,包括贪污、受贿、挪用公款、签订合同失职罪等。

99. ACD 【解析】汇率变动对一国国际储备的影响,可以表现为对国际储备存量和增量的影响。一方面,从对国际储备存量的影响来看,一国外汇储备中,如果储备货币的汇率上升,外汇储备的实际价值增加。反之,外汇储备的实际价值减少。另一方面,从国际储备的增量来看,在不考虑其他因素的情况下,如果本币贬值,将刺激出口,使外汇收入和外汇储备增加。反之,情况恰好相反。

100. ACE 【解析】以回购方式进行的债券交易其实是一种有抵押的贷款。故选项B、选项D表述错误。

101. AC 【解析】银行业自律规范是指由银行业协会经过其章程规定的程序通过的对全体会员具有一定约束力的行业规范及公约。

102. ACDE 【解析】《中华人民共和国银行业监督管理法》规定,国务院银行业监督管理机构及其派出机构应当责令银行业金融机构按照规定,如实向社会公众披露财务会计报告、风险管理状况、董事和高级管理人员变更以及其他重大事项等信息。

103. ABCDE 【解析】经监管部门批准,融资性担保公司可以兼营以下部分或全部业务:诉讼保全担保;投标担保、预付款担保、工程履约担保、尾付款如约偿付担保等其他履约担保业务;与担保业务有关的融资咨询、财务顾问等中介服务;以自有资金进行投资等。

104. ACDE 【解析】信用卡业务除了可刷卡消费、预借现金外,还具有存取现金、转账、支付结算、代收代付、通存通兑、网上购物等多样化功能。

105. DE 【解析】抵押物的范围:①建筑物和其他土地附着物;②建设用地使用权;③海域使用权;④生产设备、原材料、半成品、产品;⑤正在建造的建筑物、船舶、航空器;⑥交通运输工具;⑦法律、行政法规未禁止抵押的其他财产。故选项D、选项E正确。

106. CD 【解析】当一国提高利率水平或本国利率高于外国利率时,会引起资本流入,由此对本国货币需求增大,使本币升值,外汇贬值;反之,当一国降低利率或本国利率低于外国利率时,会引起资本从本国流出,由此对外汇需求增大,外汇升值,本币贬值。

107. ABC 【解析】风险加权资产包括信用风险加权资产、市场风险加权资产和操作风险加权资产。

108. DE 【解析】中国人民银行的主要职责:①发布与履行其职责有关的命令和规章;②依法制定和执行货币政策;③发行人民币,管理人民币流通;④监督管理银行间同业拆借市场和银行间债券市场;⑤实施外汇管理,监督管理银行间外汇市场;⑥监督管理黄金市场;⑦持有、管理、经营国家外汇储备、黄金储备;⑧经理国库;⑨维护支付、清算系统的正常运行;⑩指导、部署金融业反洗钱工作,负责反洗钱的资金监测;⑪负责金融业的统计、调查、分析和预测;⑫作为国家的中央银行,从事有关的国际金融活动;⑬国务院规定的其他职责。

109. BDE 【解析】个人存款是指居民个人将闲置不用的货币资金存入银行,并可以随时或按约定时间支取的一种信用行为,是银行对存款人的负债,包括活期存款、定期存款、定活两便存款、个人通知存款、教育储蓄存款和保证金存款。银行在办理储蓄业务时,应遵循"存款自愿、取款自由、存款有息、为存款人保密"的原则。

110. ABD 【解析】由中国银行保险监督管理委员会负责监管的非银行金融机构包括金融资产管理公司、信托公司、企业集团财务公司、金融租赁公司、汽车金融公司、货币经纪公司、贷款公司和消费金融公司。

111. AB 【解析】货币在表现商品的价值并衡量商品价值量的大小时,执行价值尺度的职能;在商品交换中,当货币作为交换的媒介实现商品的价值时就执行流通手段的职能。

112. ADE 【解析】伪造、变造金融票证罪客观方面表现为伪造、变造金融票证的行为,包括以下内容:①伪造、变造汇票、支票、本票;②伪造、变造委托收款凭证、汇款凭证、银行存单等其他银行结算凭证;③伪造、变造信用证或者附随的单据、文件;④伪造信用卡。

113. ABCE 【解析】选项D,人民币升值可能会增加我国商业银行面临的汇率风险,例如,当人民币升值时,企业购汇、持汇意愿明显下降,远期结售汇签约增长异常,易产生外汇交易风险。

114. BD 【解析】《中华人民共和国公司法》主要根据股东承担责任的范围将公司分为股份有限公司和有限责任公司。

115. AC 【解析】金融工具的风险主要有两类:①信用风险或称违约风险,即债务人不履行合同,不能按约定的期限和利息还本付息的风险;②市场风险,即因经济环境、市场利率变化或者证券市场上不可预见的一些因素的变化,导致金融工具价格下跌,从而给投资人带来损失。

116. ABD 【解析】中央银行的产生是集中统一银行券发行的需要、是统一票据交换及清算的需要、是"最后贷款人"的需要、是对金融业统一管理的需要。选项C,贯彻并配合政府社会经济政策或意图是政策性银行的任务;选项E,充当支付中介是商业银行的职能之一。

117. ABDE 【解析】单位资本项目外汇账户包括贷款(外债及转贷款)专户、还贷专户、发行外币股票专户、B股交易专户等。

118. BDE 【解析】在商品交换中,当货币作为交换的媒介实现商品的价值时执行流通手段的职能。题干中以活期存款方式存入银行体现了这一职能。货币在表现商品的价值并衡量商品价值量的大小时,执行价值尺度的职能。题干中到商店购买商品体现了这一职能。货币在实现价值的单方面转移时执行支付手段的职能。题干中发工资、缴纳电费体现了这一职能。

119. CDE 【解析】保险关系中的保险人,享有收取保险费、建立保险费基金的权利;当保险事故发生时,有义务赔偿被保险人的经济损失。

120. BCE 【解析】票据是一种无因证券。票据的持票人行使票据权利时,无须说明其取得票据的原因,只要占有票据就可以行使票据权利,持票人无说明的义务,债务人也无审查的权利,即使取得票据的原因关系无效,对票据关系也不发生影响。票据权利是持票人因合法拥有票据而向票据债务人请求支付票据金额的权利。票据的流通性是指除票据特别注明外,票据在到期前可以通过背书方式转让而流通。本题不涉及违反流通性。

121. ACDE 【解析】存款利率是银行的融资成本,存款利率越高,银行的融资成本越高,利润越低。故选项B说法错误。

122. ACDE 【解析】公司董事会职责主要包括以下内容:①负责召集股东会,并向股东会报告工作;②执行股东大会决议,负责公司日常经营决策;③聘任或者解聘公司经理,制定公司基本管理制度;④对股东会负责,接受股东会监督。

123. ACDE 【解析】根据《中华人民共和国银行业监督管理法》的规定,在中华人民共和国境内设立的商业银行、城市信用合作社、农村信用合作社等吸收公众存款的金融机构以及政策性银行;在中华人民共和国境内设立的金融资产管理公司、信托投资公司、财务公司、金融租赁公司以及经国务院银行业监督管理机构批准设立的其他金融机构的监督管理,适用本法对银行业金融机构监督管理的规定。此外,国务院银行业监督管理机构依法对经其批准在境外设立的金融机构,以及上述境内金融机构在境外的业务活动实施监督管理。国务院银行业监督管理机构及其派出机构从事监督管理工作的人员的监管行为适用本法。

124. ABCDE 【解析】金融市场的主体是各类融资活动的参与者。它们既是资金的供应者,也是资金的需求者,一般包括工商企业、金融机构、中央银行、居民个人与家庭、政府、海外投资者等。故选项A、选项C表述正确。金融市场的融资行为既包括以银行等金融机构为信用媒介的间接融资行为,也包括各类交易主体之间的直接融资行为。故选项B、选项D表述正确。金融市场的交易对象是货币资金,通常以金融工具为载体。故选项E表述正确。

125. DE 【解析】银行外汇牌价表中现钞是具体的、实在的外国纸币、硬币。故选项D、选项E正确。

126. BCD 【解析】当一国货币对外贬值时,出口商所换回的外汇可以在国内兑换更多的本国货币,而进口商则需要支付更多的本国货币兑换进口所需的外汇,因此,一国货币对外贬值会刺激出口、抑制进口。反之,若一国货币对外升值,不利出口,有利进口,导致该国贸易收支的恶化。

127. ACDE 【解析】银行的战略风险主要来源于四个方面:①商业银行战略目标缺乏整体兼容性;②为实现这些目标而制定的经营战略存在缺陷;③为实现目标所需要的资源匮乏;④整个战略实施过程中的质量难以保证,故选项A、选项C、选项D、选项E正确。

128. BC 【解析】选项A,商业银行有权拒绝任何单位和个人强令其发放贷款或提供担保(除国务院批准的特定贷款外);选项D,商业银行不得向关系人发放信用贷款,发放担保贷款的,条件不得优于其他借款人同类贷款条件;选项E,经商业银行审查、评估,确认借款人资信良好,确能偿还贷款的,可以不提供担保,发放信用贷款。

129. ABC 【解析】当一国存在较大国际收支逆差时,说明本国外汇收入比外汇支出少,对外汇的需求大于外汇供给,会造成外汇汇率上涨,本币对外贬值。

130. CDE 【解析】拆入资金用于弥补票据结算、联行汇差头寸的不足和解决临时性周转资金的需要。

三、判断题

131. A 【解析】题干表述正确。

132. A 【解析】公司被吊销营业执照,只是意味着公司被依法撤销。当清算程序结束并办理工商注销登记后,法人资格消灭。

133. B 【解析】融资流动性风险是指商业银行在不影响日常经营或财务状况的情况下,无法及时有效满足资金需求的风险,反映了商业银行在合理的时间、成本条件下迅速获取资金的能力。

134. B 【解析】同一存款客户只能在商业银行开立一个基本存款账户,但开立一般存款账户没有数量限制。

135. A 【解析】题干表述正确。

136. B 【解析】按投资者所拥有的权利划分,金融工具可分为债权工具、股权工具和混合工具。债权工具的代表是债券,股权工具的代表是股票,混合工具的代表是可转换公司债券和证券投资基金。

137. A 【解析】活期存款通常1元起存,从2005年9月21日起,我国对活期存款实行按季度结息,每季度末月的20日为结息日,次日付息。

138. B 【解析】教育储蓄是指父母为其子女接受非义务教育而储蓄的、到期一次支取本息的一种定期储蓄。教育储蓄的对象为在校小学四年级(含四年级)以上学生。该储种最低起存金额通常为50元,本金合计最高限额为2万元。存期分为1年、3年、6年。

139. B 【解析】操作风险具有普遍性,广泛存在于银行业务和管理的各个方面。操作风险还具有非营利性,它并不能为商业银行带来利润,商业银行之所以承担它是因为其不可避免,对它的管理策略是在管理成本一定的情况下尽可能降低操作风险。

140. B 【解析】因被所在机构开除、除名、辞退或因工资、福利发生的争议,在内部调解不成的情况下,从业人员也可以向专门的劳动争议仲裁委员会申请仲裁。当事人对仲裁裁决不服的,自收到裁决书之日起15日内,可以向人民法院起诉;期满不起诉的,裁决书即发生法律效力。

141. A 【解析】题干表述正确。

142. B 【解析】从风险管理的角度看,银行承担的非预期损失要靠银行持有的资本进行覆盖。

143. A 【解析】题干表述正确。

144. A 【解析】题干表述正确。

145. B 【解析】按是否向发卡银行交存备用金,信用卡分为贷记卡和准贷记卡两类,而随着信用和资产等级的提高,发卡机构对信用卡和借记卡均逐步推出了普通卡、金卡、白金卡、钻石卡等银行卡产品。

2022

新增真考290题

考前摸底仿真卷2套

• 银行业法律法规与综合能力

《银行业法律法规与综合能力》考前摸底仿真卷

考前摸底仿真卷(一)

一、单项选择题。以下各小题所给出的四个选项中,只有一项符合题目要求,请选择相应选项,不选、错选均不得分(共90题,每题0.5分,共45分)。

1. 当企业法人不能清偿到期债务,并且资产不足以清偿全部债务或者明显缺乏清偿能力的,可以向人民法院提出的申请不包括(　　)。
A. 免偿部分债务　B. 破产重整　C. 破产和解　D. 破产清算
2. 按当年不变价格计算的国内生产总值与按基年不变价格计算的国内生产总值的比率是(　　)。
A. 消费者物价指数　B. 生产者物价指数
C. 通货膨胀率　D. 国内生产总值物价平减指数
3. 当中央银行需要增加货币供应量时,可利用公开市场操作(　　)。
A. 提前兑付中央银行票据　B. 允许提前支取特种存款
C. 买入证券　D. 卖出证券
4. 下列关于人民币的法定管理部门,说法错误的是(　　)。
A. 人民币由中国人民银行统一印制、发行
B. 中国人民银行发行新版人民币时,只需将发行时间予以公告
C. 残缺、污损的人民币,按照中国人民银行的规定兑换,并由中国人民银行负责收回、销毁
D. 中国人民银行设立人民币发行库,在其分支机构设立分支库
5. 宏观经济分析是以(　　)作为考察对象,研究各个有关的(　　)及其变动。
A. 整个国民经济活动;总量　B. 国民生产总值;经济指标
C. 物价指数;分量　D. 国内生产总值;经济指标
6. (　　)是设立于上海证券交易所下的、独立于现有主板市场的新设板块。
A. 第二板　B. 科创板　C. 新三板　D. 中小板
7. 个人贷款最主要的组成部分是(　　)。
A. 个人消费贷款　B. 个人住房贷款
C. 个人经营贷款　D. 个人信用卡透支
8. 由于挤兑风波导致商业银行倒闭的风险属于(　　)。
A. 国家风险　B. 流动性风险　C. 法律风险　D. 操作风险
9. (　　)是贷款全流程管理的首要环节。
A. 收集借款人信息　B. 贷款申请　C. 风险评价　D. 受理与调查
10. 商业银行向某企业因进货的临时性资金需要和支付性资金不足发放的贷款一般是(　　)。
A. 流动资金贷款　B. 固定资产贷款
C. 并购贷款　D. 房地产贷款
11. 下列合同中可能存在留置权的是(　　)。
A. 劳务合同　B. 加工承揽合同
C. 房屋租赁合同　D. 借款合同
12. 一对夫妻欲离婚,下列各项属于他们夫妻共同财产的是(　　)。
A. 婚姻关系存续期间一方专用的生活用品
B. 出租一方婚前所购房屋获得的租金2万元
C. 婚姻关系存续期间,夫妻各自和共同劳动所得的收入60万元
D. 虽属一方的婚前财产,但在婚后共同生活中双方共同长期使用的房屋两套、汽车一辆
13. 下列职业操守中,(　　)要求银行业从业人员应当具备现代金融岗位所需的专业知识、执业资格与专业技能。
A. 依法合规　B. 专业胜任　C. 勤勉履职　D. 诚实守信

14. 失票人应当在通知挂失止付后(　　)日内,也可以在票据丧失后,依法向人民法院申请公示催告,或向人民法院提起诉讼。
A. 1　　B. 3　　C. 5　　D. 10
15. 私募股权基金的特点不包括(　　)。
A. 投资期限长　　B. 流动性好
C. 专业性较强　　D. 投后管理投入资源多
16. 股票价格风险属于(　　)。
A. 信用风险　　B. 市场风险　　C. 操作风险　　D. 流动性风险
17. 我国某商业银行当前股价为 5 元/股,发行的总股票数量为 3565 亿份,2020 年净利润为 1502 亿元,则该商业银行当前总市值是(　　)。
A. 5 亿元　　B. 17825 亿元　　C. 3565 亿元　　D. 1502 亿元
18. 下列关于资本的说法,不正确的是(　　)。
A. 会计资本也就是账面资本
B. 监管资本又称为风险资本
C. 监管资本是银行按照监管要求应当持有的最低资本量或最低资本要求
D. 经济资本是根据银行资产的风险程度计算出来的
19. 银行资本发挥的作用比一般企业资本发挥的作用更为重要,下列不属于银行资本作用的是(　　)。
A. 避免损失　　B. 维持市场信心
C. 限制业务过度扩张　　D. 为银行提供融资
20. 内部控制应当坚持风险为本、审慎经营的理念,设立机构或开办业务均应坚持内控优先,这体现了内部控制的(　　)。
A. 有效性原则　　B. 审慎性原则　　C. 制衡性原则　　D. 相匹配原则
21. 存款是存款人基于对银行的信任而将资金存入的一种(　　)。
A. 托管行为　　B. 信用行为　　C. 代理行为　　D. 票据行为
22. 重组后的贷款如果仍然逾期,或借款人仍然无力归还贷款,至少应该将其归为(　　)。
A. 损失类贷款　　B. 可疑类贷款
C. 关注类贷款　　D. 次级类贷款
23. (　　)负责保证银行建立并实施充分有效的内部控制体系。
A. 股东大会　　B. 高级管理层
C. 监事会　　D. 董事会
24. (　　)直接关系到商业银行预期收益的实现和信贷资金的安全。
A. 受理与调查　　B. 贷后管理
C. 贷款回收与处置　　D. 信贷档案管理
25. (　　)周岁以上不满(　　)周岁的自然人,以自己的劳动收入为主要生活来源的,视为完全民事行为能力人。
A. 14; 16　　B. 14; 18　　C. 16; 18　　D. 16; 20
26. 中国人民银行的监督管理措施不包括(　　)。
A. 直接检查监督权　　B. 建议检查监督权
C. 在特定情况下的检查监督权　　D. 延伸调查权
27. 下列不属于商业银行公司治理制衡机制的是(　　)。
A. 履职要求　　B. 职责边界　　C. 激励约束　　D. 组织架构
28. 下列属于国民经济第三产业的是(　　)。
A. 制造业　　B. 林业　　C. 银行业　　D. 建筑业
29. 在我国的货币层次中,M_2 与 M_1 之差被称(　　)。
A. 实物货币　　B. 狭义货币　　C. 广义货币　　D. 准货币
30. (　　)是指监管部门对银行市场运行状况进行系统、及时的信息收集和信息处理,以维护市场秩序和防范市场风险。
A. 银行监督　　B. 银行管理　　C. 银行自律　　D. 银行监管

31. 银行业金融机构强化内控案防管理，通过大数据等系统排查手段，强化对员工异常行为的监督，不包括(　　)。
A. 是否有进行员工教育
B. 员工与客户之间是否存在经济往来
C. 是否有大额资金进出
D. 员工与员工之间是否有不正当经济往来

32. 某信用社为了争揽储户，在存款时以先支付利息等手段来吸收公众存款，这种行为属于非法吸收公众存款罪中的(　　)。
A. 主体不合法
B. 方式不合法
C. 客体不合法
D. 以上皆不属于

33. 以下不属于商业银行类型划分方式的是(　　)。
A. 从企业法人角度划分
B. 从内部管理模式划分
C. 从盈利能力角度划分
D. 从管理会计角度划分

34. 以下关于合同成立的描述，不恰当的是(　　)。
A. 当事人采用合同书形式订立合同的，自当事人均签名、盖章或者按指印时合同成立
B. 当事人采用信件、数据电文等形式订立合同要求签订确认书的，签订确认书时合同成立
C. 除当事人另有约定外，采用数据电文形式订立合同的，发件人的主营业地为合同成立的地点
D. 除当事人另有约定外，采用合同书形式订立合同的，最后签名、盖章或者按指印的地点为合同成立的地点

35. 公司设立是指公司发起人为促成公司成立并取得(　　)，依照法律规定的条件和程序所必须完成的一系列法律行为的总称。
A. 法人资格
B. 贷款资格
C. 公司名称
D. 公司注册资本

36. 商业银行因行使抵押权、质权而取得的不动产或者股权，应当自取得之日起(　　)年内予以处分。
A. 1
B. 2
C. 3
D. 4

37. 下列关于市场风险的管控手段，说法错误的是(　　)。
A. 商业银行实施市场风险管理的主要目的是确保将所承担的市场风险规模控制在可以承受的合理范围内，使所承担的市场风险水平与其风险管理能力和资本实力相匹配
B. 市场风险对冲是指通过投资或购买与管理基础资产收益波动负相关的某种资产或金融衍生产品来冲销风险的一种风险管理策略
C. 交易限额是指对总交易头寸或净交易头寸设定的限额
D. 止损限额是指所允许的最小损失额

38. 下列关于遗嘱继承与法定继承的说法，正确的是(　　)。
A. 法定继承优先于遗嘱继承
B. 遗嘱继承优先于法定继承
C. 遗嘱继承与法定继承无所谓谁优先
D. 遗嘱继承与法定继承不相干

39. 下列有关保护客户信息的说法，不正确的是(　　)。
A. 银行业从业人员应当妥善保存客户资料及其交易信息档案
B. 在受雇期间不得违规泄露任何客户资料和交易信息
C. 在离职后可以不受信息保密的约束
D. 不得将客户信息用于未经客户许可的其他目的

40. 票据丧失后，持票人可以(　　)，请求法院确认其票据权利。
A. 重新开立
B. 暂停支付
C. 仿真制造
D. 提起诉讼

41. 下列不属于全国性股份制商业银行的是(　　)。
A. 中国民生银行
B. 上海浦东发展银行
C. 平安银行
D. 中国农业发展银行

42. 银行凭出口商提供的信用证项下完备的货运单据作抵押，在收到开证行支付的货款之前，向出口商融通资金的业务是指(　　)。
A. 进口押汇
B. 保理
C. 福费廷
D. 出口押汇

43. 根据《中华人民共和国反洗钱法》的规定，当银行与客户结束业务关系时，对于客户此前的开户资料与交易信息，银行应该(　　)。
A. 立即销毁
B. 退还给该客户
C. 卖给其他公司
D. 至少保存5年

44. 银行账户(　　)是指因利率水平、期限结构等要素发生不利变动,导致银行账户整体收益和经济价值遭受损失的风险。
A. 信用风险　B. 汇率风险　C. 操作风险　D. 利率风险
45. 中央银行在金融市场上买卖证券的目的是(　　)。
A. 调控经济　B. 获取利润
C. 投资商业银行　D. 增加储备
46. 当一国利率水平高于外国利率时,会引起(　　)。
A. 资本流出　B. 外汇升值,本币贬值
C. 对外汇需求增大　D. 对本国货币需求增大
47. 就监督管理部分而言,第十届全国人民代表大会常务委员会第六次会议通过的《中华人民共和国中国人民银行法修正案(草案)》修订的重点是(　　)。
A. 中国人民银行开始行使直接审批金融机构的职能
B. 中国人民银行开始行使反洗钱的职能
C. 将原属于中国人民银行履行的对银行业的监督管理职能划分出来,移交给原银监会
D. 中国人民银行开始行使直接检查监督权
48. 代保管业务经营风险是一种(　　)。
A. 声誉风险　B. 市场风险　C. 信用风险　D. 操作风险
49. 下列不能够成为银行业务民事主体的是(　　)。
A. 自然人　B. 非法人组织　C. 房产　D. 法人
50. 金融市场按交割时间划分,可分为(　　)。
A. 一级市场和二级市场　B. 资本市场和货币市场
C. 现货市场和期货市场　D. 场内交易市场和场外交易市场
51. 银行业从业人员应当秉持(　　)的理念,以服务国家战略、服务实体经济、服务客户为天职,借助科技赋能,竭诚为客户和社会提供规范、快捷、高效的金融服务。
A. 以人为本　B. 服务为本　C. 以风险为本　D. 以战略为本
52. (　　)是指由于市场深度不足或市场动荡,商业银行无法以合理的市场价格出售资产以获得资金的风险,反映了商业银行在无损失或微小损失情况下迅速变现的能力。
A. 市场流动性风险　B. 融资流动性风险
C. 商品价格风险　D. 信用风险
53. 下列关于商业银行借记卡使用的表述,正确的是(　　)。
A. 可以从 ATM 机取现　B. 可以透支
C. 不可转账结算　D. 不可以直接刷卡消费
54. 下列说法不正确的是(　　)。
A. 利息是伴随着信用关系的发展而产生　B. 利息是从属于信用活动的经济范畴
C. 利息是产品使用价值的一部分　D. 利息反映所处生产方式的生产关系
55. 下列储蓄存款中,使用复利计取利息的是(　　)。
A. 3 年期整存整取的定期存款　B. 6 年期的教育储蓄存款
C. 活期存款　D. 定活两便储蓄存款
56. 由企业签发、银行承兑的票据称为(　　)。
A. 银行汇票　B. 商业承兑汇票
C. 银行本票　D. 银行承兑汇票
57. 下列关于保险合同的成立与生效,叙述有误的一项是(　　)。
A. 投保人提出保险要求,经保险人同意承保,保险合同成立
B. 保险人应当及时向投保人签发保险单或者其他保险凭证
C. 依法成立的保险合同,自成立时生效
D. 投保人可以对合同的效力约定附条件或者附期限,保险人不可以
58. 从企业法人角度来看,我国商业银行组织架构的主流形式是(　　)组织架构。
A. 统一法人　B. 多法人
C. 以区域管理为主的总分行型　D. 以业务线管理为主的事业部制

59. 下列选项中,属于法人的是(　　)。
A. 依法登记领取营业执照的私营独资企业、合伙组织
B. 依法登记领取营业执照的合伙型联营企业
C. 经民政部门核准登记领取社会团体登记证的社会团体
D. 从事非营利性的社会公益事业的法人
60. 在商品交换中,当货币作为交换的媒介实现商品的价值时就执行(　　)的职能。
A. 价值尺度　B. 流通手段　C. 贮藏手段　D. 支付手段
61. 进入银行业金融机构进行现场检查,应当经银行监督管理机构负责人批准,且检查人员不得少于(　　),并应当出示合法证件和检查通知书。
A. 7 人　B. 3 人　C. 5 人　D. 2 人
62. 商业银行市场风险管控手段中,对总交易头寸和净交易头寸设定限额,即(　　)。
A. 交易限额　B. 风险限额
C. 止损限额　D. 风险对冲
63.《中华人民共和国刑法》规定,已满(　　)的人犯罪,为完全负刑事责任年龄阶段。
A. 18 周岁　B. 16 周岁　C. 22 周岁　D. 20 周岁
64. 对擅自设立银行业金融机构或者非法从事银行业金融机构业务活动的,由国务院银行业监督管理机构予以(　　)。
A. 限期纠正　B. 批评　C. 警告　D. 取缔
65. 银行承兑汇票的(　　)必须与承兑银行具有真实的委托付款关系,并且具有支付汇票金额的可靠资金来源。
A. 出票人　B. 背书人　C. 保证人　D. 承兑人
66. 根据《中华人民共和国刑法》的规定,使用伪造、变造的委托收款凭证、汇款凭证、银行存单等其他银行结算凭证进行诈骗活动的行为涉嫌构成(　　)。
A. 贷款诈骗罪　B. 金融凭证诈骗罪
C. 票据诈骗罪　D. 信用证诈骗罪
67. 当居民、企业等经济主体的收入增加时,他们对货币的需求会(　　)。
A. 增加　B. 减少　C. 不确定　D. 不变
68. 以公司股东承担责任的范围和形式为标准对公司进行分类,不包括(　　)。
A. 无限公司　B. 有限责任公司
C. 股份有限公司　D. 合伙企业
69. 对非住宅部分投资占总投资比例超过 50% 的综合性房地产项目,其贷款也视同(　　)。
A. 个人住房贷款　B. 商业用房开发贷款
C. 住房开发贷款　D. 流动资金贷款
70. 从理论上讲,银行持有资本是为了覆盖银行所面临的是(　　)。
A. 贷款损失　B. 预期损失
C. 极端损失　D. 非预期损失
71. "以防控风险、有效处置、修复形象为声誉风险管理最终标准,建立科学合理、及时高效的风险防范及应对处置机制,确保能够快速响应、协同应对、高效处置声誉事件,及时修复机构受损声誉和社会形象"体现了声誉风险管理的(　　)。
A. 前瞻性原则　B. 匹配性原则
C. 全覆盖原则　D. 有效性原则
72. 根据 2011 年发布的《商业银行贷款损失准备管理办法》,我国商业银行贷款拨备率的基本标准为(　　)。
A. 2%　B. 4%　C. 4.5%　D. 2.5%
73. 下列不属于违法行为的是(　　)。
A. 公司吸收社会公众存款
B. 伪造、变造汇票、支票、本票
C. 银行工作人员为不符合条件的社会公益组织出具资信证明
D. 银行经客户同意运用客户资金进行债券投资

74. 某银行会计先后多次从无锡等地购回假人民币 25 万余元,并将其换取真币牟利,下列对他的处罚正确的是(　　)。
A. 以金融工作人员购买假币、以假币换取货币罪一罪处罚
B. 以金融工作人员出售、运输假币罪和使用假币罪数罪并罚
C. 以金融工作人员购买假币罪从重处罚
D. 以金融工作人员以假币换取货币罪从重处罚

75. 下列金融工具中,不属于短期金融工具的是(　　)。
A. 可转让大额定期存单　　B. 商业票据
C. 银行承兑汇票　　D. 企业债券

76. 随市场供求变化而自由变动的汇率是(　　)。
A. 固定汇率　　B. 浮动汇率　　C. 市场汇率　　D. 名义汇率

77. 下列不属于商业银行代理业务的是(　　)。
A. 代理银行业务　　B. 代理证券业务
C. 代理保险业务　　D. 代理期货业务

78. 在金本位制度下,汇率的决定基础是(　　)。
A. 购买力平价　　B. 黄金输送点　　C. 利率平价　　D. 铸币平价

79. 下列有关商业银行经济资本的表述,错误的是(　　)。
A. 经济资本是银行实际已经拥有的资本
B. 经济资本是银行的一种内部管理工具
C. 经济资本本质上是一个风险概念,因而又称为风险资本
D. 经济资本是指在一定的置信度水平下,为了应对未来一定期限内资产的非预期损失而应该持有或需要的资本金

80. 下列表述不属于商业银行操作风险的是(　　)。
A. 银行借贷人员与贷款企业勾结骗取银行借贷
B. 商业银行资金交易员超越权限范围进行交易
C. 商业银行理财产品收益率未达到预期收益,从而对银行声誉产生影响
D. 由于清算人员过失造成客户证券清算资金未能及时入账

81. 我国居民在股票交易市场上将持有的股票转让,该交易市场为(　　)。
A. 货币市场　　B. 期货市场　　C. 发行市场　　D. 二级市场

82. 重组是国务院银行业监督管理机构对问题银行业金融机构进行处置的一种方式。对于重组失败的,国务院银行业监督管理机构可以决定终止重组,转由(　　)依法宣告破产。
A. 人民法院　　B. 人民检察院　　C. 国务院　　D. 中国人民银行

83. (　　)是商业银行资本管理、市值管理与风险管理理论的有效统一。
A. 资本管理　　B. 资产负债计划管理
C. 资产负债组合管理　　D. 定价管理

84. 境内机构原则上可以开立(　　)经常项目外汇账户。
A. 1 个　　B. 2 个　　C. 3 个　　D. 视情况而定

85. 某银行风险加权资产为 10000 亿元,若不考虑扣除项因素,则根据《巴塞尔新资本协议》,其资本不得(　　)亿元,核心资本不得(　　)亿元。
A. 低于 400;低于 800　　B. 低于 800;低于 400
C. 高于 400;高于 800　　D. 高于 800;高于 400

86. 下列属于商业银行可以发放信用贷款的客户是(　　)。
A. 个人信誉良好的本银行信贷经理的父亲　　B. 个人信誉良好的本银行行长
C. 个人信誉良好的本银行董事　　D. 个人信誉良好的公司职员

87. 某银行于 2021 年 4 月购买了 A 公司 500 万元人民币应收账款,这属于(　　)业务。
A. 负债　　B. 中间　　C. 担保　　D. 保理

88. 存款准备金政策是以(　　)为基础来实现的。
A. 商业银行的货币创造功能　　B. 中央银行业务指导
C. 常备借贷便利　　D. 抵押补充贷款

89. 商业银行的授信额度有效期限是按照双方协议规定的，通常为(　　)。

A. 半年　B. 1 年　C. 2 年　D. 3 年

90. 临时存款账户的有效期最长不得超过(　　)年。

A. 2　B. 3　C. 5　D. 10

二、多项选择题。以下各小题所给出的五个选项中，有两项或两项以上符合题目的要求，请选择相应选项，多选、少选、错选均不得分(共 40 题，每题 1 分，共 40 分)。

91. 银行业从业人员应当厉行勤俭节约，珍惜资源，爱护财产。根据工作需要合理使用所在机构财物，禁止以任何方式(　　)所在机构财产。

A. 滥用　B. 挪用　C. 侵占

D. 浪费　E. 损害

92. 依据法律规定，国务院银行业监督管理机构及其派出机构依法对银行业金融机构进行检查时，可以对与涉嫌违法事项有关的单位和个人采取的措施有(　　)。

A. 询问有关单位和个人，要求说明有关情况

B. 对可能被转移、隐匿、毁损或者伪造的文件、资料，予以先行登记保存

C. 对违法事项有关的个人采取短暂的限制自由的强制措施

D. 冻结违法单位和个人的有关账号

E. 查阅、复制有关财务会计等文件

93. 声誉风险管理的基本原则有(　　)。

A. 匹配性原则　B. 前瞻性原则　C. 全覆盖原则

D. 有效性原则　E. 独立性原则

94. 商业银行定价管理可分为(　　)。

A. 外部产品定价　B. 盈利增长定价　C. 负债产品定价

D. 内部价格管理　E. 内部资金转移定价管理

95. 我国商业银行教育储蓄存款的特点包括(　　)。

A. 存期灵活　B. 手续烦琐　C. 储户特定

D. 利率优惠　E. 总额控制

96. 下列解散情形出现时，公司必须清算、清理债权债务的是(　　)。

A. 公司章程规定的营业期限届满或者公司章程规定的其他解散事由出现

B. 股东会或股东大会决议解散

C. 因公司合并需要解散

D. 公司被依法吊销营业执照

E. 公司分立需要解散

97. 我国政策性银行包括(　　)。

A. 国家开发银行　B. 中国进出口银行　C. 中国人民银行

D. 中国银行　E. 中国农业发展银行

98. 行为人出售、运输假币后又使用的，以(　　)处罚。

A. 出售假币罪　B. 运输假币罪　C. 伪造货币罪

D. 购买假币罪　E. 使用假币罪

99. 瑞士、开曼、巴拿马、巴哈马以及加勒比海和南太平洋的一些岛国被称为保密天堂。这些国家和地区一般具有的特征是(　　)。

A. 有严格的银行保密法　B. 没有资本管制

C. 有宽松的金融规则　D. 有自由的公司法和严格的公司保密法

E. 政治上持中立态度

100. 客户授信额度按照授信形式不同进行分类，包括(　　)。

A. 贷款额度　B. 开证额度

C. 开立银行承兑汇票额度　D. 出口保理额度

E. 进口押汇额度

101. 按照是否交存备用金,商业银行发行的信用卡可分为(　　)。
A. 准贷记卡　B. 贷记卡　C. 单位卡
D. 个人卡　E. 专用卡

102. 洗钱的常见方式包括(　　)。
A. 借用金融机构　B. 伪造商业票据
C. 利用犯罪所得直接购置不动产和动产　D. 通过证券和保险业洗钱
E. 使用空壳公司

103. 内部控制是商业银行(　　)参与的,通过制定和实施系统化的制度、流程和方法,实现控制目标的动态过程和机制。
A. 股东大会　B. 董事会　C. 监事会
D. 高级管理层　E. 全体员工

104. 下列哪些情形,持票人不得享有票据权利(　　)。
A. 以欺诈手段取得票据　B. 出于恶意取得票据
C. 有重大过失取得票据　D. 通过偷盗得到的票据
E. 无偿或者不以相当对价取得票据

105. 国家开发银行的主要业务包括(　　)。
A. 规划业务　B. 信贷业务　C. 资金业务
D. 营运业务　E. 综合金融业务

106. 证券发行管理制度主要有(　　)。
A. 审批制　B. 核准制　C. 注册制
D. 评审制　E. 混合制

107. 风险识别的目标在于帮助银行了解自身面临的风险及严重程度,其包括(　　)等环节。
A. 感知风险　B. 计量风险　C. 分析风险
D. 检测风险　E. 控制风险

108. 商业银行贷款承诺主要是用于(　　)。
A. 指定项目建设　B. 有价证券投资
C. 融资租赁支付　D. 企业经营周转
E. 经营租赁支付

109. 资产负债管理的策略包括(　　)。
A. 利用金融衍生工具杠杆化　B. 表内资产负债匹配
C. 内部资金转移定价　D. 表外工具规避表内风险
E. 利用证券化剥离表内风险

110. 职务侵占罪的犯罪主体为特殊主体,其包括(　　)。
A. 非国有的公司、企业或者其他单位的国家工作人员
B. 其他单位的非国家工作人员
C. 非国有的公司、企业的非国家工作人员
D. 国有企业的国家工作人员
E. 国家机关的工作人员

111. 名义利率与实际利率相比较,实际利率出现的情形有(　　)。
A. 名义利率高于通货膨胀率时,实际利率为负利率
B. 名义利率高于通货膨胀率时,实际利率为正利率
C. 名义利率等于通货膨胀率时,实际利率为零
D. 名义利率低于通货膨胀率时,实际利率为负利率
E. 名义利率低于通货膨胀率时,实际利率为正利率

112. 商业银行代理的中央银行业务包括(　　)。
A. 代理财政性存款　B. 代理金银
C. 代理国库　D. 代理现金支付
E. 代理资金结算

113. 根据我国《商业银行资本管理办法(试行)》的规定,下列属于商业银行核心一级资本的有(　　)。
A. 可转换债券　B. 未分配利润　C. 长期次级债
D. 优先股　E. 普通股
114. 第一版巴塞尔资本协议提出了两个层次的资本,分别是(　　)。
A. 核心资本　B. 资本公积　C. 附属资本
D. 实收资本　E. 资本利得
115. 下列属于《中华人民共和国民法典》规定的担保方式的有(　　)。
A. 保证　B. 抵押　C. 留置
D. 定金　E. 质押
116. 中国人民银行可以从事的业务和工作有(　　)。
A. 可以根据需要,为银行业金融机构开立账户
B. 中国人民银行会同国务院银行业监督管理机构制定支付结算规则
C. 协调银行业金融机构相互之间的清算事项
D. 对银行业金融机构的账户透支
E. 向A公司提供担保
117. 目前国际上主要的信用卡组织有(　　)。
A. 万事达卡国际组织　B. 维萨国际组织
C. 大莱信用卡有限公司　D. 中国银联
E. 美国运通国际股份有限公司
118. 银行业是一个具有较强规模效益的行业,这种规模效益体现在(　　)等方面。
A. 收入　B. 客户规模　C. 市场份额
D. 存贷款规模　E. 资产规模
119. 根据《中华人民共和国民法典》的规定,质权人的主要权利有(　　)。
A. 质权人有权收取质押财产的孳息,但合同另有约定的除外
B. 质权人可以放弃质权
C. 债务人不履行到期债务,质权人可以与出质人协议以质押财产折价
D. 质权人在质权存续期间,擅自使用、处分质押财产,给出质人造成损害的,无须承担赔偿责任
E. 妥善保管质押财产
120. 个人存款业务种类包括(　　)。
A. 活期存款　B. 教育储蓄存款　C. 定期存款
D. 个人通知存款　E. 定活两便存款
121. 商业银行发挥支付中介职能,对社会经济产生的作用包括(　　)。
A. 加快货币资本的周转
B. 节约现钞使用和降低流通成本
C. 为社会化大生产的顺利进行提供有利条件
D. 集中社会上闲置的货币资本进行再分配
E. 加快结算过程
122. 关于挪用资金罪,下列说法正确的有(　　)。
A. 犯罪主体是国家机关工作人员
B. 挪用资金用于国家法律、行政法规禁止的违法行为,不论挪用资金的数额和时间,均构成挪用资金罪
C. 客观方面表现为利用职务上的便利擅自挪用本单位资金归个人使用或者借贷给他人使用
D. 挪用资金的行为可以分为“超期未还型”“营利活动型”“非法活动型”三种情形
E. 以利用职务上的便利为前提
123. 下列犯罪必须以非法占有为目的的是(　　)。
A. 贷款诈骗罪　B. 票据诈骗罪
C. 集资诈骗罪　D. 金融凭证诈骗罪
E. 非法吸收公众存款罪

124. 商业银行在办理负债业务的基础上,通过为客户办理(　　)来发挥其支付中介的职能。
A. 融资代理　B. 代收代付　C. 信托租赁
D. 货币兑换　E. 存款转移

125. 以下属于商业银行内部控制保障体系的要素的是(　　)。
A. 报告机制　B. 风险识别　C. 人员管理
D. 信息系统控制　E. 内控文化

126. 商业银行建立合规风险管理体系应包括的基本要素有(　　)。
A. 合规政策　B. 合规管理部门的组织结构和资源
C. 合规风险管理计划　D. 合规风险识别和管理流程
E. 合规培训与教育制度

127. 商业汇票是委托付款人在见票时或者在指定日期无条件支付确定的金额给收款人或者持票人的票据。下列说法正确的有(　　)。
A. 商业汇票是出票人签发的　B. 银行承兑汇票由银行承兑
C. 商业承兑汇票由银行以外的付款人承兑　D. 银行承兑汇票由付款人承兑
E. 商业承兑汇票由银行承兑

128. 下列关于物权的法律特征,说法正确的有(　　)。
A. 物权是绝对权　B. 物权是支配权
C. 物权的标的是物　D. 物权具有非排他性
E. 物权具有追及力

129. 战略风险的主要来源包括(　　)。
A. 商业银行战略目标缺乏整体兼容性　B. 为实现目标而制定的经营战略存在缺陷
C. 为实现目标所需要的资源匮乏　D. 整个战略实施过程中的质量难以保证
E. 上层决策不当

130. 银行业从业人员的职业操守包括(　　)。
A. 依法合规　B. 勤勉履职　C. 诚实守信
D. 专业胜任　E. 严守秘密

三、判断题。请对以下各项描述做出判断,正确的为 A,错误的为 B(共 15 题,每题 1 分,共 15 分)。

131. 最高额抵押权设立前已经存在的债权,经当事人同意,可以转入最高额抵押担保的债权范围。(　　)

132. 跟单托收要同时附有金融单据和发票、运输单据等商业单据。(　　)

133. 同业存放属于商业银行的资产业务。(　　)

134. 按地域划分,清算业务可分为国内联行清算和国际清算。(　　)

135. 回购市场形成的资金价格信号,反映了整个金融体系的资金供求状况和流动性状况,在货币政策传导和整个金融市场中起到基础性作用。(　　)

136. 非公开发行,也称私募发行,是指采用非公开的方式,向特定的对象发行的行为。(　　)

137. 债权人免除债务人部分或者全部债务的,债权债务部分或者全部终止,但是债务人在合理期限内拒绝的除外。债权和债务同归于一人的,债权债务终止,但是损害第三人利益的除外。(　　)

138. 银行应以其融资能力和风险承受能力为基础设定现金流期限错配限额,并保证每一期限内的现金流错配净额高于现金流期限错配限额。(　　)

139. 银行开立的信用证大多是可转让信用证。(　　)

140. 经出质人和质权人协商同意后,应收账款在出质后可以转让。(　　)

141. 在华外资金融机构不可以加入中国银行业协会。(　　)

142. 质押是指债务人或者第三人不转移对可质押财产的占有,将该财产作为债权的担保。(　　)

143. 提前支取的定期存款,支取部分按活期存款利率计息。(　　)

144. 银行业从业人员在业务宣传和业务办理的过程中,不得使用不正当竞争手段。(　　)

145. 对区域经济发展水平和发展阶段的分析通过纵向比较,明确区域经济发展水平,确定其所处的发展阶段,为区域经济发展的战略决策提供依据。(　　)

考前摸底仿真卷(二)

一、单项选择题。以下各小题所给出的四个选项中,只有一项符合题目要求,请选择相应选项,不选、错选均不得分(共90题,每题0.5分,共45分)。

1.(　　)是在法律限制开立保函的情况下出现的保函业务的替代品,其实质也是银行对借款人的一种担保行为。

A.备用信用证　B.客户授信额度　C.信用证　D.开立信贷证明

2.下列关于数字人民币的作用,说法正确的是(　　)。

A.有利于降低纸币管理成本,提升支付的便捷性

B.有利于货币监管,打击洗钱、逃税等违法犯罪行为

C.有利于人民币国际化,增强我国的金融竞争力

D.以上说法均正确

3.下列银行卡中,(　　)不能仅凭签名消费。

A.贷记卡　B.信用卡　C.准贷记卡　D.借记卡

4.有利于合规风险管理的基本制度不包括(　　)。

A.建立对管理人员合规绩效的考核制度　B.建立有效的合规问责制度

C.建立诚信举报制度　D.完善约束激励机制

5.战略风险是指商业银行在追求短期商业目的和长期发展目标的系统化管理过程中,不适当的发展规划和战略决策可能威胁商业银行未来发展的潜在风险。下列关于战略风险来源的说法,错误的是(　　)。

A.商业银行战略目标缺乏制度安排　B.为实现这些目标而制定的经营战略存在缺陷

C.为实现目标所需要的资源匮乏　D.整个战略实施过程中的质量难以保证

6.对于设立质权的合同,不包括的条款是(　　)。

A.被担保债权的种类和数额　B.债务人履行债务的期限

C.质押财产的升值空间　D.质押财产的名称、数量、质量、状况

7.国有独资公司是我国公司法规定的一种特殊形式的(　　)。

A.两合公司　B.私营企业　C.有限责任公司　D.股份有限公司

8.(　　)是金融犯罪成立的前提和基础。

A.侵犯金融管理秩序　B.违反金融管理法规

C.非法从事货币资金融通活动　D.危害货币管理

9.对特定交易工具的多头及空头给予限制的市场风险控制措施是(　　)。

A.止损限额　B.风险限额　C.交易限额　D.客户限额

10.关于理财业务的特点,下列说法错误的是(　　)。

A.客户是理财业务风险的主要承担者　B.商业银行理财业务运作的是银行自有资金

C.银行理财业务是“轻资本”业务　D.理财业务是一项金融知识技术密集型业务

11.下列行为中,不会对银行业从业人员及其所在机构产生不利影响的是(　　)。

A.向机构其他人员提供自身职责有关的法规规定信息

B.出于私情,向亲朋好友提供规避监管规定的意见和建议,并利用其所在机构的资源,为这些行为提供方便

C.以明示或暗示方式向客户提供规避法律、法规规定的建议

D.明知所经办的业务是为了逃避监管规定或规避法律法规禁止性规定,但仍不按照内部流程进行必要的报告,默许甚至提供协助

12.与商业银行面对的实际风险无关联的资本是(　　)。

A.商业银行资产规模　B.商业银行会计资本

C.商业银行监管资本　D.商业银行经济资本

13.(　　)原则被视为民法中的“帝王原则”。

A.守法合规　B.诚实信用　C.专业胜任　D.勤勉尽职

14.不同的货币政策传导机制理论,提出了不同的货币政策传导渠道,其传导渠道不包括(　　)。

A.利率渠道　B.信贷渠道　C.汇率渠道　D.分销渠道

15.商业银行内部控制应当遵循的基本原则不包括(　　)。

A.独立性原则　B.全覆盖原则　C.制衡性原则　D.审慎性原则

16. 下列关于我国商业银行金融债券的表述中,正确的是(　　)。
A. 商业银行最主要的资金来源　　B. 投资者通过证券交易所申购
C. 一般用于短期流动资金的弥补　　D. 现阶段均在全国银行间债券市场发行和交易
17. (　　),我国开始逐步建立知识产权制度。
A. 20 世纪 90 年代　B. 20 世纪 80 年代　C. 19 世纪 70 年代　D. 19 世纪 60 年代
18. 在银行风险管理中,银行(　　)的主要职责是负责执行风险管理政策并在董事会授权范围内就风险管理事项进行决策,负责建立银行风险管理体系,组织管理各项风险管理活动,有效地识别、计量、监测和控制各项业务所承担的各种风险。
A. 高级管理层　B. 监事会　C. 董事会　D. 股东大会
19. 下列属于程序性规定的是(　　)。
A. 不得进行洗钱活动
B. 生产性企业依法照章纳税
C. 商业银行开办代客境外理财业务必须向国务院银行业监督管理机构申请代客理财业务资格
D. 银行业从业人员不得向客户明示或暗示规避外汇监管规定
20. 流动资金贷款可以用于(　　)。
A. 购买固定资产　　B. 投资股权
C. 满足临时性的流动资金需求　　D. 购买金融债券
21. 下列关于银行经营的经济环境的说法中,错误的是(　　)。
A. 衡量物价稳定的宏观经济指标是通货膨胀率
B. 物价平增指数为通货膨胀的常用的指标之一
C. 生产者物价指数是指一组出厂产品批发价格的变化幅度
D. 通货紧缩也是货币供求失衡、物价不稳定的一种表现
22. 对于商业银行的风险,下列属于按风险的主体构成划分的是(　　)。
A. 系统性风险　B. 资产风险　C. 操作风险　D. 公司风险
23. 当银行业从业人员对所在机构的处分有异议时,采取的正确行为是(　　)。
A. 先按正常渠道反映和申诉
B. 偷拍窃听相关人员的行为与谈话以获得对自己有利的证据
C. 立即向媒体披露所受冤屈
D. 以上方式都正确
24. 存款人因办理日常转账结算和现金收付需要开立的银行结算账户是(　　)。
A. 临时存款账户　B. 专用存款账户　C. 基本存款账户　D. 一般存款账户
25. 根据我国货币层次的划分标准,既属于狭义货币供应量(M_1),又属于广义货币供应量(M_2)的是(　　)。
A. 储蓄存款　B. 定期存款　C. 财政存款　D. 活期存款
26. 外汇标价:1 美元 = 6.84 元人民币,针对这种标价法,下列表述正确的是(　　)。
A. 如在英国外汇市场,则是直接标价法　　B. 如在美国外汇市场,则是直接标价法
C. 如在中国外汇市场,则是直接标价法　　D. 如在中国外汇市场,则是间接标价法
27. 出票人签发的、委托付款人在指定日期内无条件支付确定的金额给收款人或持票人的票据是(　　)。
A. 商业汇票　B. 支票　C. 银行汇票　D. 本票
28. 下列市场中属于货币市场的是(　　)。
A. 股票市场　　B. 中长期借贷市场
C. 中长期债券市场　　D. 银行间同业拆借市场
29. 下列关于垂直化风险管理体系的表述中,不正确的是(　　)。
A. 能够确保银行风险管理的战略意图更有效地传递到基层
B. 能够消除非系统性风险
C. 能够减少各代理层次的干扰和扭曲
D. 是建立长效风险管理机制的重要举措
30. (　　),国家开发银行整体改制为国家开发银行股份有限公司。
A. 2003 年 10 月　B. 2006 年 10 月　C. 2007 年 9 月　D. 2008 年 12 月
31. 根据规定,贷款公司对同一借款人的贷款余额不得超过资本净额的(　　)。
A. 2%　B. 5%　C. 10%　D. 15%

32. 我国银行办理活期存款业务通常是(　　)。
A. 10 元起存,以存折或银行卡为存取凭证　　B. 1 元起存,只以银行卡为存取凭证
C. 1 元起存,只以存折为存取凭证　　D. 1 元起存,以存折或银行卡为存取凭证
33. 下列不属于代理银行业务的是(　　)。
A. 代理商业银行业务　　B. 代理中央银行业务
C. 代理政策性银行业务　　D. 代理保险业务
34. 下列属于我国商业银行目前主要资金来源的是(　　)。
A. 央行借款　　B. 公众存款　　C. 同业拆借　　D. 银行自有资本
35. 商业银行良好的公司治理内容不包括(　　)。
A. 清晰的职责边界　　B. 有效的风险管理与内部控制
C. 健全的组织架构　　D. 快速的发展速度
36. 下列关于股份有限公司采取的公司设立方式的表述,正确的是(　　)。
A. 只能采取募集设立的方式
B. 只能采取发起设立的方式
C. 既可采取发起设立的方式,也可采取募集设立的方式
D. 不能采取发起设立或募集设立,法律对其另有规定
37. (　　)的核心是建设内部资金转移定价机制和全额资金管理体制,建成以总行为中心,自下而上集中资金和自上而下配置资金的收支两条线、全额计价、集中调控、实时监测和控制全行资金流的现代商业银行司库体系。
A. 资金管理　　B. 银行账户利率风险管理
C. 流动性风险管理　　D. 投融资和票据转贴现业务管理
38. 下列关于第二版巴塞尔资本协议中的第三支柱的表述,正确的是(　　)。
A. 运作主要靠道德力量　　B. 由监管部门主导约束银行
C. 通过市场力量约束银行　　D. 银行必须披露所有客户信息
39. 票据持票人为了在汇票到期前取得资金,将票据权利转让给商业银行的行为是(　　)。
A. 票据贴现　　B. 质押贷款　　C. 票据托管　　D. 票据承兑
40. 根据《中华人民共和国民法典》的规定,保证人与债权人没有约定保证期间的,保证期间为主债务履行期满之日起(　　)内。
A. 2 个月　　B. 6 个月　　C. 1 个月　　D. 3 个月
41. 下列关于流动性风险管理的表述,错误的是(　　)。
A. 银行在解决流动性问题时,更需要的是现金流入
B. 为妥善管理流动性风险,银行需具备完善的流动性管理体系和措施
C. 银行获取资金的能力取决于银行总体的资产负债情况、银行在市场中的头寸和市场环境
D. 银行有较为充足的资本时,就不会陷入流动性危机
42. (　　)以银行业务为主体,同时附设以经营证券业务为主的"国开证券"和以开展股权直接投资为主的"国开金融"子公司。
A. 国家开发银行　　B. 中国进出口银行
C. 中国农业发展银行　　D. 中国民生银行
43. "不要将所有的鸡蛋放在一个篮子里"是指(　　)。
A. 风险转移　　B. 风险分散　　C. 风险缓释　　D. 风险补偿
44. 下列关于银行保函的说法中,不正确的是(　　)。
A. 银行保函是指银行应申请人的要求,向受益人作出的书面付款保证承诺
B. 融资租赁保函属于融资类保函
C. 银行保函根据担保银行承担风险的不同及管理的需要,可分为融资类保函和非融资类保函两大类
D. 延期付款保函属于非融资类保函
45. 对银行业金融机构的设立申请,国务院银行业监督管理机构应当在自收到申请文件之日起(　　)个月内作出批准或者不批准的书面决定。
A. 3　　B. 6　　C. 9　　D. 12
46. 犯持有、使用假币罪,数额巨大的,(　　)。
A. 处 3 年以下有期徒刑,并处 1 万元以上 10 万元以下罚金
B. 处 3 年以上 10 年以下有期徒刑,并处 2 万元以上 20 万元以下罚金

C. 处 5 年以上 10 年以下有期徒刑,并处 5 万元以上 20 万元以下罚金
D. 处 10 年以上有期徒刑,并处 5 万元以上 50 万元以下罚金

47. 内幕交易行为不包括(　　)。
A. 内幕信息知情人利用内幕信息买卖证券的行为
B. 根据内幕信息建议他人买卖证券的行为
C. 内幕信息知情人向他人泄露内幕信息,使他人利用该信息获利的行为
D. 为监管人员报销因公费用的行为

48. 商业银行按照国务院银行业监督管理机构的要求应持有的最低资本要求为(　　)。
A. 会计资本　B. 监管资本　C. 注册资本　D. 经济资本

49. 下列关于债券回购的表述中有误的是(　　)。
A. 债券回购是商业银行短期借款的重要方式
B. 债券回购包括质押式回购与买断式回购两种
C. 债券回购的交易量远大于同业拆借的交易量
D. 对信用等级相同的金融机构来说,债券回购利率一般高于拆借利率

50.《中华人民共和国民法典》规定,当事人自民事法律行为发生之日起(　　)没有行使撤销权的,撤销权消灭。
A. 1 年内　B. 3 年内　C. 2 年内　D. 5 年内

51. 恶意串通,损害他人合法权益的合同,自(　　)。
A. 开始履行时起无效　B. 被确认时起无效
C. 发生纠纷时起无效　D. 订立时起无效

52. (　　)负责确定声誉风险管理策略和总体目标,掌握声誉风险状况,监督高级管理层开展声誉风险管理。
A. 董事会　B. 监事会　C. 股东大会　D. 理事会

53. 下列关于汇率的表述,不正确的是(　　)。
A. 汇率就是两种不同货币之间的比价
B. 人民币(RMB)为本币,美元(USD)为外币,那么 1USD = 6.92RMB 为直接标价法
C. 英镑(GBP)为本币,美元(USD)为外币,那么 1GBP = 1.96USD 为间接标价法
D. 在直接标价法下,汇率升高表示本国货币升值;在间接标价法下,汇率升高表示本国货币贬值

54. 在商业银行操作风险的管控手段中,(　　)是在标准化的操作风险事件分类基础上,对银行已发生的风险事件进行确认和记录,并采用结构化的方式进行存储。
A. 控制评价　B. 操作风险与控制自评估
C. 关键风险指标　D. 损失数据库

55. 目前,各家银行多使用(　　)计算整存整取定期存款利息。
A. 积数计息法
B. 按实际天数每日累计账户余额,以累计积数乘以日利率
C. 由储户自己选择的计息方式
D. 逐笔计息法

56. "以客户为中心"是发达国家商业银行各业务线的共同理念,具体要求个人客户的基础金融服务由(　　)负责。
A. 商业银行业务　B. 财富管理业务　C. 零售业务　D. 金融市场业务

57. 下列关于市净率的计算公式,表述正确的是(　　)。
A. 市净率 = 股票价格/每股收益　B. 市净率 = 净利润/期末总股本
C. 市净率 = 每股市价/每股净资产　D. 市净率 = 净利润/资本净额

58. 因支付清算和业务合作等的需要,由其他金融机构存放于商业银行的款项是(　　)。
A. 同业拆入　B. 同业拆出　C. 存放同业　D. 同业存放

59. 下列选项中,(　　)是银行业监督管理机构的监督管理职责。
A. 依法制定和执行货币政策　B. 审查批准银行业金融机构的设立
C. 发行人民币,管理人民币流通　D. 监督管理黄金市场

60. 商业银行因没有遵循法律、规则和准则可能遭受的"合规风险"不包括(　　)。
A. 法律制裁的风险　B. 监管处罚的风险

C. 重大财务损失的风险　　D. 破产的风险

61. 下列属于直接融资工具的是(　　)。
A. 银行债券　　B. 银行承兑汇票　　C. 人寿保险单　　D. 企业债券

62. 许多国家把调高或降低(　　)作为紧缩或扩张信用的一个重要手段。
A. 现金漏损率　　B. 法定存款准备金率
C. 超额准备金率　　D. 定期存款准备金率

63. 按(　　)划分,金融工具可分为债权工具、股权工具和混合工具。
A. 期限长短　　B. 融资方式
C. 投资者所拥有的权利　　D. 交割时间

64. 我国有权对银行业金融机构的董事和高级管理人员任职资格实行管理的机构是(　　)。
A. 全国人民代表大会　　B. 国务院银行业监督管理机构
C. 全国人民代表大会常务委员会　　D. 中国人民银行

65. 借款人向商业银行贷款,用于拆迁费的支出,这种贷款属于(　　)。
A. 住房开发贷款　　B. 商业用房开发贷款
C. 土地储备贷款　　D. 法人商业用房按揭贷款

66. 抑制通货膨胀,中央银行可采取的公开市场操作是(　　)。
A. 卖有价证券　　B. 买有价证券
C. 允许提前支取特种存款　　D. 提前兑付央行票据

67. 公司成立的日期是(　　)。
A. 发起人发起的日期　　B. 发起人提交申请的日期
C. 公司营业执照签发的日期　　D. 公司第一天正式营业的日期

68. (　　)是指权利人对他人所有的动产或不动产,依法享有占有、使用和收益的权利。
A. 所有权　　B. 用益物权　　C. 担保物权　　D. 支配权

69. 某出口商为了降低货款拖欠的风险,同时进口商为了规避货物不能按时收到的风险,他们可以选择的最佳结算方式是(　　)。
A. 信用证　　B. 汇款　　C. 保理　　D. 托收

70. 下列关于票据行为的表述,正确的是(　　)。
A. 票据保证只适用于支票和本票　　B. 背书只能在汇票上进行
C. 承兑只适用于汇票　　D. 保证可以适用于支票

71. 资产负债综合管理的核心策略是(　　)。
A. 表内资产负债匹配　　B. 表外工具规避表内风险
C. 表内工具规避表外风险　　D. 利用证券化剥离表内风险

72. 某违法机构私自印制、发售代币票券,以代替人民币在市场上流通,需要承担的法律责任是(　　)。
A. 由中国人民银行责令停止违法行为,并处20万元以下罚款
B. 由中国人民银行责令停止违法行为,没收违法所得
C. 没收违法所得,并处30万元以上50万元以下罚款
D. 没收违法所得,并处50万元以上100万元以下罚款

73. 我国统计部门公布的失业率为(　　)。
A. 城镇登记失业率　　B. 城市人口失业率
C. 城镇自然失业率　　D. 全体人口失业率

74. 下列选项中,(　　)是公司的经营决策机构。
A. 股东(大)会　　B. 监事会　　C. 公司经理　　D. 董事会

75. 某企业为了扩展业务规模,要求员工集资入股,后该企业集资200万元,未及时分红被他人告发,该企业的行为(　　)。
A. 不构成犯罪　　B. 构成集资诈骗罪
C. 构成擅自发行企业债券罪　　D. 构成非法吸收公众存款罪

76. 商业银行对本行销售的理财产品进行风险评级的依据因素不包括(　　)。
A. 理财产品的投资组合　　B. 本行信贷产品过往业绩

C. 成本收益测算　　D. 风险水平

77. 国务院银行业监督管理机构或者其省一级派出机构经验收,符合有关审慎经营规则的,应当自验收完毕之日起(　　)日内解除对其采取的有关措施。

A. 3　　B. 5　　C. 7　　D. 10

78. 下列选项中,(　　)不是职务侵占罪与贪污罪的主要区别。

A. 犯罪主体不同　　B. 犯罪对象不同

C. 主观客观方面不同　　D. 刑罚处罚幅度不同

79.(　　)作为股份有限公司的权力机构,决定公司战略性的重大问题,选举和更换董事,选举和更换由股东代表出任的监事,决定公司组织变更、解散、清算,修改公司章程等。

A. 公司经理　　B. 董事会　　C. 股东大会　　D. 监事会

80. 从现代意义上讲,当债务人的信用状况和履约能力不足即信用质量下降时,市场上相关资产价格会随之降低的风险属于(　　)。

A. 负债风险　　B. 市场风险　　C. 信用风险　　D. 流动性风险

81. 传统的票据市场指的是在商品交易和资金往来过程中产生的以(　　)来实现短期资金融通的市场。

A. 汇兑和贴现　　B. 托收承付和汇兑

C. 信用卡和准贷记卡　　D. 汇票、本票和支票的发行、担保、承兑和贴现

82. 外部监管当局最关心的是保护(　　)的利益。

A. 投资者　　B. 债权人　　C. 贷款人　　D. 存款人

83. 个人客户在办理存款时不约定存款期限,支取时提前一定时间通知银行约定支取日期和支取金额的存款是(　　)。

A. 教育储蓄存款　　B. 定活两便存款　　C. 保证金存款　　D. 个人通知存款

84. 在采取所有可能的措施或一切必要的法律程序之后,本息仍然无法收回,或只能收回极少部分的贷款类别是(　　)。

A. 次级类　　B. 损失类　　C. 可疑类　　D. 关注类

85. 物价稳定这一宏观经济发展目标的衡量指标是(　　)。

A. 消费者物价指数　　B. 通货膨胀率

C. 生产者物价指数　　D. 国内生产总值物价平减指数

86. 留置权是指债务人不履行到期债务,债权人可以留置已经合法占有的债务人的动产,并有权就该动产(　　)。

A. 顺序受偿　　B. 比例受偿　　C. 平均受偿　　D. 优先受偿

87. 债券按利息支付方式的分类不包括(　　)。

A. 公司债券　　B. 普通债券　　C. 附息债券　　D. 零息债券

88.(　　)既考虑预期损失,又考虑非预期损失,同时也是银行进行价值管理的核心指标。

A. 风险调整资本回报率　　B. 净利息收益率

C. 平均净资产回报率　　D. 拨备前利润

89. 金融机构的以下行为没有违反《中华人民共和国反洗钱法》规定的是(　　)。

A. 擅自进行检查、调查或者采取临时冻结措施

B. 泄露因反洗钱知悉的国家秘密、商业秘密或者个人隐私

C. 其他不依法履行职责的行为

D. 健全反洗钱内部控制制度

90. 为建立良好的清廉文化,(　　)年9月,中国银行业协会制定《银行业从业人员职业操守和行为准则》,明确了银行业从业人员的职业行为规范。

A. 2020　　B. 2019　　C. 2018　　D. 2015

二、多项选择题。以下各小题所给出的五个选项中,有两项或两项以上符合题目的要求,请选择相应选项,多选、少选、错选均不得分(共40题,每题1分,共40分)。

91. 按银行卡清偿方式的不同,目前的银行卡主要有(　　)。

A. 单位卡　　B. 借记卡　　C. 个人卡

D. 人民币卡　　E. 信用卡

92. 未经国务院银行业监督管理机构批准在名称中使用"银行"字样的,依法承担的法律责任可能有(　　)。

A. 违法所得5万元以上的,并处违法所得1倍以上5倍以下罚款
B. 有违法所得的,没收违法所得
C. 没有违法所得或者违法所得不足5万元的,处5万元以上50万元以下罚款
D. 停业
E. 责令改正

93. 银行业金融机构应按照( )的衡量标准,选拔任用政治过硬、素质过硬、踏实肯干的干部人才。
A. 忠 B. 专 C. 实
D. 仁 E. 善

94. 中国银保监会近年来启动了银行业保险业清廉金融文化建设活动,旨在通过( )增强金融从业人员清廉从业意识,培育清廉金融理念。
A. 全方面监督 B. 多元化创新 C. 全方位提升
D. 全过程融入 E. 全覆盖参与

95. 根据《中华人民共和国民法典》的规定,以下( )情形发生时,债权债务终止。
A. 债务已经履行 B. 债权债务同归于一人
C. 债务相互抵销 D. 债务人依法将标的物提存
E. 债权人免除债务

96. 不可抗力主要包括的情形有( )。
A. 工作人员操作失误 B. 台风
C. 政府征用 D. 罢工
E. 社会骚乱

97. 票据诈骗罪的客观方面表现为( )。
A. 明知是伪造、变造的汇票、本票、支票而使用
B. 明知是作废的汇票、本票、支票而使用
C. 冒用他人的汇票、本票、支票
D. 故意且具有非法占有目的
E. 国家对金融票据业务的管理制度

98. 我国商业银行在计算资本充足率时,应当从核心一级资本中全额扣除的项目包括( )。
A. 商誉 B. 贷款损失准备缺口
C. 土地使用权 D. 未分配利润
E. 由经营亏损引起的净递延税资产

99. 下列选项中,不以营利为目的的银行主要有( )。
A. 中国银行 B. 中国人民银行
C. 中国农业银行 D. 中国进出口银行
E. 中国邮政储蓄银行

100. 政策性银行的职能主要包括( )。
A. 经济调控职能 B. 政策导向职能
C. 补充性职能 D. 发行货币职能
E. 金融服务职能

101. 经国务院银行业监督管理机构批准,消费金融公司可经营的人民币业务包括( )。
A. 办理个人耐用消费品贷款 B. 办理信贷资产转让
C. 接受境内股东3个月(含)以上定期存款 D. 与消费金融相关的代理业务
E. 境内同业拆借

102. 下列属于完全垄断行业特征的有( )。
A. 市场上只有一家企业生产和销售产品
B. 该企业生产和销售的产品缺乏合适的替代品
C. 存在许多卖者,每个企业都认为自己行为的影响很小
D. 企业生产的产品属于某种特质产品
E. 企业对产品价格有很强的控制力

103. 表见代理的构成要件包括( )。
A. 代理人无代理权
B. 相对人主观上为善意
C. 相对人有理由相信无权代理人具有代理权
D. 代理人以自己的名义为民事法律行为

E. 相对人与无权代理人之间的民事行为合法有效

104. 当经济处于复苏阶段,下列说法正确的包括(　　)。
A. 企业资金周转困难
B. 企业对借贷资金的需求显著扩大
C. 商业银行负债规模严重下降,信用投放能力锐减
D. 商业银行的资产业务规模明显扩大
E. 商业银行的资产业务规模明显缩小

105. 出票是指出票人依照法定款式做成票据并交付于受款人的行为。它包括(　　)两种行为。
A. 保证　B. 做成　C. 承兑
D. 交付　E. 背书

106. 关于各类人民币定期存款,下列说法正确的有(　　)。
A. 整存整取的起存金额为 100 元
B. 零存整取每月存入固定金额,到期一次支取本息
C. 整存零取是整笔存入,固定期限分期支取
D. 存本取息的起存金额为 10000 元
E. 存本取息的起存金额为 5000 元

107. 关于商业银行财务管理制度,以下表述符合法律规定的是(　　)。
A. 商业银行应当按照国家有关规定,提取呆账准备金,冲销呆账
B. 商业银行应当依照法律和国家统一的会计制度以及国务院银行业监督管理机构的有关规定,建立、健全本行的财务、会计制度
C. 商业银行可以根据需要,在法定的会计账册外自行制定会计账册
D. 商业银行的会计年度自公历 1 月 1 日起至 12 月 31 日止
E. 商业银行应当按照国家有关规定,编制年度财务会计报告,及时向国务院银行业监督管理机构、中国人民银行和国务院财政部门报送

108. 以下对金融工作人员购买假币、以假币换取货币罪的说法中,正确的是(　　)。
A. 本罪侵犯的客体是国家的货币管理制度
B. 本罪主体是特殊主体,为年满 16 周岁,具有辨认控制能力的自然人
C. 本罪主观方面是故意,即明知是假币而购买,或者明知是假币而将其调换为真币
D. 本罪主体是特殊主体,为年满 16 周岁,具有辨认控制能力的银行或者其他金融机构的工作人员
E. 本罪客观方面表现为变造

109. 个人外汇买卖业务多本着(　　)的原则。
A. 钞变钞　B. 汇变汇　C. 钞变汇
D. 汇变钞　E. 随意性

110. 经济周期一般分为四个阶段,(　　)属于繁荣阶段的特点。
A. 社会购买力上升　B. 企业开始增加投资并进行固定资产更新
C. 产品供不应求,价格上升　D. 企业的经营规模不断扩大
E. 消费需求开始减少

111. 我国《中华人民共和国刑法》规定的附加刑有(　　)。
A. 没收财产　B. 管制　C. 拘役
D. 罚金　E. 剥夺政治权利

112. 下列关于表见代理的说法,正确的有(　　)。
A. 表见代理的后果由代理人承担
B. 对被代理人而言,表见代理产生与有权代理一样的效果
C. 表见代理涉及三方当事人
D. 表见代理的相对人主观上为善意
E. 表见代理是广义无权代理的一种

113. 销售人员从事理财产品销售活动,不得有下列(　　)情形。
A. 擅自更改客户交易指令
B. 在销售活动中为自己或他人牟取不正当利益
C. 诋毁其他机构的理财产品或销售人员
D. 接受客户全权委托,私自代理客户进行理财产品认购、申购、赎回等交易

E. 对客户做出盈亏承诺,与客户以口头或书面形式约定利益分成或盈亏分担

114. 下列属于信托的基本特征有(　　)。

A. 以信任为基础,受托人应具有良好的信誉

B. 信托成立的前提是委托人要将自有财产委托给受托人

C. 信托财产不具有独立性

D. 受托人要为受益人的最大利益管理信托事务

E. 具有一定的连续性和稳定性

115. 下列关于撤销权表述正确的有(　　)。

A. 债务人与第三人合谋以明显不合理低价转让财产的,对银行债权造成损害的,银行可行使撤销权

B. 债务人无偿转让财产的,对银行债权造成损害的,银行可行使撤销权

C. 撤销权的行使范围以债权人的债权为限

D. 请求撤销的时间为知道撤销事由起 2 年内

E. 债务人怠于行使到期债权,对银行债权造成损害的,银行可行使撤销权

116. 根据《中华人民共和国公司法》,按照股东承担责任的范围,公司分为(　　)。

A. 开放式公司　　B. 无限责任公司

C. 股份有限公司　　D. 有限责任公司

E. 两合公司

117. 下列措施中属于刑罚的附加刑的有(　　)。

A. 剥夺政治权利　　B. 罚金

C. 取消董事、高级管理人员任职资格　　D. 禁止从事银行业工作

E. 吊销营业执照

118. 超额存款准备金主要用于(　　)。

A. 支付清算　　B. 作为资产运用的备用资金

C. 头寸调拨　　D. 向个人放贷

E. 同业拆借

119. 处理客户的投诉时应遵循的原则包括(　　)。

A. 坚持客户至上、客观公正原则

B. 所在机构有明确的客户投诉反馈时限,应当在反馈时限内答复客户

C. 以维护所在机构的利益为出发点

D. 所在机构如没有明确的投诉反馈时限,则没有反馈时限的约束

E. 在投诉反馈时限内无法拿出意见,应当在反馈时限内告知客户现在投诉处理的情况,并提前告知下一个反馈时限

120. 商业银行执行表内资产负债匹配,通过协调表内资产和负债项目在期限、利率、风险和流动性等方面的搭配,尽可能使资产与负债达到(　　),从而实现安全性、流动性和盈利性的统一。

A. 资本对称　　B. 规模对称　　C. 结构对称

D. 期限对称　　E. 风险对称

121. 某银行从业人员在向客户销售理财产品时,故意混淆预期收益率与保证收益率的概念,并口头保证该产品肯定能够达到预期收益率。这种做法违反了从业人员职业操守的(　　)原则。

A. 信息保密　　B. 互相监督　　C. 礼貌服务

D. 诚实信用　　E. 风险提示

122. 下列关于货币的本质的说法,正确的包括(　　)。

A. 货币是固定充当一般等价物的特殊商品

B. 货币首先是商品,与其他商品一样,是人类劳动的产物,是价值和使用价值的统一体

C. 商品生产者通过货币互相交换商品,实际上是互相交换各自的使用价值

D. 货币体现了一定的社会生产关系

E. 货币仅仅是衡量某些商品价值的材料

123. 资产托管业务包括(　　)。

A. 企业年金基金托管　　B. 信托资产托管

C. 保险资产托管　　D. 证券投资基金托管

E. 商业银行人民币理财产品托管

124. 中国银行业协会的常务理事会由(　　)等组成。
A. 会长1名　B. 监事长1名　C. 专职副会长1名　D. 秘书长1名　E. 监事若干名

125. 商业银行办理个人储蓄存款业务,应当遵循(　　)原则。
A. 存款自愿　B. 取款履约　C. 存款有息　D. 为存款人保密　E. 充分信息披露

126. 票据丧失的补救措施包括(　　)。
A. 同行拆借　B. 挂失止付　C. 止损补救　D. 公示催告　E. 提起诉讼

127. 违规出具金融票证罪,是指银行或者其他金融机构的工作人员违反规定,为他人出具(　　),情节严重的行为。
A. 资信证明　B. 存单　C. 保函　D. 票据　E. 信用证

128. 下列关于准贷记卡和贷记卡的表述,正确的有(　　)。
A. 准贷记卡和贷记卡都可以先消费,后还款
B. 都有存款利息　C. 都可以预借现金
D. 都有循环信用　E. 都有免息还款期

129. 合同的相对性体现在(　　)。
A. 主体相对　B. 内容相对　C. 责任相对　D. 义务相对　E. 客体相对

130. 下列关于托宾q理论的表述,正确的有(　　)。
A. q是指企业的市场价值与资本的重置成本之差
B. 托宾q理论也叫"托宾效应",属于货币政策传导渠道中的资产价格渠道
C. q同投资支出存在正相关关系
D. 当q值增大时企业投资意愿增加
E. q指企业的市场价值与资本的重置成本之比

三、判断题。请对以下各项描述做出判断,正确的为A,错误的为B(共15题,每题1分,共15分)。

131. 洗钱的处置阶段就是通过复杂的多种、多层的金融交易,将犯罪收益与来源分开,并进行最大限度的分散,以掩饰线索隐藏身份。(　　)
132. 信托基金、社会保障基金以及住房基金等特定用途的资金都可以开立专用存款账户。(　　)
133. 不良贷款率是评价银行信贷资产安全状况的重要指标。(　　)
134. 经国务院银行业监督管理机构批准的银行或非银行金融机构是办理支付结算和资金清算的中介机构。(　　)
135. 国际收支平衡是指国际收支差额为零。(　　)
136. 保险代理人是基于投保人的利益,为投保人与保险人订立保险合同提供中介服务,并依法收取佣金的机构。(　　)
137. 国家风险通常是由债权人所在国家的行为引起的,超出了债权人控制范围。(　　)
138. 目前,包括中国在内的世界上大多数国家的外汇标价都采用直接标价法。(　　)
139. 常见的清算模式有实时全额清算、净额批量清算、大额资金转账系统及小额定时清算四种模式。(　　)
140. 商业银行实施市场风险管理的主要目的是使风险带来的损失最小。(　　)
141. 国务院银行业监督管理机构目前只能监管银行业金融机构。(　　)
142. 发行市场也称为一级市场,是债券、股票等金融工具初次发行、供投资者认购投资的市场。(　　)
143. 代收代付业务是商业银行利用自身的结算便利,接受客户委托代为办理指定款项收付事宜的业务。(　　)
144. 商业银行一旦遭受损失,首先消耗的是银行的存款。(　　)
145. 商业银行的操作风险主要是内部人员作案引起的。(　　)

考前摸底仿真卷参考答案

考前摸底仿真卷(一)

一、单项选择题

1	2	3	4	5	6	7	8	9	10
A	D	C	B	A	B	B	B	B	A
11	12	13	14	15	16	17	18	19	20
B	C	B	B	B	B	B	B	A	B
21	22	23	24	25	26	27	28	29	30
B	B	D	C	C	D	C	C	D	A
31	32	33	34	35	36	37	38	39	40
A	B	C	C	A	B	D	B	C	D
41	42	43	44	45	46	47	48	49	50
D	D	D	D	A	D	C	D	C	C
51	52	53	54	55	56	57	58	59	60
B	A	A	C	C	D	D	A	D	B
61	62	63	64	65	66	67	68	69	70
D	A	B	D	A	B	A	D	B	D
71	72	73	74	75	76	77	78	79	80
D	D	D	A	D	B	D	D	A	C
81	82	83	84	85	86	87	88	89	90
D	A	C	A	B	D	D	A	B	A

二、多项选择题

91	92	93	94	95	96	97	98	99	100
ABCDE	ABE	ABCD	AE	ACDE	ABD	BE	ABE	ACD	ABCDE
101	102	103	104	105	106	107	108	109	110
AB	ABCDE	BCDE	ABCD	ABCDE	ABC	AC	AD	BDE	BC
111	112	113	114	115	116	117	118	119	120
BCD	ABC	BE	AC	ABCDE	ABC	ABCDE	ABCDE	ABC	ABCDE
121	122	123	124	125	126	127	128	129	130
ABCE	BCDE	ABCD	DE	ACDE	ABCDE	ABC	ABCE	ABCD	ABCDE

三、判断题

131	132	133	134	135	136	137	138	139	140
A	B	B	A	B	A	A	B	B	A
141	142	143	144	145					
B	B	A	A	B					

考前摸底仿真卷(二)

一、单项选择题

1	2	3	4	5	6	7	8	9	10
A	D	D	D	A	C	C	B	C	B
11	12	13	14	15	16	17	18	19	20
A	B	B	D	A	D	B	A	C	C
21	22	23	24	25	26	27	28	29	30
B	D	A	C	D	C	A	D	B	D
31	32	33	34	35	36	37	38	39	40
C	D	D	B	D	C	A	C	A	B
41	42	43	44	45	46	47	48	49	50
D	A	B	D	B	B	D	B	D	D
51	52	53	54	55	56	57	58	59	60
D	A	D	D	D	C	C	D	B	D
61	62	63	64	65	66	67	68	69	70
D	B	C	B	A	A	C	B	A	C
71	72	73	74	75	76	77	78	79	80
A	A	A	D	A	B	A	C	C	C
81	82	83	84	85	86	87	88	89	90
D	D	D	B	B	D	A	A	D	A

二、多项选择题

91	92	93	94	95	96	97	98	99	100
BE	ABCE	ABC	CDE	ABCDE	BCDE	ABC	ABE	BD	ABCE
101	102	103	104	105	106	107	108	109	110
ABDE	ABDE	ABCE	BD	BD	BCE	ABDE	ACD	AB	ACD
111	112	113	114	115	116	117	118	119	120
ADE	BCDE	ABCDE	ABDE	ABC	CD	AB	ABC	ABE	BCD
121	122	123	124	125	126	127	128	129	130
DE	ABD	ABCDE	ACD	ACD	BDE	ABCDE	ACDE	ABC	BCDE

三、判断题

131	132	133	134	135	136	137	138	139	140
B	A	A	B	B	B	B	A	A	B
141	142	143	144	145					
B	A	A	B	B					

【说明】 考前摸底仿真卷带大家提前走进考场！试卷的考点分布、试题难度均与真题一致，适合考生在考前两周左右用于检测前期学习成果。考生做完试卷可根据上述参考答案评判分数，并根据实际得分情况制订适合自己的考前冲刺学习计划。建议得分较低的考生重点回顾试卷错题，并将错题回归教材强化知识点，这样查漏补缺可以有效提分！

我们还给大家提供了考前摸底仿真卷(一)~(二)的电子版详细解析，如有需要，请扫描下方二维码获取。